中国书籍文学馆 大师经典

胡适精品选

胡适◎著

中国书籍出版社
China Book Press

图书在版编目（CIP）数据

胡适精品选 / 胡适著.—北京：中国书籍出版社，2015.12

ISBN 978-7-5068-5261-6

Ⅰ.①胡… Ⅱ.①胡… Ⅲ.①胡适（1891 ~ 1962）—文集 Ⅳ.①C52

中国版本图书馆CIP数据核字（2015）第265100号

胡适精品选

胡　适　著

图书策划　武　斌　崔付建

责任编辑　戎　骞

责任印制　孙马飞　马　芝

出版发行　中国书籍出版社

地　　址　北京市丰台区三路居路 97 号（邮编：100073）

电　　话　（010）52257143（总编室）（010）52257140（发行部）

电子邮箱　chinabp@vip.sina.com

经　　销　全国新华书店

印　　刷　北京富达印务有限公司

开　　本　710毫米 × 960毫米　1/16

字　　数　300千字

印　　张　23

版　　次　2016年3月第 1 版　　2016年3月第 1 次印刷

书　　号　ISBN 978-7-5068-5261-6

定　　价　39.80 元

出版前言

我国现代文学是指用现代文学语言与文学形式，表达现代中国人思想、情感、心理的文学，是在20世纪初“五四”新文化运动的影响下，广泛接受外国文学影响而形成的新兴文学。其不仅用现代语言表现现代科学民主思想，而且在艺术形式和表现手法上都对传统文学进行了革新，建立了新的文学体裁，在叙述角度、抒情方式、描写手段以及结构组成等方面，都有新的创造。

我国现代文学的主流是人民的文学，集中表现为大大加强了文学与人民群众的结合，文学与进步社会思潮及民族解放、革命运动的自觉联系，构成了我国现代文学的基本历史特点与传统。此时的文学，以表现普通人民生活、改造民族性格和社会人生为根本任务。

在创作实践上，我国现代文学中出现了从未有过的彻底反封建的新主题和新人物，普通农民与下层人民，以及具有民主倾向的新式知识分子，成为了文学主人公，充分展示了批判封建旧道德、旧传统、旧制度以及表现下层人民不幸、改造国民性与争取个性解放等全新主题。也是通过这些内涵和元素，现代文学对推动历史进步起到了独特作用。

我们已经跨入21世纪，今天的历史状况和时代主题与现代文学的成长背景存在巨大差异，但文学表现人物、反映社会、推动进步的主旨并没有改变，在此背景下，我们非常有必要重温现代文学的经验，吸取其有益的因素，开创我们新世纪的文学春天。我们编选《中国书籍文学馆·大师经典》丛书，精选柔石、胡适、叶紫、穆时英、王统照、缪崇群、陆蠡、靳以、李颉人、张资平等我国现代著名作家的文学作品，正是为了向今天的读者展示现代文学的成就，让当代文学在与现代文学的对话中开拓创新，生机盎然。因为这些著名作家都是我国现代文学的开拓者和各种文学形式的集大成者，他们的作品来源于他们生活的时代，包含了作家本人对社会、生活的体验与思考，影响着社会的发展进程，具有永恒的魅力。

中国书籍出版社
2015年10月

胡适简介

胡适（1891～1962），字适之，安徽绩溪人，曾任北京大学校长等职。他曾经致力于推翻两千多年的文言文，是第一位提倡白话文、新诗的著名学者。他提倡文学改良，是“五四”新文化运动领袖之一，对我国近代史产生了十分深远的影响。

胡适的学问深厚，兴趣广泛，著述丰富，他在文学、哲学、史学、考据学、教育学、伦理学、红学等诸多领域都有深入研究。著有《白话文学史》《胡适文存》《尝试集》《中国哲学史大纲》等作品。

胡适出生于原江苏的川沙县，后随母亲回祖籍安徽绩溪进家塾读书。再后考取中国公学，并留学美国。1917年，他在进步刊物《新青年》上发表文章，提出文学改良主张。后又在许多刊物上发表文章，主张改良主义，同时担任了许多职务，从事了许多活动。

胡适是早期白话诗歌的实践者，他在“自古成功在尝试”精神的激励下创作了《尝试集》，这是中国现代文学史上第一部白话诗集，开新文学运动之风气。他适应五四时代的精神召唤，遵循新文学写实主义的宗旨，善于捕捉身边事，写了许多以自己个体为基础的诗歌，具有真情实感。他排除陈词滥调，实行“做诗如说话”的思路，使他的诗非常明白晓畅。他努力探索、创作“哲理抒情化”的诗歌，具有诗歌丰富的思想内涵。

当然，胡适的《尝试集》作为早期诗集，以及他特定的时代，决定了许多作品有着不完美之处，总体体现出初期创作无法摆脱旧文学格调的束缚，此外也缺乏诗歌的“艺术想象”，具有早期白话诗的通病。

胡适的白话散文有其独特的个性特征，他平实清新的创作风格是自成一派，其显著特点是清楚、明白通畅。可以说他的文章，没有说不清的道理，没有表达不清的感情。

胡适写过少量游记，如《庐山游记》《平绥路旅行小记》等，往往在朴素的叙写中穿插历史考据，使文字清新而略见厚重，也时有鲜明逼人的影象。

胡适又是现代杂文的最初创作者之一。他早期在《新青年》杂志上发表的杂文，简便犀利，能够迅速揭露悖论邪说，产生了相当大影响。他还以“天风”等笔名，发表过不少随感录、杂感、杂谈、短评、短论、寓言、通讯、序跋等，都属杂文，或论时事，或悼友人，或抒写感触，或表达衷怀，时而大笔勾勒，时而寸铁阻击，时而旁征博引，多写得思想尖锐，文字优美，影响颇大。

胡适散文富于时代精神的新思想、新见解和新方法，或抨击封建伦理，或赞颂新文化，或描写军阀专制与保守者脸谱，或追求民主、自由与法治，或呼唤个性解放与人道精神，或针砭国民性弱点，或奖掖扶植文学青年，等等，大多具有反对封建主义、张扬民主科学的积极意义。因此，他的散文呈现前所未有的思想风貌，给人们以有益的启示。

胡适散文自然清新，他从不堆砌华丽陈滥的辞藻，也不为形式格套所拘，表达平平常常，全无斧凿痕迹。他的散文常用比喻，但从不用离奇怪诞事物，多取材于日常生活，因此显得朴素自然，往往富于深刻哲理。他往往妙喻惊人，给人以十分清新而丰厚有力的艺术感染。

胡适在文学理论方面，撰写了《历史的文学观念论》《建设的文学革命论》等文，提倡“国语的文学，文学的国语”。他相继完成《国语文法概论》《白话文学史》等著作，对白话文取代文言文而成为现代中国人重要思想和交流工具起到了决定性作用。

目录

诗歌

散文

小说

戏剧

文论

书信

大师经典

诗歌

胡适精品选

蝴　蝶

两个黄蝴蝶，双双飞上天。
不知为什么，一个忽飞还。
剩下那一个，孤单怪可怜；
也无心上天，天上太孤单。

五年八月二十三日

（选自《尝试集》增订四版1922年，上海亚东图书馆。下同。）

他

——思祖国也

你心里爱他，莫说不爱他。
要看你爱他，且等人害他。
倘有人害他，你如何对他？
倘有人爱他，更如何待他？

五年九月六日

中　秋

九月十一夜，为旧历八月十五夜。

小星躲尽大星少，
果然今夜清光多！
夜半月从江上过，
一江江水变银河。

江　上

十一月一日大雾，追思夏间一景，因此成诗。

雨脚渡江来，
山头冲雾出。
雨过雾亦收，
江楼看落日。

十二月五夜月

明月照我床，卧看不肯睡。
窗上青藤影，随风舞娟媚。

我爱明月光，更不想什么。
月可使人愁，定不能愁我。

月冷寒江静，心头百念消。
欲眠君照我，无梦到明朝！

病中得冬秀书

一

病中得他书，不满八行纸，
全无要紧话，颇使我欢喜。

二

我不认得他，他不认得我，
我总常念他，这是为什么？
岂不因我们，分定长相亲，
由分生情意，所以非路人？
海外“土生子”，生不识故里，
终有故乡情，其理亦如此。

三

岂不爱自由？此意无人晓：
情愿不自由，也是自由了。

六年一月十六日

论诗杂记（三首）

一

“从天而颂之，孰与制天命而用之？”
我爱荀卿天论赋，每作倍根语诵之。

二

“黄昏到寺蝙蝠飞……芭蕉叶大栀子肥”。
此是退之绝妙语，何须“涂改清庙生民诗”？

三

“学杜真可乱楮叶”，便令如此又怎么？
可怜“终岁秃千毫”，学像他人忘却我！

六年一月二十夜

寒　江

江上还飞雪，
遥山雾未开。
浮冰三百亩[1]，
载雪下江来。

六年一月二十五日夜

① 亩字杨杏佛所改。原作丈，不如亩字远矣。

一　念

我笑你绕太阳的地球，一日夜只打得一个回旋；
我笑你绕地球的月亮，总不会永远团圆；
我笑你千千万万大大小小的星球，总跳不出自己的轨道线；
我笑你一秒钟行五十万里的无线电，总比不上我区区的心头一念！
我这心头一念：
才从竹竿巷[①]，忽到竹竿尖[②]；
忽在赫贞江上，忽在凯约湖边；
我若真个害刻骨的相思，便一分钟绕遍地球三千万转！

① 竹竿巷，是我住的巷名。
② 竹竿尖，是吾村后山名。

鸽　子

云淡天高，好一片晚秋天气！
有一群鸽子，在空中游戏。
看他们三三两两，
回环来往，
夷犹如意，——
忽地里，翻身映日，白羽衬青天，十分鲜丽！

三溪路上大雪里一个红叶

雪色满空山，抬头忽见你！
我不知何故，心里很欢喜；
踏雪摘下来，夹在小书里；
还想做首诗，写我欢喜的道理。
不料此理很难写，抽出笔来还搁起。

六年十二月二十二日

新婚杂诗（五首）

一

十三年没见面的相思，于今完结。
把一桩桩伤心旧事，从头细说。
你莫说你对不住我，
我也不说我对不住你，——
且牢牢记取这十二月三十夜的中天明月！

二

回首十四年前，
初春冷雨，
中村箫鼓，

有个人来看女婿。
匆匆别后，便轻将爱女相许。
只恨我十年作客，归来迟暮，
到如今，待双双登堂拜母，
只剩得荒草孤坟，斜阳凄楚！
最伤心，不堪重听，灯前人诉，阿母临终语！

三

与新妇同至江村，归途在杨桃岭上望江村，庙首诸村，及其北诸山。

重山叠嶂，
都似一重重奔涛东向！
山脚下几个村乡，
一百年来多少兴亡，不堪回想！——更不须回想！
想十万万年前，这多少山头，都不过是大海里一些儿微波暗浪！

四

吾订婚江氏，在甲辰年。戊申之秋，两家皆准备婚嫁，吾力阻之，始不果行。然此次所用嫁妆，犹多十年旧物。吾本不欲用爆竹，后以其为吾母十年前所备，不忍不用之。

记得那年，你家办了嫁妆，我家备了新房，只不曾捉到我这个新郎！
这十年来，换了几朝帝王，看了多少兴亡，

锈了你嫁奁中的刀剪，改了你多少嫁衣新样，
更老了你和我人儿一双！——
只有那十年陈的爆竹，越陈偏越响！

五

十几年的相思刚才完结，
没满月的夫妻又匆匆分别。
昨夜灯前絮语，全不管天上月圆月缺。
今宵别后，便觉得这窗前明月，格外清圆，格外亲切！
你该笑我，饱尝了作客情怀，别离滋味，还逃不了这个时节！

七年一月

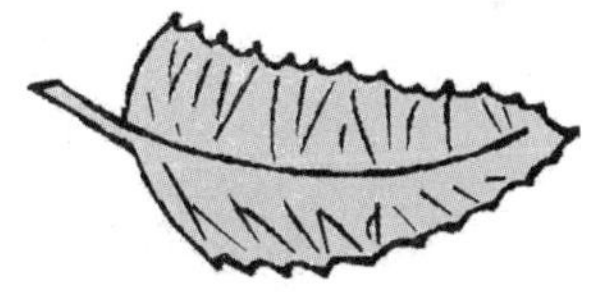

四月二十五夜

吹了灯儿，卷开窗幕，放进月光满地。
对着这般月色，教我要睡也如何睡！
我待要起来遮着窗儿，推出月光，又觉得有点对他月亮儿
　不起。
我终日里讲王充，仲长统，阿里士多德，爱比苦拉斯，
　……几乎全忘了我自己！
多谢你殷勤好月，提起我过来哀怨，过来情思。
我就千思万想，直到月落天明，也甘心愿意！
怕明朝，云密遮天，风狂打屋，何处能寻你！

看　花

院子里开着两朵玉兰花，三朵月季花；
红的花，紫的花，衬着绿叶，映着日光，怪可爱的。
没人看花，花还是可爱；但是我看花，花也好像更高兴了。
我不看花，也不怎么；但我看花时，我也更高兴了。
还是我因为见了花高兴，故觉得花也高兴呢？
还是因为花见了我高兴，故我也高兴呢？

七年五月

希　望

要是天公换了卿和我，
该把这糊涂世界一齐都打破，
要再磨再炼再调和，
好依着你我的安排，把世界重新造过！

八年二月二十八日译英人Fitzgerald所译波斯诗人Omar Khayyam（d–1123 A.D.）的Rubaiyat（绝句）诗第一百零八首。

An！Love，could you and I with Him conspire
To grasp this Sorry Scheme of Things entire，
Would not we shatter it to bits and then
Remould it nearer to the Heart's Desire?

一颗星儿

我喜欢你这颗顶大的星儿。
可惜我叫不出你的名字。
平日月明时，月光遮尽了满天星，总不能遮住你。
今天风雨后，闷沉沉的天气，
我望遍天边，寻不见一点半点光明，
回转头来，
只有你在那杨柳高头依旧亮晶晶地。

八年四月二十五夜

小 诗

也想不相思，
可免相思苦。
几次细思量，
情愿相思苦！

有一天我在张慰慈的扇子上，写了两句话："爱情的代价是痛苦，爱情的方法是要忍得住痛苦。"陈独秀引我这两句话，做了一条随感录（《每周评论》二十五号），加上一句按语道："我看不但爱情如此，爱国爱公理也都如此。"这样随感录出版后三日，独秀就被军警捉去了，至今还不曾出来。我又引他的话，做了一条随感录（《每周评论》二十八号），后来我又想这个意思可以入诗，遂用《生查子》词调，做了这首小诗。

八年六月二十八日

我的儿子

我实在不要儿子，
儿子自己来了。
“无后主义”的招牌，
于今挂不起来了！

譬如树上开花，
花落偶然结果。
那果便是你，
那树便是我。
树本无心结子，
我也无恩于你。

但是你既来了，
我不能不养你教你，

那是我对人道的义务，
并不是待你的恩谊。
将来你长大时，
莫忘了我怎样教训儿子：
我要你做一个堂堂的人，
不要你做我的孝顺儿子。

七年五月

乐　观

《每周评论》于八月三十日被封禁，国内的报纸很多替我们抱不平的。我做这首诗谢谢他们。

一

“这棵大树很可恶，
他碍着我的路！
来！
快把他斫倒了，
把树根也掘去。——
哈哈！好了！”

二

大树被斫做柴烧，
树根不久也烂完了。
斫树的人很得意，
他觉得很平安了。

三

但是那树还有许多种子，——
很小的种子，裹在有刺的壳儿里，——
上面盖着枯叶，
叶上堆着白雪，
很小的东西，谁也不注意。

四

雪消了，
枯叶被春风吹跑了。
那有刺的壳都裂开了，
每个上面长出两瓣嫩叶，
笑迷迷的好像是说：
“我们又来了！”

五

过了许多年，
坝上田边，都是大树了。
辛苦的工人，在树下乘凉；
聪明的小鸟，在树上歌唱，——
那斫树的人到那里去了？

八年九月二十夜

上 山

（一首忏悔的诗）

“努力！努力！
努力望上跑！”

我头也不回，
汗也不揩，
拚命的爬上山去。

“半山了！努力！
努力望上跑！”

上面已没有路，
我手攀着石上的青藤，

脚尖抵住岩石缝里的小树，
一步一步的爬上山去。

“小心点！努力！
努力望上跑！”

树桩扯破了我的衫袖，
荆棘刺伤了我的双手，
我好容易打开了一线路爬上山去。

上面果然是平坦的路，
有好看的野花，
有遮阴的老树。

但是我可倦了，
衣服都被汗湿遍了，
两条腿都软了。

我在树下睡倒，
闻着那扑鼻的草香，
便昏昏沉沉的睡了一觉。

睡醒来时，天已黑了，
路已行不得了，
“努力”的喊声也灭了。……

猛省！猛省！
我且坐到天明，
明天绝早跑上最高峰，
去看那日出的奇景！

八年九月二十八夜

蔚蓝的天上

蔚蓝的天上，
这里那里浮着两三片白云；
暖和的日光，
斜照着一层一层的绿树，
斜照着黄澄澄的琉璃瓦：——
只有那望不尽的红墙，
衬得住这些颜色！
下边，
一湖新出水的荷叶，
在凉风里笑的狂抖。
那黝绿的湖水
也吹起几点白浪，
陪着那些笑弯了腰的绿衣女郎微笑！

六·二三

一　笑

十几年前，
一个人对我笑了一笑。
我当时不懂得什么，
只觉得他笑的很好。

那个人后来不知怎样了，
只是他那一笑还在：
我不但忘不了他，
还觉得他越久越可爱。
我借他做了许多情诗，
我替他想出种种境地：
有的人读了伤心，
有的人读了欢喜。

欢喜也罢，伤心也罢，
其实只是那一笑
我也许不会再见着那笑的人，
但我很感谢他笑的真好。

九，八，十二

我们三个朋友

（九，八，二二，赠任叔永与陈莎菲。）

（上）

雪全消了，
春将到了，
只是寒威如旧。
冷风怒号，
万松狂啸，
伴着我们三个朋友。

风稍歇了，
人将别了，——
我们三个朋友。

寒流秃树，
溪桥人语，——
此会何时重有？

（下）

别三年了！
月半圆了，
照着一湖荷叶；
照着钟山，
照着台城，
照着高楼清绝。

别三年了，
又是一种山川了，——
依旧我们三个朋友。
此景无双，
此日最难忘，——
让我的新诗祝你们长寿！

湖　上

九，八，二四，夜游后湖——即玄武湖，——主人王伯秋要我作诗，我竟做不出诗来，只好写一时所见，作了这首小诗。

水上一个萤火，
水里一个萤火，
平排着，
轻轻地，
打我们的船边飞过。
他们俩儿越飞越近，
渐渐地并作了一个。

艺　术

报载英国第一“莎翁剧家”福北洛柏臣（Forbes-Robertson）（复姓）现在不登台了，他最后的“告别辞”说他自己做戏的秘诀只是一句话：“我做戏要做的我自己充分愉快。”这句话不单可适用于做戏；一切艺术都是如此。病中无事，戏引申这话，做成一首诗。

我忍着一副眼泪，
扮演了几场苦戏，
一会儿替人伤心，
一会儿替人着急。

我是一个多情的人，
这副眼泪如何忍得？
做到了最伤心处，

我的眼泪热滚滚的直滴。

台下的人看见了，
不住的拍手叫好。
他们看他们的戏，
那懂得我的烦恼？

九，九，二二

梦与诗

都是平常经验，
都是平常影象，
偶然涌到梦中来，
变幻出多少新奇花样！

都是平常情感，
都是平常言语，
偶然碰着个诗人，
变幻出多少新奇诗句！

醉过才知酒浓，
爱过才知情重：——
你不能做我的诗，
正如我不能做你的梦。

[自跋]

这是我的“诗的经验主义”（Poetic empiricism）。简单一句话：做梦尚且要经验做底子，何况做诗？现在人的大毛病就在爱做没有经验做底子的诗。北京一位新诗人说“棒子面一根一根的往嘴里送”；上海一位诗学大家说“昨日蚕一眠，今日蚕二眠，明日蚕三眠，蚕眠人不眠！”吃面养蚕何尝不是世间最容易的事？但没有这种经验的人，连吃面养蚕都不配说。——何况做诗。

九，一〇，一〇

礼

他死了父亲不肯磕头，
你们大骂他。
他不能行你们的礼，
你们就要打他。

你们都能呢呢啰啰的哭，
他实在忍不住要笑了。
你们都有现成的眼泪，
他可没有，——他只好跑了。

你们串的是什么丑戏，
也配抬出“礼”字的大帽子！
你们也不想想，
究竟死的是谁的老子？

九，十一，二五

十一月二十四夜

老槐树的影子，
在月光的地上微晃；
枣树上还有几个干叶，
时时做出一种没气力的声响。

西山的秋色几回招我，
不幸我被我的病拖住了。
现在他们说我快要好了，
那幽艳的秋天早已过去了。

九，十一，二五

平民学校校歌

（附赵元任先生作的谱）

为北京高师平民学校作的。

靠着两只手，
拼得一身血汗，
大家努力做个人，——
不做工的不配吃饭！

做工即是学，
求学即是做工：

大家努力做先锋，

同做有意识的劳动！

十，四，十二

此歌有两种谱，一种是赵元任先生做的，一种是萧友梅先生做的。今将赵先生的谱附在后面。

死　者

为安庆此次被军人刺伤身死的姜高琦作。

他身上受了七处刀伤，
他微微地一笑，
什么都完了！
他那曾经沸过的少年血
再也不会起波澜了！

我们脱下帽子，
恭敬这第一个死的。——
但我们不要忘记：
请愿而死，究竟是可耻的！

我们后死的人，

尽可以革命而死！
尽可以力战而死！
但我们希望将来
永没有第二人请愿而死！

我们低下头来，
哀悼这第一个死的。——
但我们不要忘记
请愿而死，究竟是可耻的！

十·六·十七

希　望

我从山中来，
带得兰花草，
种在小园中，
希望开花好。

一日望三回，
望到花时过；
急坏看花人，
苞也无一个。

眼见秋天到，
移花供在家，
明年春风回，
祝汝满盆花！

十，十，四

大明湖

哪里有大明湖！
我只看见无数小湖田，
无数芦堤，
把一片好湖光
划分的七零八落！

这里缺少一座百尺高楼，
让游人把眼界放宽，
超过这许多芦堤柳岸，
打破这种种此疆彼界，
依然还我一个大明湖。

十一，十，十五

回　向

“回向”是《华严经》里一个重要观念。民国十一年十月二十日，我从山东回北京，火车上读晋译《华严经》的《回向品》，作此解。

他从大风雨里过来，
向最高峰上去了。
山上只有和平，只有美，
没有压迫人的风和雨了。

他回头望着山脚下，
想着他风雨中的同伴，
在那密云遮着的村子里，
忍受那风雨中的沉暗。

他舍不得离开他们，
他又讨厌那山下的风和雨。
“也许还下雹哩，”
他在山顶上自言自语。

瞧呵，他下山来了，
向那密云遮处走。
“管他下雨下雹！
他们受得，我也能受。”

烟霞洞

我来正碰着黄梅雨，
天天在楼上看山雾：
刚才看白云遮没了玉皇山，
我回头已不见[1]了楼前的一排大树！

一九二三

① “不见”二字，原作“已失”。

秘魔崖月夜

依旧是月圆时，
依旧是空山，静夜；
我独自月下归来，——
这凄凉如何能解！

翠微山上的一阵松涛
惊破了空山的寂静。
山风吹乱了窗纸上的松痕，
吹不散我心头的人影。

十二，十二，二十二

小　诗

刚忘了昨儿的梦，
又分明看见梦里那一笑。

《阿丽思漫游奇境记》中的猫“慢慢地不见，从尾巴尖起，一点一点地没有，一直到头上的笑脸最后没有。那个笑脸留了好一会儿才没有”。（赵元任译本页九二）

一三，一，十五

原有前两行：

坐也坐不下，
忘又忘不了。

江城子

翠微山上乱松鸣。
月凄清，
伴人行；
正是黄昏，人影不分明。
几度半山回首望，——
天那角，
一孤星。

时时高唱破昏冥，
一声声，
有谁听？

我自高歌，我自遣哀情。
记得那回明月夜，
歌未歇，
有人迎。

十三，一，二十七

瓶　花

满插瓶花罢出游，
莫将攀折为花愁。
不知烛照香熏看，
何似风吹雨打休？

范成大《瓶花》二之一

不是怕风吹雨打，
不是羡烛照香熏。
只喜欢那折花的人，
高兴和伊亲近。

花瓣儿纷纷谢了，
劳伊亲手收存，

寄与伊心上的人，

当一篇没有字的书信。

十四年六月六日
十七年改稿
赵元任作曲谱

拟中国科学社的社歌

我们不崇拜自然，
他是个刁钻古怪。
我们要捶他煮他，
要使他听我们指派。

我们叫电气推车，
我们叫以太送信，——
把自然的秘密揭开，
好叫他来服侍我们人。

我们唱天行有常，

我们唱致知穷理。
不怕他真理无穷，
进一寸有一寸的欢喜。

十八年一月作
赵元任作曲谱
十九年北平社友会庆祝本社十五周年纪念会第一次试唱

健儿们，大家上前！
只一人第一，
要个个争先。
胜固然可喜，
败也要欣然。
健儿们！大家上前！

健儿们，大家齐来！
全体的光荣，
要我们担待。
胜，要光荣的胜，
败，也要光荣的败。
健儿们，大家齐来！

十九，四，二十八

夜　坐

夜坐听潮声，
天地一般昏黑。
只有潮头打岸，
涌起一层银白。

忽然海上放微光，
好像月冲云破。
一点——两点——三点——
是渔船灯火。

二十，八，十二在秦王岛，与丁在君同住

十月九夜在西山

许久没有看见星儿这么大，
也没有觉得他们离我这么近。
秋风吹过山坡上七八棵白杨，
在满天星光里做出雨声一阵。

似是二十年十月的残稿

狮　子

——悼志摩

狮子是志摩住我家时最喜欢的猫。蜷伏在我的背后，
软绵绵的他总不肯走。
我正要推他下去，
忽然想起了死去的朋友。

一只手拍着打呼的猫，
两滴眼泪湿了衣袖；
“狮子，你好好的睡罢，——
你也失掉了一个好朋友。”

二十，十二，四

飞行小赞

看尽柳州山，
看遍桂林山水，
天上不须半日，
地上五千里。

古人辛苦学神仙，
要守百千戒。
看我不修不炼，
也腾云无碍。

二十四，一

大青山公墓碑

雾散云开自有时，
暂时埋没不须悲。
青山待我重来日，
大写青山第二碑。

二十四，七，五

公墓碑刻成建立之后，何应钦将军有命令，一切抗日的纪念物都应隐藏。于是傅作义将军在碑上加一层遮盖，上面另刻“精灵在兹”四大字。

小诗两首

一

开的花还不多；
且把这一树嫩黄的新叶
当作花看罢。

二

我们现在从生活里，
得着相互的同情了。
也许人们不认得这就是爱哩。

十一，四，十在天津

努力歌

——《努力》周报发刊辞

"这种情形是不会长久的。"
朋友，你错了。
除非你和我不许他长久，
他是会长久的。

"这种事要有人做。"
朋友，你又错了。
你应该说，
"我不做，等谁去做？"

天下无不可为的事。
直到你和我——自命好人的——
也都说"不可为"，

那才是真不可为了。

阻力吗?
他是黑暗里的一个鬼;
你大胆走上前去,
他就没有了。

朋友们,我们唱个努力歌:
“不怕阻力!
不怕武力!
只怕不努力!
努力!努力!”

“阻力少了,
武力倒了!
中国再造了!
努力!努力!”

十一,五,七

临行赠蜷庐主人

“结庐在人境，而无车马喧。
问君何能尔？心远地自偏。”

我爱读这首诗，
但我不大信这话是真的；
我常想，古人说“大隐在城市”，
大概也是骗骗人的。

自从我来到蜷庐，
我的见解不能不变了；
这园子并非地偏，
只是主人的心远了。

主人也是名利场中的过来人，

他现在寻着了他的新乐趣；
他在此凿池造山，栽花种竹，
三年竟不肯走出园子去。

他是一个聪明人，
他把聪明用在他的园子上；
他有时也不免寂寞，
他把寂寞寄在古琴的弦子上。

我来打破了园中的幽静，
心里总觉得对他不起；
幸而接着下了几天的大雨，
把园子大洗了一洗。

雨住了，
园子变成小湖了；
水中都是园亭倒影，
又一个新蜷庐了！

多谢主人，
我去了！
两天之后，
满身又是北京尘土了！

十，九，七

有　感

咬不开，捶不碎的核儿，
关不住核儿里的一点生意；
百尺的宫墙，千年的礼教，
锁不住一个少年的心！

十一，六，六

此是我进宫见溥仪废帝之后作的一首小诗。若不加注，读者定不会懂得我指的是谁。

四十八，十二，十二

别　赋

——一篇寓言

我们蜜也似的相爱，
心里很满足了。
一想到，一提及离别，
我们便偎着脸哭了。

那回，——三月二十八，——
出门的日子都定了。
他们来给我送行；
忽然听说我病了。——

其实是我们哭了两夜，
眼睛都肿成核桃了；
我若不躲在暗房里，

定要被他们嘲笑了。

又挨了一个半月，
我终于走了。
这回我们不曾哭，
然而也尽够受了。

第一天——别说是睡，——
我坐也坐不住了。
早若不是怕人笑，
我早已搭倒车回去了！

第二天——稍吃了点饭；
第三晚竟能睡了。
三个月之后，
便不觉得别离的苦味了。

半年之后，
习惯完全征服了相思了。
“我现在是自由人了！
不再做情痴了！”

十二，一，一在北京协和医院

西　湖

十七年梦想的西湖，
不能医我的病，
反使我病的更利害了！

然而西湖毕竟可爱。
轻烟笼着，月光照着，
我的心也跟着湖光微荡了。

前天，伊却未免太绚烂了！
我们只好在船篷阴处偷觑着，
不敢正眼看伊了。

最好是密云不雨的昨日：
近山都变成远山了，

山头的云雾慢腾腾地卷上去。

我没有气力去爬山，
只能天天在小船上荡来荡去，
静瞧那湖山诸峰从容地移前退后。

听了许多毁谤伊的话而来，
这回来了，只觉得伊更可爱，
因而不舍得匆匆就离别了。

十二，五，三

南高峰看日出

七月二十九日晨，与任百涛先生曹珮声女士在西湖南高峰看日出。

后二日，奇景壮观犹在心目，遂写成此篇。

时候似乎已很晚了，
我们等的不耐烦了！
东方还只是一线暗淡的红云，
还只是一颗微茫的晨星，
还指不定那一点是日出的所在！

晨星渐渐淡下去了，
红云上面似乎有一处特别光亮了。
山后的月光仍旧照耀着，
海上的日出仍旧没有消息，

我们很疑心这回又要失望了！

忽然我们一齐站起来了：
“起来了！”“现在真起来了！”
先只像深夜远山上的一线野烧，
立刻就变成半个灿烂月华了，
一个和平温柔的初日，冉冉的全出来了！

我们不禁喊道：
“这样平淡无奇的日出，”
但我们失望的喊声立刻就咽住了；
那白光的日轮里，
忽然涌出无数青莲色的光轮，
神速地射向人间来，
神速地飞向天空中去：
一霎时，满空中都是青莲色的光轮了，
一霎时，山前的树上草上都停着青莲色的光轮了。

我们再抬起头时，
日轮里又射出金碧色的光轮来了，
一样神速地散向天空去，
一样神速地飞到人间来！
一样奇妙地飞集在山前的树叶上和草叶上！

日轮里的奇景又幻变了，
金碧的光轮过去了，

艳黄的光轮接着飞射出来；
艳黄的光轮飞尽了，
玫瑰红的光轮又接着涌出来；
一样神速地散向天空去，
一样神速地飞到人间来，
一样奇妙地飞集在树叶草叶上和我们的白衣裳上。

玫瑰红的光轮涌射的最长久，
满空中正飞着红轮时，
忽然那白光的日轮里，什么都没有了。
那和平温柔的朝日忽然变严厉了！
积威的光针辐射出来，
我们不自由地低下头去，
只见一江的江水都变成灿烂的金波了，
朝日已升的很高了。

梅　树

树叶都带着秋容了，
但大多数都还在秋风里撑持着。
只有山前路上的许多梅树，
却早已憔悴的很难看了。
我们不敢笑他们早凋；
让他们早早休息好了，
明年仍赶在百花之先开放罢！

十二，九，二十六

别　离

不见也有不见的好处：
我倒可以见着她，
不怕有谁监着她，
在我脑海的深窈处；
我可以抱着她，亲她的脸；
虽然不见，抵得长相见。

十三，十一，十二

In absence this good means I gain,
That I can catch her,
Where none can watch her,
In some close corner of my brain;
There I embrace and kiss her;

And so I both enjoy and miss her.

今早读完Hardy的The Hand of Ethelberta；其第二册第十三章有此诗，我读了觉得它好玩，遂译了出来。（此是John Donne的Absense的末章）

月光里

“喂，孤寂的工人，你为什么
痴痴地站在这儿瞪着伊的坟墓，
好像偌大的坟园只葬着伊一个？”

“万一你那双绝望的眼睛，
在这凄冷的月光里恼怒了伊的魂灵，
万一伊的鬼走了出来，可不要吓死了人？”

“你懂什么！那可不真趁了我的心愿！
我宁愿见伊的鬼，不愿看谁的面。
可怜呵，我那会有那样的奇缘！”

“这样看来，伊一定是你恋爱的人，
安乐与患难变不了你的心；

如今伊死了，你便失了你的光明？”

“不是的：伊不曾受过我爱情的供养；
我当时总觉得别人都比伊强；
可怜伊在日，我从不曾把伊放在心上！”

十四，七，二十三

译Thomas Hardy’s In The Moonlight. （Selected Poems，P. 127. ）

IN THE MOONLIGHT

“O lonely workman，standing there
In a dream，why do you stare and stare
At her grave，as no other grave there were？”

“If your hopeless eyes so importune
Her soul by the shine of this corpse–cold moon，
Maybe you’ll raise her phantom soon！”

“Why，fool，it is what I would rather see
Than all the living folk there be；
But alas，there is no such joy for me！”

“Ah–she was one you loved,no doubt,
Through good and evil，through rain and frought，

And when she passed, all your sun went out? ”

“Nay; she was the woman I did not love,
Whom all the others were ranked above,
Whom during her life I thought nothing of. ”

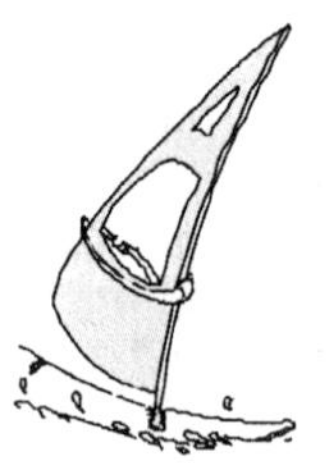

八月四夜

我指望一夜的大雨
把天上的星和月都遮了；
我指望今夜喝得烂醉，
把记忆和相思都灭了。

人都静了，
夜已深了，
云也散干净了，——
仍旧是凄清的明月照我归去，——
而我的酒又早已全醒了。
　　　　酒已都醒，
　　　　　如何消夜永？[1]

① 编者注：最后两句取自周邦彦词《关河令》。

题陆小曼画山水

画山要看山，画马要看马。
闭门造云岚，终算不得画。
小曼聪明人，莫走错了路。
拼得死工夫，自成真意趣。

二十，七，八

水　仙

陌生的笔迹，
伴着水仙两朵，
使我开缄一笑，——
是谁记念着我？

邮印不分明，
这谜无从猜想。
我自临风私祝，
祝寄花人无恙。

二十一，一，二十五

无　题

寻遍了车中，
只不见他踪迹。
尽日清谈高会，
总空虚孤寂。

明知他是不曾来，——
不曾来最好。
我也清闲自在，
免得为他烦恼。

二十五，一，二十三

大师经典

散文

胡适精品选

庐山游记（节选）

昨夜大雨，终夜听见松涛声与雨声，初不能分别，听久了才分得出有雨时的松涛与雨止时的松涛，声势皆很够震动人心，使我终夜睡眠甚少。

早起雨已止了，我们就出发。从海会寺到白鹿洞的路上，树木很多，雨后清翠可爱。满山满谷都是杜鹃花，有两种颜色，红的和轻紫的，后者更鲜艳可喜。去年过日本时，樱花已过，正值杜鹃花盛开，颜色种类很多，但多在公园及私人家宅中见之，不如今日满山满谷的气象更可爱。因作绝句记之：

长松鼓吹寻常事，最喜山花满眼开。
嫩紫鲜红都可爱，此行应为杜鹃来。

到白鹿洞。书院旧址前清时用作江西高等农业学校，添有校舍，建筑简陋潦草，真不成个样子。农校已迁去，现设习林事务所。附近大松树都钉有木片，写明保存古松第几号。此地建筑虽极不堪，然洞外风景尚好。有小溪，浅水急流，铮淙可听；溪名贯道溪，上有石桥，即贯道桥，皆朱子起的名字。桥上望见洞后诸松中一松有紫藤花，直上到树杪，藤花正盛开，艳丽可喜。

白鹿洞本无洞；正德中，南康守王溱开后山作洞，知府何浚凿石鹿置洞中。这两人真是大笨伯！

白鹿洞在历史上占一个特殊地位，有两个原因。第一，因为白鹿洞书院是最早一个书院。南唐升元中（九三七至九四二）建为庐山国学，置田聚徒，以李善道为洞主。宋初因置为书院，与睢阳、石鼓、岳麓三书院并称为“四大书院”，为书院的四个祖宗。第二，因为朱子重建白鹿洞书院，明定学远规，遂成后世几百年"讲学式"的书院的规模。宋末以至清初的书院皆属于这一种。到乾隆以后，朴学之风气已成，方才有一种新式的书院起来；阮元所创的诂经精舍、学海堂，可算是这种新式书院的代表。南宋的书院祀北宋周、邵、程诸先生；元、明的书院祀程、朱；晚明的书院多祀阳明；王学衰后，书院多祀程、朱。乾、嘉以后的书院乃不祀理学家而改祀许慎、郑玄等。所祀的不同便是这两大派书院的根本不同。

朱子立白鹿洞书院在淳熙己亥（一一七九），他极看重此事，曾札上丞相说：

> 愿得比祠官例，为白鹿洞主，假之稍廪，使得终与诸生讲习其中，犹愈于崇奉异教香火，无事而食也。（《庐山志》八，页二，引《洞志》。）

他明明指斥宋代为道教宫观设祀官的制度，想从白鹿洞开一个儒门创例来抵制道教。他后来奏对孝宗，申说请赐书院额，并赐书的事，说：

> 今老佛之宫布满天下，大都逾百，小邑亦不下数十，而公私增益势犹未已。至于学校，则一郡一邑仅置一区，附廓之县又不复有。盛衰多寡相悬如此！（同上，页三。）

这都可见他当日的用心。他定的《白鹿洞规》，简要明白，遂成为后世七百年的教育宗旨。

庐山有三处史迹代表三大趋势：（一）慧远的东林，代表中国“佛教化”与佛教“中国化”的大趋势。（二）白鹿洞，代表中国近世七百年的宋学大趋势。（三）牯岭，代表西方文化侵入中国的趋势。

从白鹿洞到万杉寺。古为庆去庵，为“律”居，宋景德中有大超和尚手种杉树万株，天圣中赐名万杉。后禅学盛行，遂成“禅寺”。南宋张孝祥有诗云：

> 老干参天一万株，庐山佳处浮着图。
> 只因买断山中景，破费神龙百斛珠。
> （《志》五，页六十四，引《程史》）

今所见杉树，粗又如瘦腕，皆近两年种的。有几株大樟树，其一为“五爪樟”，大概有三四百年的生命了；《指南》说“皆宋时物”，似无据。

从万杉寺西行约二三里，到秀峰寺。吴氏旧《志》无秀峰寺，只有开光寺。毛德琦《庐山新起》（康熙五十九年成书。我在海会寺买得一部，有同治十年，宣统二年，民国四年补版。我的日记内注的卷页数，皆指此书）说：

> 康熙丁亥（一七〇七）寺僧超渊往淮迎驾，御书秀峰寺赐额，改今名。

明光寺起于南唐中主李璟。李璟年少好文学，读书于庐山；后来先主代杨氏而建国，李璟为世子，遂嗣位。他想念庐山书堂，遂于其地立寺，因有开国之祥，故名开先寺，以绍宗和尚主之。宋初赐名开先华藏；后有善暹，为禅门大师，有众数百人。至行瑛，有治事才，黄山谷称“其材器能立事，任人役物如转石于千仞之溪，无不如意。”行瑛发愿重新此寺。

> 开先之屋无虑四百楹，成于瑛世者十之六，穷壮极丽，迄九年乃即功。（黄庭坚《开先禅院修造记》，《志》五，页十六至十八）

此是开先极盛时。康熙间改名时，皇帝赐额，赐御书《心经》，其时“世之人无不知有秀峰”（郎廷极《秀峰寺记》，《志》五，页六至七。）其时也可称是盛世。到了今日，当时所谓“穷壮极丽”的规模只剩败屋十几间，其余只是颓垣废址了。读书台上有康熙帝临米芾书碑，尚完好；其下有石刻黄山谷书《七佛偈》，及王阳明正德庚辰（一五二〇）三月《纪功题名碑》，皆略有损坏。

寺中虽颓废令人感叹，然寺外风景则绝佳。为山南诸处的最好风景。寺址在鹤鸣峰下，其西为龟背峰，又西为黄石岩，又西为双剑峰，又西南为香炉峰，都可奇可喜。鹤鸣与龟背之间有马尾泉瀑布，双剑之左有瀑布水；两个瀑泉遥遥相对，平行齐下，下流入壑，汇合为一水，迸出山峡中，遂成最著畾青玉峡奇景。水流出峡，入于龙潭。昆山与祖望先到青玉峡，徘徊不肯去，叫人来催我们去看。我同梦旦到了那边，也徘徊不肯离去。峡上石刻甚多，有米芾书“第一山”大字，今钩摹作寺门题榜。

徐凝诗“今古长如白练飞，一条界破青山色”，即是咏瀑布的。李白《瀑布泉》诗也是指此瀑。旧《志》载瀑布水的诗甚多，但总没有能使人满意的。

由秀峰往西约十二里，到归宗寺。我们在此午餐，时已下午三点多钟，饿的不得了。归宗寺为庐山大寺，也很衰落了。我向寺中借得《归宗寺志》四卷，是民国甲寅先勤本坤重修的，用活字排印，错误不少，然可供我的参考。

我们吃了饭，往游温泉。温泉在柴桑桥附近，离归宗寺约五六里，在一田沟里。雨后沟水浑浊，微见有两处起水泡，即是温泉。我们下手去试探，一处颇热，一处稍减。向农家买得三个鸡蛋，放在两处，约七八分钟，因天下雨了，取出鸡蛋，内里已温而未熟。田陇间有新碑，我去看，乃是星子县的告示，署民国十二年，中说，接康南海先生函述在此买田十亩，立界碑为记的事。康先生去年死了。他若不死，也许能在此建立一所浴室，他买的地横跨温泉的两岸。今地为康氏私产，而业归海会寺管理，那班和尚未必有此见识作此事了。

此地离栗里不远，但雨已来了，我们要赶回归宗，不能去寻访陶渊明的故里了。道上见一石碑，有“柴桑桥”大字。《旧志》已说，“渊明故居，今不知处”（四，页七）。桑乔疏说，去柴桑桥一里许有渊明的醉石。（四，页六）《旧志》又说，醉石谷中有五柳馆，归去来馆。归去来馆是朱子建的，即在醉石之侧。朱子为手书颜真卿《醉石诗》，并作长跋，皆刻石上，其年月为淳熙辛丑（一一八一）七月。（四，页八）此二馆今皆不存，醉石也不知去向了。庄百俞先生《庐山游记》说他曾访醉石，乡人皆不知。记之以告后来的游者。

今早轿上读《旧志》所载周必大《庐山后录》，其中说他访栗里，求醉石，上人直云，“此去有陶公祠，无栗里也。”（十四，页十八乙）南宋时已如此，我们在七百年后更不易寻此地了，不如阙疑为上。《后录》有云：

> 尝记前人题诗云：
> 五字高吟酒一瓢，庐山千古想风标。
> 至今门外青青柳，不为东风肯折腰。
> 惜乎不记其姓名。

我读此诗，忽起一感想：陶渊明不肯折腰，为什么却爱那最会折腰的柳树？今日从温泉回来，戏用此意作一首诗：

陶渊明同他的五柳

当年有个陶渊明，不惜性命只贪酒。
骨硬不能深折腰，弃官回来空两手。
瓮中无米琴无弦，老妻娇儿赤脚走。
先生吟诗自嘲讽，笑指篱边五株柳：
“看他风里尽低昂！这样腰肢我无有。”

晚上在归宗寺过夜。

十七，四，九

平绥路旅行小记

从七月三日到七月七日，我们几个朋友——金旬卿先生，金仲藩先生和他的儿子建午，任叔永先生和他的夫人陈衡哲女士，我和我的儿子思杜，共七人——走遍了平绥铁路的全线，来回共计一千六百公里。我们去的时候，一路上没有停留，一直到西头的包头站。在包头停了半天，回来的路上在绥远停了一天，大同停了大半天，张家口停了几个钟头。这是很匆匆的旅行，谈不到什么深刻的观察，只有一些初次的印象，写出来留作后日重游的资料。（去年七月，燕京大学顾颉刚，郑振铎，吴文藻，谢冰心诸先生组织了一个平绥路沿线旅行团，他们先后共费了六星期，游览的地方比我们多。冰心女士有几万字的《平绥沿线旅行记》；郑振铎先生等有《西北胜迹》，都是平绥路上游人不可少的读物）

我们这一次同行的人都是康乃尔大学的旧同学，也可以说是一个康乃尔同学的旅行团。金旬卿先生（涛）是平绥路总工程师，他是我们康乃尔同学中的前辈。现任的平绥路局长沈立孙先生（昌）也是康乃尔的后期同学。平绥路上向来有不少的康乃尔同学担任机务工务的事；这两年来平绥路的大整顿更是金沈两位努力的成绩。我们这一次旅行的一个目的是要参观这几个同学在短时期中造成的奇绩。

平绥路自从民国十二年以来，屡次遭兵祸，车辆桥梁损失最大。民国十七八年时，机车只剩七十二辆，货车只剩五百八十三辆（抵民国十三年的三分之一），客车只剩三十二辆（抵民国十五年的六分之一），货运和客运都不能维持了。加上政治的紊乱，管理的无法，债务的累积，这条铁路就成了全国最破坏最腐败的铁路。丁在君先生每回带北大学生去口外作地质旅行回来，总对我们诉说平绥路的腐败情形；他在他的《苏俄游记》里，每次写火车上的痛苦，也总提出平绥路来作比较。我在北平住了这么多年，到去年才去游长城，这虽然是因为我懒于旅行，其实一半也因为我耳朵里听惯了这条路腐败的可怕。

我们这一次旅行平绥路全线，真使我们感觉一种奇迹的变换。（一）车辆（机车，货车，客车）。虽然还没有完全恢复此路全盛时期的辆数，然而修理和购买的车辆已可以勉强应付全路的需要了。特别快车的整理，云岗与长城的特别游览车的便利，是大家知道的。有一些重要而人多忽略的大改革，是值得记载的：枕木的改换。全路枕木一百五十多万根，年久了，多有朽坏；这两年中，共换了枕木六十万根。（二）造桥。全路约有桥五百孔，两年中改造的已有一百多孔；凡新造的桥，都用钢梁，增加原有的载重量。（三）改线。平绥路有些地方，坡度太陡，弯线太紧，行车很困难，故有改路线的必要。最困难的是那有名的“关沟段”（自南口起至康庄止）。这两年中，在平地泉绥远之间，改线的路已成功的约有十一英里。

平绥路的最大整顿是债务的清理。这条路在二十多年前，借内外债总额为七千六百余万元，当金价最高时，约值一万万元。而全路的财产不过值六千万元。所以人都说平绥是一条最没有希望的路。沈立孙局长就职后，他决心要整顿本路的债务。他的办法是把债务分作两种，本金在十万元以上的债款为巨额债户，十万元以下的为零星债户。零星债款的偿还有两个办法：一为按本金折半，一次付清，不计利息；一为按本金全数分六十期摊还，也不计利息。巨额债款的偿还办法是照一本一利分八百期摊还。巨额债户之中，有几笔很大的外债，如美国的泰康洋行，如日本的三井洋行与东亚兴业株式会社，都是大债主。大多数债户对于平绥路，都是久已绝望的，现在平绥路有整理债务的方案出来，大家都喜出望外，所以都愿意迁就路局的办法。所以第一年整理的结果，就清理了六十二宗借款，原欠本利为六千一百八十五万余元，占全路总债务的十分之八，清理之后，减折作三千六百三十万余元。所以一年整理的结果居然减少了二千五百五十万元的负债，这真可说是一种奇绩了。

我常爱对留学回来的朋友讲一个故事。十九世纪中，英国有一个宗教运动，叫做“牛津运动”（Oxford Movement），其中有一个领袖就是后来投入天主教，成为主教的牛曼（Cardinal Newman）。牛曼和他的同志们做了不少宗教诗歌，写在一本小册子上；在册子的前面，牛曼题了一句荷马的诗，他自己译成英文：“You shall see the difference，now that we back again。”我曾译成中文，就是：“现在我们回来了，你们请看，要换个样子了。”我常说，个个留学生都应该把这句话刻在心上，做个口号。可惜许多留学回来的朋友都没有这种气魄敢接受这句口号。这一回我们看了我们的一位少年同学（沈局长今年只有三十一岁）在最短时期中把一条腐败的铁路变换成一条最有成绩的铁路，可见一二人的心力真可使山河变色，牛曼的格言是不难做到的。

当然，平绥路的改革成绩不全是一二人的功劳。最大的助力是中央政治的权力达到了全路的区域。这条路经过四省（河北，察，山西，绥），若如从前的割据局势，各军队可以扣车，可以干涉路政，可以扣留路款，可以随便作战，那么，虽有百十个沈昌，也不会有成绩。现在政治统一的势力能够达到全路，所以全路的改革能逐渐实行。现在平绥路每月只担负北平军分会的经费六十万元，此外各省从不闻有干涉铁路收入的事；察哈尔同绥远两个省政府各留一辆包车，此外也绝无扣车的事。现在各省的军政领袖也颇能明白铁路上的整顿有效就是直接间接的增加各省府的财政收入，所以他们也都赞助铁路当局的改革工作。这都可见政治统一是内政一切革新的基本条件。有了这个基本条件，加上个人的魄力与新式知识训练，肯做事的人断乎不怕没有好成绩的。

我们这回旅行的另一个目的是游大同的云岗石窟。我个人抱了游云岗的心愿，至少有十年了，今年才得如愿，所以特别高兴。我们到了云岗，才知道这些大石窟不是几个钟头看得完的，至少须一个星期的详细攀登赏玩，还要带着很好的工具，才可以得着一些正确的印象。我们在云岗勾留了不过两个钟头，当然不能作详细的报告。

云岗在大同的西面，在武州河的西岸，古名武州寨，又称武州山。从大同到此，约三十里，有新修的汽车路，虽须两次涉武州河，但道路很好，大雨中也不觉得困难。云岗诸石窟，旧有十大寺，久已毁坏。顺治八年总督佟养量重修其一小部分，称为石佛古寺。这一部分现存两座三层楼，气象很狭小简陋，决不是原来因山造寺的大规模。两楼下各有大佛，高五丈余，从三层楼上才望见佛头。这一部分，清朝末年又重修过，大佛都被装金，岩上石刻各佛也都被装修涂彩，把原来雕刻的原形都遮掩了。

道宣《续高僧传》卷一《昙曜传》说：

> 昙曜……住恒安石窟通乐寺，即魏帝之所造也，去恒安西北三十里，武州山谷北面石岩，就而镌之。建立佛寺，名曰灵岩。龛之大者，举高二十余丈，可受三千许人。面别镌象，穷

诸巧丽；龛别异状，骇动人神。栉比相连，三十余里。东头僧寺，恒供千人。碑碣现存，未卒陈委。

以我们所见诸石窟，无有“可受三千许人”的龛，也无有能“恒供千人”的寺。大概当日石窟十寺的壮丽弘大，已非我们今日所能想像了。大凡一个宗教的极盛时代，信士信女都充满着疯狂的心理，烧臂焚身都不顾惜，何况钱捐的布施？所以六朝至唐朝的佛寺的穷极侈丽，是我们在这佛教最衰微的时代不能想像的。北魏建都大同，《魏书 · 释老志》说，当太和初年（四七七），“京城内寺，新旧且百所，僧尼二千余人。四方诸寺六千四百七十八，僧尼七万七千二百五十八人。”太和十七年（四九三）迁都洛阳，杨炫之在《洛阳伽蓝记序》中说到“京城表里凡有一千余寺。”杨炫之在东魏武定五年（五四七）重到洛阳，他只看见

城廓崩毁，宫室倾覆，寺观灰烬，庙塔丘墟。墙被蒿艾，巷罗荆棘，野兽穴于荒阶，山鸟巢于庭树；游儿牧竖踯躅于九逵，农夫耕稼艺黍于双阙。

我们在一千五百年后来游云岗，只看见这一座很简陋的破寺，寺外一道残破的短墙，包围着七八处大石窟；短墙之西，还有九个大窟，许多小窟，面前都有贫民的土屋茅蓬，猪粪狗粪满路都是，石窟内也往往满是鸽翎与鸽粪，又往往可以看见乞丐住宿过的痕迹。大像身上有许多大大小小的圆孔，当初都是镶嵌珠宝的，现在都挖空了；大像的眼珠都是用一种黑石磋光了嵌进去了，现在只有绝少数还存在了。诸窟中的小像，凡是砍得下的头颅，大概都被砍下偷卖掉了。佛力久已无灵，老百姓没有饭吃，要借诸佛的头颅和眼珠子卖几块钱来活命，还不是很正当

的吗?

日本人佐藤孝任曾在云岗住了一个月，写了一部《云岗大石窟》（华北正报社出版），记载此地许多石窟的情形很详细，附图很多，有不能照像的，往往用笔速写勾摹，所以是一部很有用的云岗游览参考书。佐藤把云岗分作三大区：

东方四大窟

中央十大窟（在围墙内）

西方九大窟

西端诸小窟

东方诸窟散在武州河岸，我们都没有去游。西端诸窟，我们也不曾去。我们看的是中央十窟和西方九窟。我们平日在地理书或游览书上最常见的露天大佛（高五丈多），即在西方的第九窟。我们看这露天石佛和他的背座，可以想象此大像当日也曾有龛有寺，寺是毁了，龛是被风雨侵蚀过甚（此窟最当北风，故受侵蚀最大），也坍塌了。

依我的笨见看来，此间的大佛都不过是大的可惊异而已，很少艺术的意味。最有艺术价值是壁上的浮雕，小龛的神像，技术是比较自由的，所以创作的成分往往多于模仿的成分。

中央诸窟，因为大部分曾经后人装金涂彩，多不容易看出原来的雕刻艺术。西方诸窟多没有重装重涂，又往往受风雨的侵蚀，把原来的斧凿痕都销去了，所以往往格外圆润老拙的可爱。此山的岩石是砂岩，最容易受风蚀；我们往往看见整块的几丈高岩上成千的小佛像都被磨蚀到仅仅存一些浅痕了。有许多浮雕连浅痕也没有了，我们只能从他们旁边雕刻的布置，推想当年的痕迹而已。

因此我们得两种推论：第一，云岗诸石窟是一千五百年前的佛教美术的一个重要中心，从宗教史和艺术史的立场，都是应该保存的。一千五百年中，天然的风蚀，人工的毁坏，都已糟蹋了不少了。国家应该注意到这一个古雕刻的大结集，应该设法保护它，不但要防人工的继续偷毁，还要设法使它可以避免风雨沙日的侵蚀。

第二，我们可以作一个历史的推论。初唐的道喜在《昙曜传》里说到武州山的石窟寺，有“碑碣见存”的一句话。何以今日云岗诸窟竟差不多没有碑记可寻呢？何以古来记录山西金石的书（如胡骋之的《山右石刻丛编》）都不曾收有云岗的碑志呢？我们可以推想，当日的造像碑竭，刻在沙岩之上，凡露在风日侵蚀之下的，都被自然磨灭了。碑碣刻字都不很深，浮雕的佛像尚且被风蚀了，何况浅刻的碑字呢？

马叔平先生说，云岗现存三处古碑碣。我只见一处。郑振铎先生记载着“大茹茹”刻石，可辨认的约有二十字，此碑我未见。其余一碑，似乎郑先生也未见。我见的一碑在佐藤的书中所谓“中央第七窟”的石壁很高处，此壁在里层，不易被风蚀，故全碑约三百五十字，大致都还可读。此碑首行有“邑师法宗”四字，似乎是撰文的人。文中说：

> 太和七年（四八三）岁在癸亥八月三十日邑□信士女等五十四人……遵值圣主，道教天下，绍隆三宝，……乃使长夜改昏，久寝斯悟。弟子等……意欲仰酬洪泽，……是以共相劝合，为国兴福，敬造石厝形象九十五区，及诸菩萨。

造像碑文中说造形像九十五区，证以龙门造像碑记，“区”字后来多作“躯”字，此指九十五座小像，“及诸菩萨”乃是大像。此碑可见当日帝后王公出大财力造此大石窟，还有不少私家的努力；如此一窟乃是五十四个私人的功力，可以想见当日信力之强，发愿之弘大了。

云岗旧属朔平府左云县。关于石窟的记载，《山西通志》（雍正间觉罗石麟修）与《朔平府志》都说：

石窟十寺，……后魏建，始神瑞（四一四至四一五），终正光（五二〇至五二四），历百年而工姓竣。其寺一同升，二灵光，三镇国，四护国，五崇福，六童子，七能仁，八华严，九天宫，十兜率。孝文帝亟游幸焉。内有元时石佛二十龛。（末句《嘉庆一统志》，作“内有元载所修石佛十二龛”。元载是唐时宰相。《一统志》似有所据，《通志》和《府志》似是妄改的）

神端是在太武帝毁佛法之前，而正光远在迁都洛阳之后。旧志所记，当有所本。大概在昙曜以前，早已有人依山岩凿石龛刻佛像了。毁法之事（四四六至四五一）使一般佛教徒感觉到政治权力可以护法，也可以根本铲除佛法。昙曜大概从武州寨原有的石龛得着一个大暗示，他就发大愿心，要在那坚固的沙岩之上，凿出大石窟，雕出绝大的佛像，要使这些大石窟和大石像永远为政治势力所不能摧毁。《魏书·释老志》记此事的年月不很清楚，大概他干这件绝大工程当在他做“沙门统”的任内。《释老志》记他代师贤为“沙门统”，在和平初年（约四六〇），后文又记尚书令高肇引“故沙门统昙曜昔于承明元年（四七六）奏”，可知昙曜的“沙门统”做了十七八年。这是国家统辖佛教徒的最高官。他又能实行一种大规模的筹款政策（见《释老志》），所以他能充分用国家和全国佛教徒的财力来“凿山石壁，开窟五所，镌造佛像各一，高者七十尺，次六十尺，雕饰奇伟，冠于一世。”我们可以说，云岗的石窟虽起源在五世纪初期，但伟大的规模实创始于五世纪中叶以后昙曜作沙门统的时代。后来虽然迁都了，代都的石刻工程还继续到六世纪的初期，而洛都的皇室与佛教徒又在新京的伊阙山“准代京灵岩寺石窟”开凿更伟大的龙门石窟了。（龙门石窟开始于景明初，当西历五百年，至隋唐尚未歇）故昙曜不但是云岗石窟的设计者，也可以说是伊阙石窟的间接设计者了。

昙曜凿石作大佛像，要使佛教和岩石有同样的坚久，永久不受政治势力的毁坏。这个志愿是很可钦敬的。只可惜人们的愚昧和狂热都不能和岩石一样的坚久！时势变了，愚昧渐渐被理智风蚀了，狂热也渐渐变冷静了。岩石凿的丈大佛依然挺立在风沙里，而佛教早已不用“三武一宗”的摧残而自己毁灭了，销散了。云岗伊阙只够增加我们吊古的感喟，使我们感叹古人之愚昧与狂热真不可及而已！

二十四，七，二十八夜

（原载1935年8月4日《独立评论》第162号）

贞操问题

一

周作人先生所译的日本与谢野晶子的《贞操论》（《新青年》四卷五号），我读了很有感触。这个问题，在世界上受了几千年无意识的迷信，到近几十年中，方才有些西洋学者正式讨论这问题的真意义。文学家如易卜生的《群鬼》和Thomas Hardy的《苔史》（Tess），都带着讨论这个问题。如今家庭专制最利害的日本居然也有这样大胆的议论！这是东方文明史上一件极可贺的事。

当周先生翻译这篇文字的时候，北京一家很有价值的报纸登出一篇恰相反的文章。这篇文章是海宁朱尔迈的《会葬唐烈妇记》（七月二十三四日北京《中华新报》）。上半篇写唐烈妇之死如下：

唐烈妇之死，所阅灰水，钱卤，投河，雉经者五，前后绝食者三；又益之以砒霜，则其亲试乎杀人之方者凡九。自除夕上溯其夫亡之夕，凡九十有八日。夫以九死之惨毒，又历九十八日之长，非所称百挫千折有进而无退者乎？……

下文又借出一件“俞氏女守节”的事来替唐烈妇作陪衬：

女年十九，受海盐张氏聘，未于归，夫夭，女即绝食七日；家人劝之力，始进糜曰，“吾即生，必至张氏，宁服丧三年，然后归报地下。”

最妙的是朱尔迈的论断：

嗟乎，俞氏女盖闻烈妇之风而兴起者乎？……俞氏女果能死于绝食七日之内，岂不甚幸？乃为家人阻之，俞氏女亦以三年为己任，余正恐三年之间，凡一千八十日有奇，非如烈妇之九十八日也。且绝食之后，其家人防之者百端……虽有死之志，而无死之间，可奈何？烈妇倘能阴相之以成其节，风化所关，猗欤盛矣！

这种议论简直是全无心肝的贞操论。俞氏女还不曾出嫁，不过因为信了那种荒谬的贞操迷信，想做那“青史上留名的事”，所以绝食寻死，想做烈女。这位朱先生要维持风化，所以忍心害理的巴望那位烈妇的英灵来帮助俞氏女赶快死了，“岂不甚幸”！这种议论可算得贞操迷信的极端代表。《儒林外史》里面的王玉辉看他女儿殉夫死了，不但不哀痛，反仰天大笑道：“死得好！死得好！”（五十二回）王玉辉的女儿殉已嫁之夫，尚在情理之中。王玉辉自己“生这女儿为伦纪生色”，他看他女儿死了反觉高兴，已不在情理之中了。至于这位朱先生巴望别人家的女儿替他未婚夫做烈女，说出那种“猗欤盛哉”的全无心肝的话，可不是贞操迷信的极端代表吗？

贞操问题之中，第一无道理的，便是这个替未婚夫守节和殉烈的风俗。在文明国里，男女用自由意志，由高尚的恋爱，订了婚约，有时男的或女的不幸死了，剩下的那一个因为生时爱情太深，故情愿不再婚嫁。这是合情理的事。若在婚姻不自由之国，男女订婚以后，女的还不知男的面长面短，有何情爱可言？不料竟有一种陋儒，用“青史上留名的事”来鼓励无知女儿做烈女，“为伦纪生色”，“风化所关，猗欤盛矣！”我以为我们今日若要作具体的贞操论，第一步就该反对这种忍心害理的烈女论，要渐渐养成一种舆论，不但永不把这种行为看作“猗欤盛矣”可旌表褒扬的事，还要公认这是不合人情，不合天理的罪恶；还要公认劝人做烈女，罪等于故意杀人。

这不过是贞操问题的一方面。这个问题的真相，已经与谢野晶子说得很明白了。他提出几个疑问，内中有一条是：“贞操是否单是女子必要的道德，还是男女都必要的呢？”这个疑问，在中国更为重要。中国的男子要他们的妻子替他们守贞守节，他们自己却公然嫖妓，公然纳妾，公然“吊膀子”。再嫁的妇人在社会上几乎没有社交的资格；再婚的男子，多妻的男子，却一毫不损失他们的身份。这不是最不平等的事吗？怪不得古人要请“周婆制礼”来补救“周公制礼”的不平等了。

我不是说，因为男子嫖妓，女子便该偷汉；也不是说，因为老爷有姨太太，太太便该有姨老爷。我说的是，男子嫖妓，与妇人偷汉，犯的是同等的罪恶；老爷纳妾，与太太偷人，犯的也是同等的罪恶。

为什么呢？因为贞操不是个人的事，乃是人对人的事；不是一方面的事，乃是双方面的事。女子尊重男子的爱情，心思专一，不肯再爱别人，这就是贞操。贞操是一个“人”对别一个“人”的一种态度。因为如此，男子对于女子，也该有同等的态度。若男子不能照样还敬，他就是不配受这种贞操的待遇。这并不是外国进口的妖言，这乃是孔丘说的“己所不欲，勿施于人。”孔丘说：

> 君子之道四，丘未能一焉：所求乎子以事父，未能也；所求乎臣以事君，未能也；所求乎弟以事兄，未能也；所求乎朋友，先施之，未能也。

孔丘五伦之中，只说了四伦，未免有点欠缺。他理该加上一句道：

> 所求乎吾妇，先施之，未能也。

这才是大公无私的圣人之道！

二

我这篇文字刚好做完，又在上海报上看见陈烈女殉夫的事。今先记此事大略如下：

> 陈烈女名宛珍，绍兴县人，三世居上海。年十七，字王远甫之子菁士。菁士于本年三月廿三日病死，年十八岁。陈女闻死耗，即沐浴更衣，潜自仰药。其家人觉察，仓皇施救，已无及。女乃泫然曰：“儿志早决。生虽未获见夫，殁或相从地下……”言讫，遂死，死时距其未婚夫之死仅三时而已。（此据上海绍兴同乡会所出征文启）

过了两天，又见上海县知事呈江苏省长请予褒扬的呈文，中说：

> 呈为陈烈女行实可风，造册具书证明，请予按例褒扬事。……（事实略）……兹据呈称……并开具事实，附送褒扬费银六元前来。……知事复查无异。除先给予“贞烈可风”匾额，以资旌表外，谨援《褒扬条例》……之规定，造具清册，并附证明书，连同褒扬费，一并备文呈送，仰祈鉴核，俯赐咨行内务部将陈烈女按例褒扬，实为德便。

我读了这篇呈文，方才知道我们中华民国居然还有什么《褒扬条例》。于是我把那些条例寻来一看，只见第一条九种可褒扬的行谊的第二款便是“妇女节烈贞操可以风世者”；第七款是“著述书籍，制造器用，于学术技艺或发明或改良之功者”；第九款是“年逾百岁者”！一个人偶然活到了一百岁，居然也可以与学术技艺上的著作发明享受同等的褒扬！这已是不伦不类可笑得很了。再看那条例《施行细则》解释第一条第二款的“妇女节烈贞操可以风世者”如下：

> 第二条：《褒扬条例》第一条第二款所称之“节”妇，其守节年限自三十岁以前守节至五十岁以后者。但年未五十而身故，其守节已及六年者同。
>
> 第三条：同条款所称之“烈”妇“烈”女，凡遇强暴不从致死，或羞忿自尽，及夫亡殉节者，属之。
>
> 第四条：同条款所称之“贞”女，守贞年限与节妇同。其在夫家守贞身故，及未符年例而身故者，亦属之。

以上各条乃是中国贞操问题的中心点。第二条褒扬“自三十岁以前守节至五十岁以后”的节妇，是中国法律明明认三十岁以下的寡妇不该再嫁；再嫁为不道德。第三条褒扬“夫亡殉节”的烈妇烈女，是中国法律明明鼓励妇人自杀以殉夫；明明鼓励未嫁女子自杀以殉未嫁之夫。第四条褒扬未嫁女子替未婚亡夫守贞二十年以上，是中国法律明明说未嫁而丧夫的女子不该再嫁人；再嫁便是不道德。

这是中国法律对于贞操问题的规定。

依我个人的意思看来，这三种规定都没有成立的理由。

第一，寡妇再嫁问题。这全是一个个人问题。妇人若是对她已死的丈夫真有割不断的情义，她自己不忍再嫁；或是已有了孩子，不肯再嫁；或是年纪已大，不能再嫁；或是家道殷实，不愁衣食，不必再嫁，——妇人处于这种境地，自然守节不嫁。还有一些妇人，对她丈夫，或有怨心，或无恩意，年纪又轻，不肯抛弃人生正当的家庭快乐；或是没有儿女，家又贫苦，不能度日；——妇人处于这种境遇没有守节的理由，为个人计，为社会计，为人道计，都该劝她改嫁。贞操乃是夫妇相待的一种态度。夫妇之间爱情深了，恩谊厚了，无论谁生谁死，无论生时死后，都不忍把这爱情移于别人，这便是贞操。夫妻之间若没有爱情恩意，即没有贞操可说。若不问夫妇之间有无可以永久不变的爱情，若不问做丈夫的配不配受他妻子的贞操，只晓得主张做妻子的总该替她丈夫守节；这是一偏的贞操论，这是不合人情公理的伦理。再者，贞操的道德，“照各人境遇体质的不同，有时能守，有时不能守；在甲能守，在乙不能守”（用与谢野晶子的话）。若不问个人的境遇体质，只晓得说“忠臣不事二君，烈女不更二夫”；只晓得说“饿死事极小，失节事极大”（用程子语）；这是忍心害理，男子专制的贞操论。——以上所说，大旨只要指出寡妇应否再嫁全是个人问题，有个人恩情上，体质上，家计上种种不同的理由，不可偏于一方面主张不近情理的守节。因为如此，故我极端反对国家用法律的规定来褒扬守节不嫁的寡妇。褒扬守节的寡妇，即是说寡妇再嫁为不道德，即是主张一偏的贞操论。法律既不能断定寡妇再嫁为不道德，即不该褒扬不嫁的寡妇。

第二，烈妇殉夫问题。寡妇守节最正当的理由是夫妇间的爱情。妇人殉夫最正当的理由也是夫妇间的爱情。爱情深了，生离尚且不能堪，何况死别？再加以宗教的迷信，以为死后可以夫妇团圆。因此有许多妇人，夫死之后，情愿杀身从夫于地下。这个不属于贞操问题。但我以为无论如何，这也是个人恩爱问题，应由个人自由意志去决定。无论如何，法律总不该正式褒扬妇人自杀殉夫的举动。一来呢，殉夫既由于个人的恩爱，何须用法律来褒扬鼓励？二来呢，殉夫若由于死后团圆的迷信，更不该有法律的褒扬了。三来呢，若用法律来褒扬殉夫的烈妇，有一些好名的妇人，便要借此博一个“青史留名”；是法律的褒扬反发生一种沽名钓誉，作伪不诚的行为了！

第三，贞女烈女问题。未嫁而夫死的女子，守贞不嫁的，是“贞女”；杀身殉夫的，是“烈女”。我上文说过，夫妇之间若没有恩爱，即没有贞操可说。依此看来，那未嫁的女子，对于她丈夫有何恩爱？既无恩爱，更有何贞操可守？我说到这里，有个朋友驳我道，“这话别人说了还可，胡适之可不该说这话。为什么呢？你自己曾做过一首诗，诗里有一段道：

> 我不认得他，他不认得我，我却常念他，这是为什么？
> 岂不因我们，分定常相亲？由分生情意，所以非路人。
> 海外土生子，生不识故里，终有故乡情，其理亦如此。

依你这诗的理论看来，岂不是已订婚而未嫁娶的男女因为名分已定，也会有一种情意。既有了情意，自然发生贞操问题。你于今又说未婚嫁的男女没有恩爱，故也没有贞操可说，可不是自相矛盾吗？”

我听了这番驳论，几乎开口不得。想了一想，我才回答道：我那首诗所说名分上发生的情意，自然是有的；若没有那种名分上的情意，中国的旧式婚姻决不能存在。如旧日女子听人说她未婚夫的事，即面红害羞，即留神注意，可见她对她未婚夫实有这种名分上所发生的情谊。但这种情谊完全属于理想的。这种理想的情谊往往因实际上的反证，遂完全消灭。如女子悬想一个可爱的丈夫，及到嫁时，只见一个极下流不堪的男子，她如何能坚持那从前理想中的情谊呢？我承认名分可以发生一种情谊，我并且希望一切名分都能发生相当的情谊。但这种理想的情谊，依我看来实在不够发生终身不嫁的贞操，更不够发生杀身殉夫的节烈。即使我更让一步，承认中国有些女子，例如吴趼人《恨海》里那个浪子的聘妻，深中了圣贤经传的毒，由名分上真能生出极浓挚的情谊，无论她未婚夫如何淫荡，人格如何堕落，依旧贞一不变。试问我们在这个文明时代，是否应该赞成提倡这种盲从的贞操？这种盲从的贞操，只值得一句“其愚不可及也”的评论，却不值得法律的褒扬。法律既许未嫁的女子夫死再嫁，便不该褒扬处女守贞。至于法律褒扬无辜女子自杀以殉不曾见面的丈夫，那更是男子专制时代的风俗，不该存在于现今的世界。

总而言之，我对于中国人的贞操问题，有三层意见。

第一，这个问题，从前的人都看作“天经地义”，一味盲从，全不研究“贞操”两字究竟有何意义。我们生在今日，无论提倡何种道德，总该想想那种道德的真意义是什么。《墨子》说得好：

> 子墨子问于儒者曰，“何故为乐？”曰，“乐以为乐也。”子墨子曰，“子未我应也。今我问曰，‘何故为室？’曰，‘冬避寒焉，夏避暑焉，室以为男女之别也，’则子告我为室之故矣。今我问曰，‘何故为乐？’曰，‘乐以为乐也。’是犹曰，‘何故为室？’曰，‘室以为室也。’”（《公孟篇》）

今试问人“贞操是什么？”或“为什么你褒扬贞操？”他一定回答道，“贞操就是贞操。我因为这是贞操，故褒扬他。”这种“室以为室也”的理论，便是今日道德思想宣告破产的证据。故我做这篇文字的第一个主意只是要大家知道“贞操”这个问题并不是“天经地义”，是可以彻底研究，可以反复讨论的。

第二，我以为贞操是男女相待的一种态度，乃是双方交互的道德，不是偏于女子一方面的。由这个前提，便生出几条引申的意见：（一）男子对于女子，丈夫对于妻子，也应有贞操的态度；（二）男子做不贞操的行为，如嫖妓娶妾之类，社会上应该用对待不贞妇女的态度来对待他；（三）妇女对于无贞操的丈夫，没有守贞操的责任；（四）社会法律既不认嫖妓纳妾为不道德，便不该褒扬女子的“节烈贞操”。

第三，我绝对的反对褒扬贞操的法律。我的理由是：

（一）贞操既是个人男女双方对待的一种态度，诚意的贞操是完全自动的道德，不容有外部的干涉，不须有法律的提倡。

（二）若用法律的褒扬为提倡贞操的方法，势必至造成许多沽名钓誉，不诚实，无意识的贞操举动。

（三）在现代社会，许多贞操问题，如寡妇再嫁，处女守贞，等等问题的是非得失，却都还有讨论余地，法律不当以武断的态度制定褒贬的规条。

（四）法律既不奖励男子的贞操，又不惩男子的不贞操，便不该单独提倡女子的贞操。

（五）以近世人道主义的眼光看来，褒扬烈妇烈女杀身殉夫，都是野蛮残忍的法律，这种法律，在今日没有存在的地位。

民国七年七月

“我的儿子”

一　汪长禄先生来信

昨天上午我同太虚和尚访问先生，谈起许多佛教历史和宗派的话，耽搁了一点多钟的工夫，几乎超过先生平日见客时间的规则五倍以上，实在抱歉的很。后来我和太虚匆匆出门，各自分途去了。晚边回寓，我在桌子上偶然翻到最近《每周评论》的文艺那一栏，上面题目是《我的儿子》四个字，下面署了一个“适”字，大约是先生做的。这种议论我从前在《新潮》、《新青年》各报上面已经领教多次，不过昨日因为见了先生，加上“叔度汪汪”的印象，应该格外注意一番。我就不免有些意见，提起笔来写成一封白话信，送给先生，还求指教指教。

大作说，“树本无心结子，我也无恩于你。”这和孔融所说的“父之于子当有何亲……”“子之于母亦复奚为……”差不多同一样的口气。我且不去管他。下文说的，“但是你既来了，我不能不养你教你，那是我对人道的义务，并不是待你的恩谊”。这就是做父母一方面的说法。换一方面说，做儿子的也可模仿同样口气说道：“但是我既来了，你不能不养我教我，那是你对人道的义务，并不是待我的恩谊。”那么两方面凑泊起来，简直是亲子的关系，一方面变成了跛形的义务者，他一方面变成了跛形的权利者，实在未免太不平等了。平心而论，旧时代的见解，好端端生在社会一个人，前途何等遥远，责任何等重大，为父母的单希望他做他俩的儿子，固然不对。但是照先生的主张，竟把一般做儿子的抬举起来，看做一个“白吃不回账”的主顾，那又未免太“矫枉过正”罢。

现在我且丢却亲子的关系不谈，先设一个譬喻来说。假如有位朋友留我在他家里住上若干年，并且供给我的衣食，后来又帮助我的学费，一直到我能够独立生活，他才放手。虽然这位朋友发了一个大愿，立心做个大施主，并不希望我些须报答，难道我自问良心能够就是这么拱拱手同他离开便算了吗？我以为亲子的关系，无论怎样改革，总比朋友较深一层。就是同朋友一样平等看待，果然有个鲍叔再世，把我看做管仲一般，也不能够说“不是待我的恩谊”罢。

大作结尾说道：“我要你做一个堂堂的人，不要你做我的孝顺儿子。”这话我倒并不十分反对。但是我以为应该加上一个字，可以这么说：“我要你做一个堂堂的人，不单要你做我的孝顺儿子。”为什么要加上这一个字呢？因为儿子孝顺父母，也是做人的一种信条，和那“悌弟”“信友”“爱群”等等是同样重要的。旧时代学说把一切善行都归纳在“孝”字里面，诚然流弊百出。但一定要把“孝”字“驱逐出境”，划在做人事业范围以外，好像人做了孝子，便不能够做一个堂堂的人。换一句话，就是人若要做一个堂堂的人，便非打定主意做一个不孝之子不可。总而言之，先生把“孝”字看得与做人的信条立在相反的地位。我以为“孝”字虽然没有“万能”的本领，但总还够得上和那做人的信条凑在一起，何必如此“雷厉风行”硬要把他“驱逐出境”呢？

前月我在一个地方谈起北京的新思潮，便联想到先生个人身上。有一位是先生的贵同乡，当时插嘴说道：“现在一般人都把胡适之看做洪水猛兽一样，其实适之这个人旧道德并不坏。”说罢，并且引起事实为证。我自然是很相信的。照这位贵同乡的说话推测起来，先生平日对于父母当然不肯做那“孝”字反面的行为，是决无疑义了。我怕的是一般根底浅薄的青年，动辄抄袭名人一两句话，敢于扯起幌子，便“肆无忌惮”起来。打个比方，有人昨天看见《每周评论》上先生的大作，也便可以说道：“胡先生教我做一个堂堂的人，万不可做父母的孝顺儿子。”久而久之，社会上布满了这种议论，那么任凭父母老病冻饿以至于死，却可以不去管他了。我也知道先生的本意无非看见旧式家庭过于“束缚驰骤”，急急地要替他调换空气，不知不觉言之太过，那也难怪。从前朱晦庵说得好，“教学者如扶醉人”，现在的中国人真算是大多数醉倒了。先生可怜他们，当下告奋勇，使一股大劲，把他从东边扶起。我怕是用力太猛，保不住又要跌向西边去。那不是和没有扶起一样吗？万一不幸，连性命都要送掉，那又向谁叫冤呢？

我很盼望先生有空闲的时候，再把那“我的父母”四个字做个题目，细细的想一番。把做儿子的对于父母应该怎样报答的话（我以为一方面做父母的儿子，同时在他方面仍不妨做社会上一个人），也得咏叹几句，“恰如其分”，“彼此兼顾”，那才免得发生许多流弊。

二　我答汪先生的信

前天同太虚和尚谈论，我得益不少。别后又承先生给我这封很诚恳的信，感谢之至。

“父母于子无恩”的话，从王充、孔融以来，也很久了。从前有人说我曾提倡这话，我实在不能承认。直到今年我自己生了一个儿子，我才想到这个问题上去。我想这个孩子自己并不曾自由主张要生在我家，我们做父母的不曾得他同意，就糊里糊涂的给了他一条生命。况且我们也并不曾有意送给他这条生命。我们既无意，如何能居功，如何能自以为有恩于他？他既无意求生，我们生了他，我们对他只有抱歉，更不能“市恩”了。我们糊里糊涂的替社会上添了一个人，这个人将来一生的苦乐祸福，这个人将来在社会上的功罪，我们应该负一部分的责任。说得偏激一点，我们生一个儿子，就好比替他种下了祸根，又替社会种下了祸根。他也许养成坏习惯，做一个短命浪子；他也许更堕落下去，做一个军阀派的走狗。所以我们“教他养他”，只是我们自己减轻罪过的法子，只是我们种下祸根之后自己补过弥缝的法子。这可以说是恩典吗？

我所说的，是从做父母的一方面设想的，是从我个人对于我自己的儿子设想的，所以我的题目是《我的儿子》。我的意思是要我这个儿子晓得我对他只有抱歉，决不居功，决不市恩。至于我的儿子将来怎样待我，那是他自己的事。我决不期望他报答我的恩，因为我已宣言无恩于他。

先生说我把一般做儿子的抬举起来，看做一个“白吃不还账”的主顾。这是先生误会我的地方。我的意思恰同这个相反。我想把一般做父母的抬高起来，叫他们不要把自己看做一种“放高利债”的债主。

先生又怪我把“孝”字驱逐出境。我要问先生，现在“孝子”两个字究竟还有什么意义？现在的人死了父母都称“孝子”。孝子就是居父母丧的儿子（古书称为“主人”），无论怎样忤逆不孝的人，一穿上麻衣，戴上高粱冠，拿着哭丧棒，人家就称他做“孝子”。

我的意思以为古人把一切做人的道理都包在“孝”字里，故战阵无勇，莅官不敬，等等都是不孝。这种学说，先生也承认他流弊百出。所以我要我的儿子做一个堂堂的人，不要他做我的孝顺儿子。我的意想以为“一个堂堂的人”决不至于做打爹骂娘的事，决不至于对他的父母毫无感情。

但是我不赞成把“儿子孝顺父母”列为一种“信条”。易卜生的《群鬼》里有一段话很可研究（《新潮》第五号页八五一）：

（孟代牧师）你忘了没有，一个孩子应该爱敬他的父母？

（阿尔文夫人）我们不要讲得这样宽泛。应该说：“欧士华应该爱敬阿尔文先生（欧士华之父）吗？”

这是说，“一个孩子应该爱敬他的父母”是耶教一种信条，但是有时未必适用。即如阿尔文一生纵淫，死于花柳毒，还把遗毒传给他的儿子欧士华，后来欧士华毒发而死。请问欧士华应该孝顺阿尔文吗？若照中国古代的伦理观念自然不成问题。但是在今日可不能不成问题了。假如我染着花柳毒，生下儿子又聋又瞎，终身残废，他应该爱敬我吗？又假如我把我的儿子应得的遗产都拿去赌输了，使他衣食不能完全，教育不能得着，他应该爱敬我吗？又假如我卖国卖主义，做了一国一世的大罪人，他应该爱敬我吗？

至于先生说的，恐怕有人扯起幌子，说，“胡先生教我做一个堂堂的人，万不可做父母的孝顺儿子。”这是他自己错了。我的诗是发表我生平第一次做老子的感想，我并不曾教训人家的儿子！

总之，我只说了我自己承认对儿子无恩，至于儿子将来对我作何感想，那是他自己的事，我不管了。

先生又要我做“我的父母”的诗。我对于这个题目，也曾有诗，载在本报第一期和《新潮》第二期里。

新生活

——为《新生活》杂志第一期做的

那样的生活可以叫做新生活呢?

我想来想去，只有一句话。新生活就是有意思的生活。

你听了，必定要问我，有意思的生活又是什么样子的生活呢?

我且先说一两件实在的事情做个样子，你就明白我的意思了。

前天你没有事做，闲的不耐烦了，你跑到街上一个小酒店里，打了四两白干，喝完了，又要四两，再添上四两。喝的大醉了，同张大哥吵了一回嘴，几乎打起架来。后来李四哥来把你拉开，你气忿忿的又要了四两白干，喝的人事不知，幸亏李四哥把你扶回去睡了。昨儿早上，你酒醒了，大嫂子把前天的事告诉你，你懊悔的很，自己埋怨自己："昨儿为什么要喝那么多酒呢?可不是糊涂吗?"

你赶上张大哥家去，作了许多揖，赔了许多不是，自己怪自己糊涂，请张大哥大量包涵。正说时，李四哥也来了，王三哥也来了。他们三缺一，要你陪他们打牌。你坐下来，打了十二圈牌，输了一百多吊钱。你回得家来，大嫂子怪你不该赌博，你又懊悔的很，自己怪自己道："是呵，我为什么要陪他们打牌呢？可不是糊涂吗？"

诸位，像这样子的生活，叫做糊涂生活，糊涂生活便是没有意思的生活。你做完了这种生活，回头一想，"我为什么要这样干呢？"你自己也回不出究竟为什么。

诸位，凡是自己说不出"为什么这样做"的事，都是没有意思的生活。

反过来说，凡是自己说得出"为什么这样做"的事，都可以说是有意思的生活。

生活的"为什么"，就是生活的意思。

人同畜生的分别，就在这个"为什么"上。你到万牲园里去看那白熊一天到晚摆来摆去不肯歇，那就是没有意思的生活。我们做了人，应该不要学那些畜生的生活。畜生的生活只是糊涂，只是胡混，只是不晓得自己为什么如此做。一个人做的事应该件件事回得出一个"为什么"。

我为什么要干这个？为什么不干那个？回答得出，方才可算是一个人的生活。

我们希望中国人都能做这种有意思的新生活。其实这种新生活并不十分难，只消时时刻刻问自己为什么这样做，为什么不那样做，就可以渐渐的做到我们所说的新生活了。

诸位，千万不要说"为什么"这三个字是很容易的小事。你打今天起，每做一件事，便问一个为什么，——为什么不把辫子剪了？为什么不把大姑娘的小脚放了？为什么大嫂子脸上搽那么多的脂粉？为什么出棺材要用那么多叫化子？为什么娶媳妇也要用那么多叫化子？为什么骂人要骂他的爹妈？为什么这个？为什么那个？——你试办一两天，你就会觉得这三个字的趣味真是无穷无尽，这三个字的功用也无穷无尽。

诸位，我们恭恭敬敬的请你们来试试这种新生活。

民国八年八月

不　朽

——我的宗教

不朽有种种说法，但是总括看来，只有两种说法是真有区别的。一种是把“不朽”解作灵魂不灭的意思。一种就是《春秋·左传》上说的“三不朽”。

（一）神不灭论　宗教家往往说灵魂不灭，死后须受末日的裁判：做好事的享受天国天堂的快乐，做恶事的要受地狱的苦痛。这种说法，几千年来不但受了无数愚夫愚妇的迷信，居然还受了许多学者的信仰。但是古往今来也有许多学者对于灵魂是否可离形体而存在的问题，不能不发生疑问。最重要的如南北朝人范缜的《神灭论》说：“形者神之质，神者形之用。……神之于质，犹利之于刀；形之于用，犹刀之于利。……舍利无刀，舍刀无利。未闻刀没而利存，岂容形亡而神在？”宋朝的司马光也说：“形既朽灭，神亦飘散，虽有剉烧舂磨，亦无所施。”但是司马光说的“形既朽灭，神亦飘散”，还不免把形与神看作两件事，不如范缜说的更透切。范缜说人的神灵即是形体的作用，形体便是神灵的形质。正如刀子是形质，刀子的利钝是作用；有刀子方才有利钝，没有刀子便没有利钝。人有形体方才有作用：这个作用，我们叫做“灵魂”。若没有形体，便没有作用了，便没有灵魂了。范缜这篇《神灭论》出来的时候，惹起了无数人的反对。梁武帝叫了七十几个名士作论驳他，都没有什么真有价值的议论。其中只有沈约的《难神灭论》说：“利若遍施四方，则利体无处复立；利之为用正存一边毫毛处耳。神之与形，举体若合，又安得同乎？若以此譬为尽耶，则不尽；若谓本不尽耶，则不可以为譬也。”这一段是说刀是无机体，人是有机体，故不能彼此相比。这话固然有理，但终不能推翻“神者形之用”的议论。近世唯物派的学者也说人的灵魂并不是什么无形体，独立存在的物事，不过是神经作用的总名；灵魂的种种作用都即是脑部各部分的机能作用；若有某部被损伤，某种作用即时废止；人年幼时脑部不曾完全发达，神灵作用也不能完全，老年人脑部渐渐衰耗，神灵作用也渐渐衰耗。这种议论的大旨，与范缜所说“神者形之用”正相同。但是有许多人总舍不得把灵魂打消了，所以咬住说灵魂另是一种神秘玄妙的物事，并不是神经的作用。这个“神秘玄妙”的物事究竟是什么，他们也说不出来，只觉得总应该有这么一件物事。既是“神秘玄妙”，自然不能用科学试验来证明他，也不能用科学试验来驳倒他。既然如此，我们只好用实验主义（Pragmatism）的方法，看这种学说的实际效果如何，以为评判的标准。依此标准看来，信神不灭论的固然也有好人，信神灭论的也未必全是坏人。即如司马光、范缜、赫胥黎一类的人，说不信灵魂不灭的话，何尝没有高尚的道德？更进一层说，有些人因为迷信天堂，天国，地狱，末日裁判，方才修德行善，这种修行全是自私自利的，也算不得真正道德。总而言之，灵魂灭不灭的问题，于人生行为上实在没有什么重大影响；既没有实际的影响，检直可说是不成问题了。

（二）三不朽说　《左传》说的三种不朽是：一、立德的不朽，

二、立功的不朽，三、立言的不朽。“德”便是个人人格的价值，像墨翟、耶稣一类的人，一生刻意孤行，精诚勇猛，使当时的人敬爱信仰，使千百年后的人想念崇拜。这便是立德的不朽。“功”便是事业，像哥仑发现美洲，像华盛顿造成美洲共和国，替当时的人开一新天地，替历史开一新纪元，替天下后世的人种下无量幸福的种子。这便是立功的不朽。“言”便是语言著作，像那《诗经》三百篇的许多无名诗人，又像陶潜、杜甫、萧士比亚、易卜生一类的文学家，又像柏拉图、卢骚、弥儿顿一类的文学家，又像牛敦、达尔文一类的科学家，或是做了几首好诗使千百年后的人欢喜感叹；或是做了几本好戏使当时的人鼓舞感动，使后世的人发愤兴起；或是创出一种新哲学，或是发明了一种新学说，或在当时发生思想的革命，或在后世影响无穷。这便是立言的不朽。总而言之，这种不朽说，不问人死后灵魂能不能存在，只问他的人格，他的事业，他的著作有没有永远存在的价值。即如基督教徒说耶稣是上帝的儿子，他的神灵永永存在，我们正不用驳这种无凭据的神话，只说耶稣的人格，事业，和教训都可以不朽，又何必说那些无谓的神话呢？又如孔教会的人每到了孔丘的生日，一定要举行祭孔的典礼，还有些人学那“朝山进香”的法子，要赶到曲阜孔林去对孔丘的神灵表示敬意！其实孔丘的不朽全在他的人格与教训，不在他那“在天之灵”。大总统多行两次丁祭，孔教会多走两次“朝山进香”，就可以使孔丘格外不朽了吗？更进一步说，像那《三百篇》里的诗人，也没有姓名，也没有事实，但是他们都可说是立言的不朽。为什么呢？因为不朽全靠一个人的真价值，并不靠姓名事实的流传，也不靠灵魂的存在。试看古今来的多少大发明家，那发明火的，发明养蚕的，发明缫丝的，发明织布的，发明水车的，发明舂米的水碓的，发明规矩的，发明秤的……虽然姓名不传，事实湮没，但他们的功业永远存在，他们也就都不朽了。这种不朽比那个人的小小灵魂的存在，可不是更可宝贵，更可羡慕吗？况且那灵魂的有无还在不可知之中，这三种不朽——德，功，言，——可是实在的。这三种不朽可不是比那灵魂的不灭更靠得住吗？

以上两种不朽论，依我个人看来，不消说得，那“三不朽说”是比那“神不灭说”好得多了。但是那“三不朽说”还有三层缺点，不可不知。第一，照平常的解说看来，那些真能不朽的人只不过那极少数有道德，有功业，有著述的人。还有那无量平常人难道就没有不朽的希望吗？世界上能有几个墨翟、耶稣，几个哥仑布、华盛顿，几个杜甫、陶潜，几个牛敦、达尔文呢？这岂不成了一种“寡头”的不朽论吗？第二，这种不朽论单从积极一方面着想，但没有消极的裁制。那种灵魂的不朽论既说有天国的快乐，又说有地狱的苦楚，是积极消极两方面都顾着的。如今单说立德可以不朽，不立德又怎样呢？立功可以不朽，有罪恶又怎样呢？第三，这种不朽论所说的“德，功，言”三件，范围都很含糊。究竟怎样的人格方才可算是“德”呢？怎样的事业方才可算是“功”呢？怎样的著作方才可算是“言”呢？我且举一个例。哥仑布发现美洲固然可算得立了不朽之功，但是他船上的水手、火头又怎样呢？他那只船的造船工人又怎样呢？他船上用的罗盘器械的制造工人又怎样呢？他所读的书的著作者又怎样呢？……举这一条例，已可见“三不朽”的界限含糊不清了。

因为要补足这三层缺点，所以我想提出第三种不朽论来请大家讨论。我一时想不起别的好名字，姑且称他做“社会的不朽论”。

（三）社会的不朽论　社会的生命，无论是看纵剖面，是看横截面，都像一种有机的组织。从纵剖面看来，社会的历史是不断的：前人影响后人，后人又影响更后人。没有我们的祖宗和那无数的古人，又那里有今日的我和你？没有今日我和你，又那里有将来的后人？没有那无量数的个人，便没有历史，但是没有历史，那无数的个人也决不是那个样子的个人。总而言之，个人造成历史，历史造成个人。从横截面看来，社会的生活是交互影响的：个人造成社会，社会造成个人。社会的生活全靠个人分工合作的生活，但个人的生活，无论如何不同，都脱不了社会的影响；若没有那样这样的社会，决不会有这样那样的我和你；若没有无数的我和你，社会也决不是这个样子。来勃尼慈（Leibnitz）说得好：

> 这个世界乃是一片大充实，（Plenum，为真空Vacuum之对。）其中一切物质都是接连着的。一个大充实里面有一点变动，全部的物质都要受影响，影响的程度与物体距离的远近成正比例。世界也是如此。每一个人不但直接受他身边亲近的人的影响，并且间接又间接的受距离很远的人的影响。所以世间的交互影响，无论距离远近，都受得着的。所以世界上的人，每人受着全世界一切动作的影响。如果他有周知万物的智慧，他可以在每人的身上看出世间一切施为，无论过去未来都可看得出，在这一个现在里面便有无穷时间空间的影子。（见Monadoiogy第六十一节）

从这个交互影响的社会观和世界观上面，便生出我所说的“社会的不朽论”来。我这“社会的不朽论”的大旨是：

我这个“小我”不是独立存在的，是和无量数“小我”有直接或间接的交互关系的；是和社会的全体和世界的全体都有互为影响的关系的；是和社会世界的过去和未来都有因果关系的。种种从前的因，种种现在无数“小我”和无数他种势力所造成的因，都成了我这个“小我”的一部分。我这个“小我”，加上了种种从前的因，又加上了种种现在的因，传递下去，又要造成无数将来的“小我”。这种种过去的“小我”，和种种现在的“小我”，和种种将来无穷的“小我”，一代传一代，一点加一滴；一线相传，连绵不断；一水奔流，滔滔不绝：——这便是一个“大我”。“小我”是会消灭的，“大我”是永远不灭的。“小我”是有死的，“大我”是永远不死，永远不朽的。“小我”虽然会死，但是每一个“小我”的一切作为，一切功德罪恶，一切语言行事，无论大小，无论是非，无论善恶，一一都永远留存在那个“大我”之中。那个“大我”，便是古往今来一切“小我”的纪功碑，彰善祠，罪状判决书，孝子慈孙百世不能改的恶谥法。这个“大我”是永远不朽的，故一切“小我”的事业，人格，一举一动，一言一笑，一个念头，一场功劳，一桩罪过，也都永远不朽。这便是社会的不朽，“大我”的不朽。

那边“一座低低的土墙，遮着一个弹三弦的人”。那三弦的声浪，在空间起了无数波澜；那被冲动的空气质点，直接间接冲动无数旁的空气质点；这种波澜，由近而远，至于无穷空间；由现在而将来，由此刹那以至于无量刹那，至于无穷时间：——这已是不灭不朽了。那时间，那“低低的土墙”外边来了一位诗人，听见那三弦的声音，忽然起了一个念头；由这一个念头，就成了一首好诗；这首好诗传诵许多人；人读了这诗，各起种种念头；由这种种念头，更发生无量数的念头，更发生无数的动作，以至于无穷。然而那“低低的土墙”里面那个弹三弦的人又如何知道他所发生的影响呢？

一个生肺病的人在路上偶然吐了一口痰。那口痰被太阳晒干了，化为微尘，被风吹起空中，东西飘散，渐吹渐远，至于无穷时间，至于无穷空间。偶然一部分的病菌被体弱的人呼吸进去，便发生肺病，由他一身传染一家，更由一家传染无数人家。如此展转传染，至于无穷空间，至于无穷时间。然而那先前吐痰的人的骨头早已腐烂了，他又如何知道他所种的恶果呢？

一千五六百年前有一个人叫做范缜说了几句话道：“神之于形，犹利之于刀；未闻刀没而利存，岂容形亡而神在？”这几句话在当时受了无数人的攻击。到了宋朝有个司马光把这几句话记在他的《资治通鉴》里。一千五六百年之后，有一个十一岁的小孩子，——就是我，——看《通鉴》到这几句话，心里受了一大感动，后来便影响了他半生的思想行事。然而那说话的范缜早已死了一千五百年了！

二千六七百年前，在印度地方有一个穷人病死了，没人收尸，尸首暴露在路上，已腐烂了。那边来了一辆车，车上坐着一个王太子，看见了这个腐烂发臭的死人，心中起了一念；由这一念，展转发生无数念。后来那位王太子把王位也抛了，富贵也抛了，父母妻子也抛了，独自去寻思一个解脱生老病死的方法。后来这位王子便成了一个教主，创了一种哲学的宗教，感化了无数人。他的影响势力至今还在；将来即使他的宗教全灭了，他的影响势力终久还存在，以至于无穷。这可是那腐烂发臭的路尸所曾梦想到的吗？

以上不过是略举几件事，说明上文说的“社会的不朽”，“大我的不朽”。这种不朽论，总而言之，只是说个人的一切功德罪恶，一切言语行事，无论大小好坏，一一都留下一些影响在那个“大我”之中，一一都与这永远不朽的“大我”一同永远不朽。

上文我批评那“三不朽论”的三层缺点：（一）只限于极少数的人，（二）没有消极的裁制，（三）所说“功，德，言”的范围太含糊了。如今所说“社会的不朽”，其实只是把那“三不朽论”的范围更推广了。既然不论事业功德的大小，一切都可不朽，那第一第三两层短处都没有了。冠绝古今的道德功业固可以不朽，那极平常的“庸言庸行”，油盐柴米的琐屑，愚夫愚妇的细事，一言一笑的微细，也都永远不朽。那发现美洲的哥仑布固可以不朽，那些和他同行的水手、火头，造船的工人，造罗盘器械的工人，供给他粮食衣服银钱的人，他所读的书的著作家，生他的父母，生他父母的父母祖宗，以及生育训练那些工人商人的父母祖宗，以及他以前和同时的社会……都永远不朽。社会是有机的组织，那英雄伟人可以不朽，那挑水的，烧饭的，甚至于浴堂里替你擦背的，甚至于每天替你家掏粪倒马桶的，也都永远不朽。至于那第二层缺点，也可免去。如今说立德不朽，行恶也不朽；立功不朽，犯罪也不朽；“流芳百世”不朽，“遗臭万年”也不朽；功德盖世固是不朽的善因，吐一口痰也有不朽的恶果。我的朋友李守常先生说得好：“稍一失脚，必致遗留层层罪恶种子于未来无量的人，——即未来无量的我，——永不能消除，永不能忏悔。”这就是消极的裁制了。

中国儒家的宗教提出一个父母的观念，和一个祖先的观念，来做人生一切行为的裁制力。所以说，“一出言而不敢忘父母，一举足而不敢忘父母。”父母死后，又用丧礼、祭礼等等见神见鬼的方法，时刻提醒这种人生行为的裁制力。所以又说，“斋明盛服，以承祭祀，洋洋乎如在其上，如在其左右。”又说，“斋三日，则见其所为斋者……祭之日，入室，然必有见乎其位；周还出户，肃然必有闻乎其容声；出户而听，忾然必有闻乎其叹息之声。”这都是“神道设教”，见神见鬼的手段。这种宗教的手段在今日是不中用了。还有那种“默示”的宗教，神权的宗教，崇拜偶像的宗教，在我们心里也不能发生效力，不能裁制我们一生的行为。以我个人看来，这种“社会的不朽”观念很可以做我的宗教了。我的宗教的教旨是：

我这个现在的“小我”，对于那永远不朽的“大我”的无穷过去，须负重大的责任；对于那永远不朽的“大我”的无穷未来，也须负重大的责任。我须要时时想着，我应该如何努力利用现在的“小我”，方才可以不辜负了那“大我”的无穷过去，方才可以不遗害那“大我”的无穷未来？

（跋）这篇文章的主意是民国七年年底当我的母亲丧事里想到的。那时只写成一部分，到八年二月十九日方才写定付印。后来俞颂华先生在报纸上指出我论社会是有机体一段很有语病，我觉得他的批评很有理，故九年二月间我用英文发表这篇文章时，我就把那一段完全改过了。十年五月，又改定中文原稿，并记作文与修改的缘起于此。

名　教

中国是个没有宗教的国家，中国人是个不迷信宗教的民族。——这是近年来几个学者的结论。有些人听了很洋洋得意，因为他们觉得不迷信宗教是一件光荣的事。有些人听了要做愁眉苦脸，因为他们觉得一个民族没有宗教是要堕落的。

于今好了，得意的也不可太得意了，懊恼的也不必懊恼了。因为我们新发现中国不是没有宗教的：我们中国有一个很伟大的宗教。

孔教早倒霉了，佛教早衰亡了，道教也早冷落了。然而我们却还有我们的宗教。这个宗教是什么教呢？提起此教，大大有名，他就叫做“名教”。

名教信仰什么？信仰“名”。

名教崇拜什么？崇拜“名”。

名教的信条只有一条：“信仰名的万能。”

“名”是什么？这一问似乎要做点考据。《论语》里孔子说，“必也正名乎”，郑玄注：

> 正名，谓正书字也。古者曰名，今世曰字。

《仪礼·聘礼》注：

> 名，书文也。今谓之字。

《周礼·大行人》下注：

> 书名，书文字也。古曰名。

《周礼·外史》下注：

> 古曰名，今曰字。

《仪礼·聘礼》的释文说：

> 名，谓文字也。

总括起来，“名”即是文字，即是写的字。

“名教”便是崇拜写的文字的宗教；便是信仰写的字有神力，有魔力的宗教。

这个宗教，我们信仰了几千年，却不自觉我们有这样一个伟大宗教。不自觉的缘故正是因为这个宗教太伟大了，无往不在，无所不包，就如同空气一样，我们日日夜夜在空气里生活，竟不觉得空气的存在了。

现在科学进步了，便有好事的科学家去分析空气是什么，便也有好事的学者去分析这个伟大的名教。

民国十五年有位冯友兰先生发表一篇很精辟的“名教之分析”（《现代评论·第二周年纪念增刊》，页一九四——九六）。冯先生指出“名教”便是崇拜名词的宗教，是崇拜名词所代表的概念的宗教。

冯先生所分析的还只是上流社会和智识阶级所奉的“名教”，它的势力虽然也很伟大，还算不得“名教”的最重要部分。

这两年来，有位江绍原先生在他的“礼部”职司的范围内，发现了不少有趣味的材料，陆续在《语丝》、《贡献》几种杂志上发表。他同他的朋友们收的材料是细大不捐，雅俗无别的；所以他们的材料使我们渐渐明白我们中国民族崇奉的“名教”是个什么样子。

究竟我们这个贵教是个什么样子呢？且听我慢慢道来。

先从一个小孩生下地说起。古时小孩生下地之后，要请一位专门术家来听小孩的哭声，声中某律，然后取名字（看江绍原《小品》百六八，《贡献》第八期，页二四）。现在的民间变简单了，只请一个算命的，排排八字，看他缺少五行之中的那一行。若缺水，便取个水旁的名字；若缺金，便取个金旁的名字。若缺火又缺土的，我们徽州人便取个“灶”字。名字可以补气禀的缺陷。

小孩命若不好，便把他“寄名”在观音菩萨的座前，取个和尚式的“法名”，便可以无灾无难了。

小孩若爱啼啼哭哭，睡不安宁，便写一张字帖，贴在行人小便的处所，上写着：

> 天皇皇，地皇皇，我家有个夜啼郎。过路君子念一遍，一夜睡到大天光。

文字的神力真不少。

小孩跌了一交，受了惊骇，那是骇掉了“魂”了，须得“叫魂”。魂怎么叫呢？到那跌交的地方，撒把米，高叫小孩子的名字，一路叫回家，叫名便是叫魂了。

小孩渐渐长大了，在村学堂同人打架，打输了，心里恨不过，便拿一条柴炭，在墙上写着诅咒他的仇人的标语：“王阿三热病打死。”他写了几遍，心上的气便平了。

他的母亲也是这样。她受了隔壁王七嫂的气，便拿一把菜刀，在刀板上剁，一面剁，一面喊“王七老婆”的名字，这便等于乱剁王七嫂了。

他的父亲也是“名教”的信徒。他受了王七哥的气，打又打他不过，只好破口骂他，骂他的爹妈，骂他的妹子，骂他的祖宗十八代。骂了便算出了气了。

据江绍原先生的考察，现在这一家人都大进步了。小孩在墙上会写“打倒阿毛”了。他妈也会喊“打倒周小妹”了。他爸爸也会贴“打倒王庆来”了（《贡献》九期，江绍原《小品》百七八）。

他家里人口不平安，有病的，有死的。这也有好法子。请个道士来，画几道符，大门上贴一张，房门上贴一张，毛厕上也贴一张，病鬼便都跑掉了，再不敢进门了。画符自然是“名教”的重要方法。

死了的人又怎么办呢？请一班和尚来，念几卷经，便可以超度死者了。念经自然也是“名教”的重要方法。符是文字，经是文字，都有不可思议的神力。

死了人，要“点主”。把神主牌写好，把那“主”字上头的一点空着。请一位乡绅来点主。把一只雄鸡头上的鸡冠切破，那位赵乡绅把朱笔蘸饱了鸡冠血，点上“主”字。从此死者的灵魂遂凭依在神主牌上了。

吊丧须用挽联，贺婚贺寿须用贺联；讲究的送幛子，更讲究的送祭文寿序。都是文字，都是“名教”的一部分。

豆腐店的老板梦想发大财，也有法子。请村口王老师写副门联：“生意兴隆通四海，财源茂盛达三江。”这也可以过发财的瘾了。

赵乡绅也有他的梦想，所以他也写副门联：“总集福荫，备致嘉祥。”

王老师虽是不通，虽是下流，但他也得写一副门联：“文章华国，忠孝传家。”

豆腐店老板心里还不很满足，又去请王老师替他写一个大红春帖：“对我生财”，贴在对面墙上，于是他的宝号就发财的样子十足了。

王老师去年的家运不大好，所以他今年元旦起来，拜了天地，洗净手，拿起笔来，写个红帖子：“戊辰发笔，添丁进财。”他今年一定时运大来了。

父母祖先的名字是要避讳的。古时候，父名晋，儿子不得应进士考试。现在宽的多了，但避讳的风俗还存在一般社会里。皇帝的名字现在不避讳了。但孙中山死后，“中山”尽管可用作学校地方或货品的名称，“孙文”便很少人用了；忠实同志都应该称他为“先总理”。

南京有一个大学，为了改校名，闹了好几次大风潮，有一次竟把校名牌子抬了送到大学院去。

北京下来之后，名教的信徒又大忙了。北京已改做“北平”了；今天又有人提议改南京做“中京”了。还有人郑重提议“故宫博物院”应该改作“废宫博物院”。将来这样大改革的事业正多呢。

前不多时，南京的《京报副刊》的画报上有一张照片，标题是“军事委员会政治训练部宣传处艺术科写标语之忙碌”。图上是五六个中山装的青年忙着写标语；桌上，椅背上，地板上，满铺着写好了的标语，有大字、有小字、有长句、有短句。

这不过是“写”的一部分工作；还有拟标语的，有讨论审定标语的，还有贴标语的。

五月初济南事件发生以后，我时时往来淞沪铁路上，每一次四十分钟的旅行所见的标语总在一千张以上；出标语的机关至少总在七八十个以上。有写着“枪毙田中义一”的，有写着“活埋田中义一”的，有写着“杀尽矮贼”而把“矮贼”两字倒转来写，如报纸上寻人广告倒写的“人”字一样。“人”字倒写，人就会回来了；“矮贼”倒写，矮贼也就算打倒了。

现在我们中国已成了口号标语的世界。有人说，这是从苏俄学来的法子。这是很冤枉的。我前年在莫斯科住了三天，就没有看见墙上有一张标语。标语是道地的国货，是“名教”国家的祖传法宝。

试问墙上贴一张“打倒帝国主义”，同墙上贴一张“对我生财”或“抬头见喜”，有什么分别？是不是一个师父传授的衣钵？

试问墙上贴一张“活埋田中义一”，同小孩子贴一张“雷打王阿毛”，有什么分别？是不是一个师父传授的法宝？

试问“打倒唐生智”、“打倒汪精卫”，同王阿毛贴的“阿发黄病打死”，有什么分别？王阿毛尽够做老师了，何须远学莫斯科呢？

自然，在党国领袖的心目中，口号标语是一种宣传的方法，政治的武器。但在中小学生的心里，在第九十九师十五连第三排的政治部人员的心里，口号标语便不过是一种出气泄愤的法子罢了。如果“打倒帝国主义”是标语，那么，第十区的第七小学为什么不可贴“杀尽矮贼”的标语呢？如果“打倒汪精卫”是正当的标语，那么“活埋田中义一”为什么不是正当的标语呢？

如果多贴几张“打倒汪精卫”可以有效果，那么，你何以见得多贴几张“活埋田中义一”不会使田中义一打个寒噤呢？

故从历史考据的眼光看来，口号标语正是“名教”的正传嫡派。因为在绝大多数人的心里，墙上贴一张“国民政府是为全民谋幸福的政府”正等于门上写一条“姜太公在此”，有灵则两者都应该有灵，无效则两者同为废纸而已。

我们试问，为什么豆腐店的张老板要在对门墙上贴一张“对我生财”？岂不是因为他天天对着那张纸可以过一点发财的瘾吗？为什么他元旦开门时嘴里要念“元宝滚进来”？岂不是因为他念这句话时心里感觉舒服吗？

要不然，只有另一个说法，只可说是盲从习俗，毫无意义。张老板的祖宗下来每年都贴一张“对我生财”，况且隔壁剃头店门口也贴了一张，所以他不能不照办。

现在大多数喊口号，贴标语的，也不外这两种理由：一是心理上的过瘾，一是无意义的盲从。

少年人抱着一腔热沸的血，无处发泄，只好在墙上大书“打倒卖国贼”，或“打倒日本帝国主义”。写完之后，那二尺见方的大字，那颜鲁公的书法，个个挺出来，好生威武，他自己看着，血也不沸了，气也稍稍平了，心里觉得舒服的多，可以坦然回去休息了。于是他的一腔义愤，不曾收敛回去，在他的行为上与人格上发生有益的影响，却轻轻地发泄在墙头的标语上面了。

这样的发泄情感，比什么都容易，既痛快，又有面子，谁不爱做呢？一回生，二回熟，便成了惯例了，于是“五一”“五三”“五四”“五七”“五九”“六三”……都照样做去：放一天假，开个纪念会，贴无数标语，喊几句口号，就算做了纪念了！

于是月月有纪念，周周做纪念周，墙上处处是标语，人人嘴上有的是口号。于是老祖宗几千年相传的“名教”之道遂大行于今日，而中国遂成了一个“名教”的国家。

我们试进一步，试问，为什么贴一张“雷打王阿毛”或“枪毙田中义一”可以发泄我们的感情，可以出气泄愤呢？

这一问便问到“名教”的哲学上去了。这里面的奥妙无穷，我们现在只能指出几个有趣味的要点。

第一，我们的古代老祖宗深信“名”就是魂，我们至今不知不觉地还逃不了这种古老迷信的影响。“名就是魂”的迷信是世界人类在幼稚时代同有的。埃及人的第八魂就是“名魂”。我们中国古今都有此迷信。《封神演义》上有个张桂芳能够“呼名落马”；他只叫一声“黄飞虎还不下马，更待何时！”黄飞虎就滚下五色神牛了。不幸张桂芳遇见了哪吒，喊来喊去，哪吒立在风火轮上不滚下来，因为哪吒是莲花化身，没有魂的。《西游记》上有个银角大王，他用一个红葫芦，叫一声“孙行者”，孙行者答应一声，就被装进去了。后来孙行者逃出来，又来挑战，改名做“行者孙”，答应了一声，也就被装了进去！因为有名就有魂了（参看《贡献》八期，江绍原《小品》百五四）。民间“叫魂”，只是叫名字，因为叫名字就是叫魂了。因为如此，所以小孩在墙上写“鬼捉王阿毛”，便相信鬼真能把阿毛的魂捉去。党部中人制定“打倒汪精卫”的标语，虽未必相信“千夫所指，无病自死”；但那位贴“枪毙田中”的小学生却难保不知不觉地相信他有咒死田中的功用。

第二，我们的古代老祖宗深信“名”（文字）有不可思议的神力，我们也免不了这种迷信的影响。这也是幼稚民族的普通迷信，高等民族也往往不能免除。《西游记》上如来佛写了“唵嘛呢叭迷吽”六个字，便把孙猴子压住了一千年。观音菩萨念一个字咒语，便有诸神来见。他在孙行者手心写一个字，就可以引红孩儿去受擒。小说上的神仙妖道作法，总得“口中念念有词”。一切符咒，都是有神力的文字。现在有许多人似乎真相信多贴几张“打倒军阀”的标语便可以打倒张作霖了。他们若不信这种神力，何以不到前线去打仗，却到吴淞镇的公共厕所墙上张贴“打倒张作霖”的标语呢？

第三，我们的古代圣贤也曾提倡一种“理智化”了的“名”的迷信，几千年来深入人心，也是造成“名教”的一种大势力。卫君要请孔子去治国，孔老先生却先要“正名”。他恨极了当时的乱臣贼子，却又“手无斧柯，奈龟山何！”所以他只好做一部《春秋》来褒贬他们，“一字之贬，严于斧钺；一字之褒，荣于华衮”。这种思想便是古代所谓“名分”的观念。尹文子说：

> 善名命善，恶名命恶。故善有善名，恶有恶名。……今亲贤而疏不肖，赏善而罚恶。贤不肖，善恶之名宜在彼；亲疏赏罚之称宜属我。……“名”宜属彼，“分”宜属我。我爱白而憎黑，韵商而舍徵，好膻而恶焦，嗜甘而逆苦。白黑商徵，膻焦甘苦，彼之“名”也；爱憎韵舍，好恶嗜逆，我之“分”也。定此名分，则万事不乱也。

“名”是表物性的，“分”是表我的态度的。善名便引起我爱敬的态度，恶名便引起我厌恨的态度。这叫做“名分”的哲学。“名教”、“礼教”便建筑在这种哲学的基础之上。一块石头，变作了贞节牌坊，便可以引无数青年妇女牺牲她们的青春与生命去博礼教先生的一篇铭赞，或志书“列女”门里的一个名字。“贞节”是“名”，羡慕而情愿牺牲，便是“分”。女子的脚裹小了，男子赞为“美”，诗人说是“三寸金莲”，于是几万万的妇女便拚命裹小脚了。“美”与“金莲”是“名”，羡慕而情愿吃苦牺牲，便是“分”。现在人说小脚“不美”，又“不人道”，名变了，分也变了，于是小脚的女子也得塞棉花，充天脚了。——现在的许多标语，大都有个褒贬的用意：宣传便是宣传这褒贬的用意。说某人是“忠实同志”，便是教人“拥护”他。说某人是

“军阀”，“土豪劣绅”，“反动”，“反革命”，“老朽昏庸”，便是教人“打倒”他。故“忠实同志”、“总理信徒”的名，要引起“拥护”的分。“反动分子”的名，要引起“打倒”的分。故今日墙上的无数“打倒”与“拥护”，其实都是要寓褒贬，定名分。不幸标语用的太滥了，今天要打倒的，明天却又在拥护之列了；今天的忠实同志，明天又变为反革命了。于是打倒不足为辱，而反革命有人竟以为荣。于是“名教”失其作用，只成为墙上的符箓而已。

两千年前，有个九十岁的老头子对汉武帝说：“为治不在多言，顾力行何如耳。”两千年后，我们也要对现在的治国者说：

> 治国不在口号标语，顾力行何如耳。

一千多年前，有个庞居士，临死时留下两句名言：

> 但愿空诸所有。
> 慎勿实诸所无。

“实诸所无”，如“鬼”本是没有的，不幸古代的浑人造出“鬼”名，更造出“无常鬼”，“大头鬼”，“吊死鬼”等等名，于是人的心里便像煞真有鬼了。我们对于现在的治国者，也想说：

> 但愿实诸所有。
> 慎勿实诸所无。

末了，我们也学时髦，编两句口号：

打倒名教！

名教扫地，中国有望！

十七，七，二

关于“名”的迷信，除江绍原冯友兰的文章之外，可参考Ogden and Richards：Meaning of Meaning，Chapter 2. Conybeare：Myth，Magic and Morals，Chapter 13.

追悼志摩

悄悄的我走了，
正如我悄悄的来；
我挥一挥衣袖，
不带走一片云彩。

（《再别康桥》）

志摩这一回真走了！可不是悄悄的走。在那淋漓的大雨里，在那迷濛的大雾里，一个猛烈的大震动，三百匹马力的飞机碰在一座终古不动的山上，我们的朋友额上受了一下致命的撞伤，大概立刻失去了知觉。半空中起了一团天火，像天上陨了一颗大星似的直掉下地去。我们的志摩和他的两个同伴就死在那烈焰里了！

我们初得着他的死信，都不肯相信，都不信志摩这样一个可爱的人会死的这么惨酷。但在那几天的精神大震撼稍稍过去之后，我们忍不住要想，那样的死法也许只有志摩最配。我们不相信志摩会“悄悄的走了”，也不忍想志摩会死一个“平凡的死”，死在天空之中，大雨淋着，大雾笼罩着，大火焚烧着，那撞不倒的山头在旁边冷眼瞧着，我们新时代的新诗人，就是要自己挑一种死法，也挑不出更合式，更悲壮的了。

志摩走了，我们这个世界里被他带走了不少的云彩。他在我们这些朋友之中，真是一片最可爱的云彩，永远是温暖的颜色，永远是美的花样，永远是可爱。他常说，

> 我不知道风
> 是在那一个方向吹——

我们也不知道风是在那一个方向吹，可是狂风过去之后，我们的天空变惨淡了，变寂寞了，我们才感觉我们的天上的一片最可爱的云彩被狂风卷去了，永远不回来了！

这十几天里，常有朋友到家里来谈志摩，谈起来常常有人痛哭。在别处痛哭他的，一定还不少。志摩所以能使朋友这样哀念他，只是因为他的为人整个的只是一团同情心，只是一团爱。叶公超先生说，

> 他对于任何人，任何事，从未有过绝对的怨恨，甚至于无意中都没有表示过一些憎嫉的神气。

陈通伯先生说，

> 尤其朋友里缺不了他。他是我们的连索，他是黏着性的，发酵性的。在这七八年中，国内文艺界里起了不少的风波，吵了不少的架，许多很熟的朋友往往弄的不能见面。但我没有听

见有人怨恨过志摩。谁也不能抵抗志摩的同情心，谁也不能避开他的黏着性。他才是和事的无穷的同情，使我们老，他总是朋友中间的“连索”。他从没有疑心，他从不会妒忌。他使这些多疑善妒的人们十分惭愧，又十分羡慕。

他的一生真是爱的象征。爱是他的宗教，他的上帝。

我攀登了万仞的高冈，
荆棘扎烂了我的衣裳，
我向飘渺的云天外望——
上帝，我望不见你！
…………

我在道旁见一个小孩：
活泼，秀丽，褴褛的衣衫；
他叫声“妈”，眼里亮着爱——
上帝，他眼里有你！

（《他眼里有你》）

志摩今年在他的《猛虎集自序》里曾说他的心境是“一个曾经有单纯信仰的流入怀疑的颓废”。这句话是他最好的自述。他的人生观真是一种“单纯信仰”，这里面只有三个大字：一个是爱，一个是自由，一个是美。他梦想这三个理想的条件能够会合在一个人生里，这是他的“单纯信仰”。他的一生的历史，只是他追求这个单纯信仰的实现的历史。

社会上对于他的行为，往往有不能谅解的地方，都只因为社会上批评他的人不曾懂得志摩的“单纯信仰”的人生观。他的离婚和他的第二次结婚，是他一生最受社会严厉批评的两件事。现在志摩的棺已盖了，而社会上的议论还未定。但我们知道这两件事的人，都能明白，至少在志摩的方面，这两件事最可以代表志摩的单纯理想的追求。他万分诚恳的相信那两件事都是他实现他那“美与爱与自由”的人生的正当步骤。这两件事的结果，在别人看来，似乎都不曾能够实现志摩的理想生活。但到了今日，我们还忍用成败来议论他吗？

我忍不住我的历史癖，今天我要引用一点神圣的历史材料，来说明志摩决心离婚时的心理。民国十一年三月，他正式向他的夫人提议离婚，他告诉她，他们不应该继续他们的没有爱情没有自由的结婚生活了，他提议“自由之偿还自由”，他认为这是“彼此重见生命之曙光，不世之荣业”。他说：

> 故转夜为日，转地狱为天堂，直指顾间事矣。……真生命必自奋斗自求得来，真幸福亦必自奋斗自求得来，真恋爱亦必自奋斗自求得来！彼此前途无限……彼此有改良社会之心，彼此有造福人类之心，其先自作榜样，勇决智断，彼此尊重人格，自由离婚，止绝苦痛，始兆幸福，皆在此矣。

这信里完全是青年的志摩的单纯的理想主义，他觉得那没有爱又没有自由的家庭是可以摧毁他们的人格的，所以他下了决心，要把自由偿还自由，要从自由求得他们的真生命，真幸福，真恋爱。

后来他回国了，婚是离了，而家庭和社会都不能谅解他。最奇怪的是他和他已离婚的夫人通信更勤，感情更好。社会上的人更不明白了。志摩是梁任公先生最爱护的学生，所以民国十二年任公先生曾写一封很恳切的信去劝他。在这信里，任公提出两点：

其一，万不容以他人之苦痛，易自己之快乐。弟之此举，其于弟将来之快乐能得与否，殆茫如捕风，然先已予多数人以无量之苦痛。

其二，恋爱神圣为今之少年所乐道。……兹事盖可遇而不可求。……况多情多感之人，其幻象起落鹘突，而得满足得宁帖也极难。所梦想之神圣境界恐终不可得，徒以烦恼终其身已耳。

任公又说：

鸣呼志摩！天下岂有圆满之宇宙？……当知吾侪以不求圆满为生活态度，斯可以领略生活之妙味矣。……若沉迷于不可必得之梦境，挫折数次，生意尽矣。郁邑侘傺以死，死为无名。死犹可也，最可畏者，不死不生而堕落至不复能自拔。呜呼志摩，可无惧耶！可无惧耶！（十二年一月二日信）

任公一眼看透了志摩的行为是追求一种“梦想的神圣境界”，他料到他必要失望，又怕他少年人受不起几次挫折，就会死，就会堕落。所以他以老师的资格警告他：“天下岂有圆满之宇宙？”

但这种反理想主义是志摩所不能承认的。他答复任公的信，第一，不承认他是把他人的苦痛来换自己的快乐。他说：

我之甘冒世之不韪，竭全力以斗者，非特求免凶惨之苦痛，实求良心之安顿，求人格之确立，求灵魂之救度耳。人谁不求庸德？人谁不安现成？人谁不畏艰险？然且有突围而出者，夫岂得已而然哉？

第二，他也承认恋爱是可遇而不可求的，但他不能不去追求。他说：

我将于茫茫人海中访我唯一灵魂之伴侣；得之，我幸；不得，我命，如此而已。

他又相信他的理想是可以创造培养出来的。他对任公说：

嗟夫吾师！我尝奋我灵魂之精髓，以凝成一理想之明珠，涵之以热满之心血，朗照我深奥之灵府。而庸俗忌之嫉之，辄欲麻木其灵魂，捣碎其理想，杀灭其希望，污毁其纯洁！我之不流入堕落，流入庸懦，流入卑污，其几亦微矣！

我今天发表这三封不曾发表过的信，因为这几封信最能表现那个单纯的理想主义者徐志摩。他深信理想的人生必须有爱，必须有自由，必须有美；他深信这种三位一体的人生是可以追求的，至少是可以用纯洁的心血培养出来的。——我们若从这个观点来观察志摩的一生，他这十年中的一切行为就全可以了解了。我还可以说，只有从这个观点上才可以了解志摩的行为；我们必须先认清了他的单纯信仰的人生观，方才认得清志摩的为人。

志摩最近几年的生活，他承认是失败。他有一首《生活》的诗，诗是暗惨的可怕：

阴沉，黑暗，毒蛇似的蜿蜒，
生活逼成了一条甬道：

一度陷入，你只可向前，
手扪索着冷壁的黏潮，

在妖魔的脏腑内挣扎，
头顶不见一线的天光，
这魂魄，在恐怖的压迫下，
除了消灭更有什么愿望？

（十九年五月二十九日）

他的失败是一个单纯的理想主义者的失败。他的追求，使我们惭愧，因为我们的信心太小了，从不敢梦想他的梦想。他的失败，也应该使我们对他表示更深厚的恭敬与同情，因为偌大的世界之中，只有他有这信心，冒了绝大的危险，费了无数的麻烦，牺牲了一切平凡的安逸，牺牲了家庭的亲谊和人间的名誉，去追求，去试验一个“梦想之神圣境界”，而终于免不了惨酷的失败，也不完全是他的人生观的失败。他的失败是因为他的信仰太单纯了，而这个现实世界太复杂了，他的单纯的信仰经不起这个现实世界的摧毁；正如易卜生的诗剧Brand里的那个理想主义者，抱着他的理想，在人间处处碰钉子，碰的焦头烂额，失败而死。

然而我们的志摩“在这恐怖的压迫下”，从不叫一声“我投降了”！他从不曾完全绝望，他从不曾绝对怨恨谁。他对我们说：

你们不能更多的责备。我觉得我已是满头的血水，能不低头已算是好的。（《猛虎集自序》）

是的，他不曾低头。他仍旧昂起头来做人；他仍旧是他那一团的同情心，一团的爱。我们看他替朋友做事，替团体做事，他总是仍旧那样热心，仍旧那样高兴。几年的挫折，失败，苦痛，似乎使他更成熟了，更可爱了。

他在苦痛之中，仍旧继续他的歌唱。他的诗作风也更成熟了。他所谓“初期的汹涌性”固然是没有了，作品也减少了；但是他的意境变深厚了，笔致变淡远了，技术和风格都更进步了。这是读《猛虎集》的人都能感觉到的。

志摩自己希望今年是他的“一个真正的复活的机会”。他说：

> 抬起头居然又见到天了。眼睛睁开了，心也跟着开始了跳动。

我们一班朋友都替他高兴。他这几年来想用心血浇灌的花树也许是枯萎的了；但他的同情，他的鼓舞，早又在别的园地里种出了无数的可爱的小树，开出了无数可爱的鲜花。他自己的歌唱有一个时代是几乎销沉了；但他的歌声引起了他的园地外无数的歌喉，嘹亮的唱，哀怨的唱，美丽的唱。这都是他的安慰，都使他高兴。

谁也想不到在这个最有希望的复活时代，他竟丢了我们走了！他的《猛虎集》里有一首咏一只黄鹂的诗，现在重读了，好像他在那里描写他自己的死，和我们对他的死的悲哀：

> 等候他唱，我们静着望，
> 怕惊了他，但他一展翅，
> 冲破浓密，化一朵彩云：
> 他飞了，不见了，没了——

像是春光，火焰，像是热情。

志摩这样一个可爱的人，真是一片春光，一团火焰，一腔热情。现在难道都完了？

决不！决不！志摩最爱他自己的一首小诗，题目叫做“偶然”，在他的《卞昆冈》剧本里，在那个可爱的孩子阿明临死时，那个瞎子弹着三弦，唱着这首诗：

我是天空里的一片云，
偶尔投影在你的波心——
你不必讶异，
更无需欢喜——
在转瞬间消灭了踪影。

你我相逢在黑夜的海上，
你有你的，我有我的方向。
你记得也好，
最好你忘掉，
在这交会时互放的光亮！

朋友们，志摩是走了，但他投的影子会永远留在我们心里，他放的光亮也会永远留在人间，他不曾白来了一世。我们有了他做朋友，也可以安慰自己说不曾白来了一世。我们忘不了，和我们

在那交会时互放的光亮！

二十年，十二月，三夜五

李超传

李超的一生，没有什么轰轰烈烈的事迹。我参考她的行状和她的信稿，她的生平事实不过如此：

李超原名惟柏，又名惟璧，号璞真，是广西梧州金紫庄的人。她的父母都早死了，只有两个姊姊，长名惟钧，次名□□。她父亲有一个妾，名附姐。李超少时便跟着附姐长大。因为她父母无子，故承继了她胞叔渠廷的儿子，名惟琛，号极甫。

她家本是一个大家，家产也可以算得丰厚。她的胞叔在全州做官时，李超也跟着在衙门里，曾受一点国文的教育。后来她回家乡，又继续读了好几年的书，故她作文写信都还通顺清楚。

民国初年，她进梧州女子师范学校肄业，毕业时成绩很好。民国四年她和她的一班同志组织了一个女子国文专修馆。

> 过了一年，她那班朋友纷纷散去了，她独自在家，觉得旧家庭的生活没有意味，故发愤要出门求学。她到广州，先进公立女子师范，后进结方学堂；又进教会开的圣神学堂，后又回到结方，最后进公益女子师范。她觉得广州的女学堂不能满意，故一心要想来北京进国立高等女子师范学校。民国七年七月，她好容易筹得旅费，起程来北京。九月进学校，初做旁听生，后改正科生。那年冬天，她便有病。她本来体质不强，又事事不能如她的心愿，故容易致病。今年春天，她的病更重，医生说是肺病，她才搬进首善医院调养。后来病更重，到八月十六日遂死在法国医院。死时，她大约有二十三四岁了。（行状作“年仅二十”，是考据不精的错误。）

这一点无关紧要的事实，若依古文家的义法看来，实在不值得一篇传。就是给她一篇传，也不过说几句“生而颖悟，天性孝友，戚称善，苦志求学，天不永其年，惜哉惜哉”一类的刻板文章，读了也不能使人相信。但是李超死后，她的朋友搜索她的遗稿，寻出许多往来的信札，又经她的同乡苏甲荣君把这些信稿分类编记一遍，使她一生所受的艰苦，所抱的志愿，都一一的表现分明。我得读这些信稿，觉得这一个无名的短命女子之一生事迹很有作详传的价值，不但她个人的志气可使人发生怜惜敬仰的心，并且她所遭遇的种种困难都可以引起全国有心人之注意讨论。所以我觉得替这一个女子做传比替什么督军做墓志铭重要得多咧。

李超决意要到广州求学时，曾从梧州寄信给她的继兄，信中说：

> 计妹自辍学以来，忽又半载。家居清闲，未尝不欲奋志自

修。奈天性不敏，遇有义理稍深者，既不能自解，又无从质问。盖学无师承，终难求益也。同学等极赞广州公立女子第一师范，规则甚为完善，教授亦最良好，且年中又不收学费，如在校寄宿者，每月只缴膳费五元，校章限二年毕业。……广东为邻省，轮舟往还，一日可达。……每年所费不过百金。侬家年中入息虽不十分丰厚，然此区区之数，又何难筹？……谅吾兄必不以此为介意。……妹每自痛生不逢辰，幼遭悯凶，长复困厄。……其所以偷生人间者，不过念既受父母所生，又何忍自相暴弃。但一息苟存，乌得不稍求学问？盖近来世变日亟，无论男女，皆以学识为重。妹虽愚陋，不能与人争胜，然亦欲趁此青年，力图进取。苟得稍明义理，无愧所生，于愿已足。其余一切富贵浮华，早已参透，非谓能恝然置之，原亦知福薄之不如人也。……若蒙允诺……匪独妹一生感激，即我先人亦当含笑于九泉矣。战栗书此，乞早裁复。

这信里说的话，虽是一些"门面话"，但是已带着一点呜咽的哭声。再看她写给亲信朋友的话：

前上短章，谅承收览。奉商之事，不知得蒙允诺与否。妹此时寸心上下如坐针毡……在君等或视为缓事，而妹则一生苦乐端赖是也。盖频年来家多故。妹所处之境遇固不必问及。自壬子□兄续婚后，嫌隙愈多，积怨愈深，今虽同爨，而各怀意见。诟谇之声犹（尤）所时有。其所指摘，虽多与妹无涉，而冷言讥刺亦所不免。欲冀日之清净，殊不可得。去年妹有书可读，犹可借以强解。近来闲居，更无术排遣。……锢居梧中，良非本怀。……盖凡人生于宇宙间，既不希富贵，亦必求安乐。妹处境已困难，而家人意见又复如此。环顾亲旧无一我心腹，因此，厌居梧城已非一日。……

这信里所说，旧家庭的黑暗，历历都可想见。但是我仔细看这封信，觉得她所说还不曾说到真正苦痛上去。当时李超已二十岁了，还不曾订婚。她的哥嫂都很不高兴，都很想把她早早打发出门去，他们就算完了一桩心事，就可以安享她的家产了。李超“环顾亲旧，无一心腹”，只有胞姊惟钧和姊夫欧寿松是很帮助她的。李超遗稿中有两封信是代她姊姊写给她姊夫的，说的是关于李超的婚事。一封信说：

先人不幸早逝，遗我手足三人。……独季妹生不逢辰，幼失怙恃，长遭困厄，今后年华益增，学问无成，后顾茫茫，不知何以结局。钧每念及此，寝食难安。且彼性情又与七弟相左。盖弟择人但论财产，而舍妹则重学行。用是各执意见，致起龃龉。妹虑家庭专制，恐不能遂其素愿，缘此常怀隐忧，故近来体魄较昔更弱。稍有感触，便觉头痛。……舍妹之事，总望为留心。苟使妹能终身付托得人，岂独钧为感激，即先人当含笑于九泉也。……

这信所说，乃是李超最难告人的苦痛。她所以要急急出门求学，大概是避去这种高压的婚姻。她的哥哥不愿意她远去，也只是怕她远走高飞做一只出笼的鸟，做一个终身不嫁的眼中钉。

李超初向她哥哥要求到广州去求学，——广州离梧州只有一天的轮船路程，算不得什么远行。——但是她哥哥执意不肯。请看他的回信：

九妹知悉：尔欲东下求学，我并无成见在胸，路程近远，用款多少，我亦不措意及之也。惟是侬等祖先为乡下人，侬等又系生长乡间，所有远近乡邻女子，并未曾有人开远游羊城（即广州）求学之先河。今尔若子身先行，事属罕见创举。乡党之人少见多怪，必多指摘非议。然乡邻众口悠悠姑置勿论，而尔五叔为族中之最尊长者，二伯娘为族中妇人之最长者，今尔身为处子，因为从师求学，远游至千数百里外之羊城，若不禀报而行，恐于理不合。而且伊等异日风闻此事，则我之责任非轻矣。我为尔事处措无方。今尔以女子身为求学事远游异域，我实不敢在尊长前为尔启齿，不得已而请附姐（李超的庶母）为尔转请，而附姐诸人亦云不敢，而且附姐意思亦不欲尔远行也。总之，尔此行必要禀报族中尊长方可成行，否则我之责任綦重。……见字后，尔系一定东下，务必须由尔设法禀明族中尊长。

这封信处处用恫吓手段来压制他妹子，简直是高压的家族制度之一篇绝妙口供。

李超也不管他，决意要东下，后来她竟到了广州进了几处学堂。她哥哥气得利害，竟不肯和她通信。六年七月五日，她嫂嫂陈文鸿信上说：

……尔哥对九少言，“……余之所以不寄信不寄钱于彼者，以妹之不遵兄一句话也。且余意彼在东省未知确系读书，抑系在客栈住，以信瞒住家人。余断不为彼欺也。”言时声厉。……嫂思之，计无所出，妹不如暂且归梧，以息家人之怒。……何苦惹家人之怨？

又阴历五月十七日函说：

……姑娘此次东下，不半年已历数校，以至家人咸怒。而今又欲再觅他校专读中文，嫂恐家人愈怒。……

即这几封信，已可看出李超一家对她的怨恨了。

李超出门后，即不愿回家，家人无可如何，只有断绝她的用费一条妙计。李超在广州二年，全靠她的嫂嫂陈文鸿，姊丈欧寿松，堂弟惟几，本家李典五，堂姊伯援、宛贞等人私下帮助她的经费。惟几信上（阴九月三十日）有“弟因寄银与吾姐一事，屡受亚哥痛责”的话。欧寿松甚至于向别人借钱来供给她的学费，那时李超的情形，也可想而知了。

李超在广州换了几处学堂，总觉得不满意。那时她的朋友梁惠珍在北京高等女子师范学校写了几次信去劝她来北京求学。李超那时好像屋里的一个蜜蜂，四面乱飞，只朝光明的方向走。她听说北京女高师怎样好，自然想北来求学，故把旧作的文稿寄给梁女士，请她转呈校长方还请求许她插班，后来又托同乡京官说情，方校长准她来校旁听。但是她到广州，家人还百计阻难，如何肯让她远走北京呢？

李超起初想瞒住家人，先筹得款子，然后动身。故六年冬天李伯援函说：

……七嫂心爱妹，甫兄防之极严，限以年用百二（十）金为止，……甫嫂灼急异常。甫嫂许妹之款，经予说尽善言，始获欣然。伊苟知妹欲行，则诚恐激变初心矣。……

后来北行的计划被家人知道了，故她嫂嫂六年十一月七日函说：

日前得三姑娘来信，知姑娘不肯回家，坚欲北行。闻讯之下，不胜烦闷。姑娘此行究有何主旨？嫂思此行是直不啻加嫂之罪，陷嫂于不义也。嫂自姑娘东行后，尔兄及尔叔婶时时以恶言相责，说是嫂主其事，近日复被尔兄殴打。且尔副姐（即附姐）亦被责。时时相争相打，都因此事。姑娘若果爱嫂，此行万难实行，恳祈思之，再思之。

那时她家人怕她远走，故极力想把她嫁了。那几个月之中，说婚的信很多，李超都不肯答应。她执意要北行，四面八方向朋友亲戚借款。她家虽有钱，但是因为她哥哥不肯负还债的责任，故人多不敢借钱给她。七年五月二十二日，她姊姊惟钧写信给在广州的本家李典五说：

……闻九妹欲近日入京求学，本甚善事也。但以举廷五叔及甫弟等均以为女子读书稍明数字便得。今若只身入京，奔走万里，实必不能之事。即使其能借他人之款，以遂其志，而将来亦定不担偿还之职。……

这是最利害的对付方法。六月二十八日伯援函说：

……该款七嫂不肯付，伊云妹有去心，自后一钱不寄矣。在款项一节，予都可为妹筹到。惟七嫂云，如妹能去，即惟予与婉贞二人是问。……七嫂与甫为妹事又大斗气。渠云妹并未知渠之苦心，典五之款，渠亦不还，予对妹难，对渠等尤难也。

照这信看来，连她那贤明的嫂嫂也实行那断绝财源的计划了。

那时李超又急又气，已病了几个月。后来幸亏她的大姊丈欧寿松一力担任接济学费的事。欧君是一个极难得的好人，他的原信说：

> ……妹决意往京就学……兄亦赞成。每年所需八九十金，兄尽可担负。……惟吾妹既去，极甫谅亦不恝置也。……

李超得了李典五借款，又得了欧寿松担任学费，遂于七月动身到北京。她先在女高师旁听，后改正科生。那时她家中哥嫂不但不肯接济款项，还写信给她姊夫，不许他接济。欧君七年九月五日信说：

> ……七舅近来恐无银汇。昨接璇儿信，称不独七妗不满意，不肯汇银，且来信嘱兄不许接济。兄已回函劝导，谅不至如此无情。兄并声明，七舅如不寄银则是直欲我一人担任。我近年债务已达三千元左右，平远又是苦缺，每年所得，尚未足清还债累，安得如许钱常常接济？即勉强担任，于亲疏贫富之间，未免倒置。……

看这信所说，李超的家产要算富家，何以她哥嫂竟不肯接济她的学费呢？原来她哥哥是承继的儿子，名分上他应得全份家财。不料这个倔强的妹子偏不肯早早出嫁，偏要用家中银钱读书求学。他们最怕的是李超终身读书不嫁，在家庭中做一个眼中钉。故欧寿松再三写信给李超劝她早早定婚，劝她早早表明宗旨，以安她哥嫂之心。欧君九月五日信说：

> ……兄昨信所以直言不讳劝妹早日定婚者，职此之故。妹

婚一日未定，即七舅等一日不安。……妹婚未成，则不独妹无终局，家人不安，即愚夫妇亦终身受怨而莫由自解。……前年在粤时，兄屡问妹之主意，即是欲妹明白宣示究竟读书至何年为止，届时即断然适人，无论贤愚，绝无苛求之意，只安天命，不敢怨人，否则削发为尼，终身不字。如此决定，则七舅等易于处置，不至如今日之若涉大海，茫无津涯，教育之费，不知负担到何时乃为终了。

又九月七日信说：

……妹读书甚是好事，惟宗旨未明，年纪渐长，兄亦深以为忧。……极甫等深以为吾妹终身读书亦是无益。吾妹即不为极甫诸人计，亦当为兄受怨计，早日决定宗旨，明以告我。……

欧君的恩义，李超极知感激。这几封信又写得十分恳切，故李超答书也极恳切。答书说：

……吾兄自顾非宽，而于妹膏火之费屡荷惠助。此恩此德，不知所以报之，计惟有刻诸肺腑，没世不忘而已。……妹来时曾有信与家兄，言明妹此次北来，最迟不过二三年即归。婚事一节，由伊等提议，听妹处裁。至受聘迟早，妹不敢执拗，但必俟妹得一正式毕业，方可成礼。盖妹原知家人素疑妹持单独主义，故先剖明心迹以释其疑，今反生意外之论，实非妹之所能料。若谓妹频年读书费用浩繁，将来伊于胡底，此则故设难词以制我耳。盖吾家虽不敢谓富裕，而每年所入亦足敷

> 衍。妹年中所耗不过二三百金，何得谓为过分？况此乃先人遗产，兄弟辈既可随意支用，妹读书求学乃理正言顺之事，反谓多余，揆之情理，岂得谓平耶？静思其故，盖家兄为人惜财如璧，且又不喜女子读书，故生此闲论耳。……

李超说，“此乃先人遗产，兄弟辈既可随意支用，妹读书求学乃理正言顺之事，反谓多余，揆之情理，岂得谓平耶？”这几句话便是她杀身的祸根。谁叫她做一个女子！既做了女子，自然不配支用“先人遗产”来做“理正言顺之事”！

李超到京不够半年，家中吵闹得不成样子。伯援十一月六号来信说：

> ……七嫂于中秋前出来住数天，因病即返乡。渠因与甫兄口角成仇，赌气出来。渠数月来甚与甫兄反目，其原因一为亚凤（极甫之妾），一为吾妹。凤之不良，悉归咎于鸿嫂，而鸿嫂欲卖去之，甫兄又不许，近且宠之，以有孕故也。前月五叔病，钧姊宁省，欲为渠三人解释嫌恨，均未达目的，三宿即返。返时鸿嫂欣然送别，嘱钧姊勿念，渠自能自慰自解，不复愁闷。九姑娘（即李超）处，渠典当金器亦供渠卒业，请寄函渠，勿激气云云。是夕渠于夜静悬梁自缢，幸副姐闻吹气声，即起呼救，得免于危。……
>
> 甫兄对于妹此行，其恶益甚，声称一钱不寄，尽妹所为，不复追究。渠谓妹动以先人为念一言为题，即先人尚在，妹不告即远行，亦未必不责备也。钧姐嘱妹自后来信千万勿提先人以触渠怒云。

这一封信，前面说她嫂嫂为了她的事竟至上吊寻死，后面说她哥哥不但不寄一钱，甚至于不准她妹妹提起“先人”两个字。李超接着这封信，也不知气得什么似的。后来不久她就病倒了，竟至吐血。到了八年春天，病势更重，医生说是肺病。那时她的死症已成。到八月就死了。

李超病中，她姊夫屡次写信劝她排解心事，保重身体。有一次信中，她姊丈说了一句极伤心的趣话。他说：“吾妹今日境遇与兄略同。所不同者，兄要用而无钱，妹则有钱而不得用。”李超“有钱而不得用”，以至于受种种困苦艰难，以至于病，以至于死，……这是谁的罪过？……这是什么制度的罪过？

李超死后，一切身后的事都靠她的同乡区君谌，陈君瀛等料理。她家中哥嫂连信都不寄一封。后来还是她的好姊夫欧君替她还债。李超的棺材现在还停在北京一个破庙里，她家中也不来过问。现在她哥哥的信居然来了。信上说他妹子“至死不悔，死有余辜”！

以上是李超的传完了。我替这一个素不相识的可怜女子作传，竟做了六七千字，要算中国传记里一篇长传。我为什么要用这么多的工夫做她的传呢？因为她的一生遭遇可以用做无量数中国女子的写照，可以用做中国家庭制度的研究资料，可以用做研究中国女子问题的起点，可以算做中国女权史上的一个重要牺牲者。我们研究她的一生，至少可以引起这些问题：

（一）家长族长的专制　“尔五叔为族中之最尊长者，二伯娘为族中妇人之最长者。若不禀报而行，恐于理不合。”诸位读这几句话，发生什么感想？

（二）女子教育问题　“侬等祖先为乡下人，所有远近乡邻女子，并未曾有人开远游求学之先河。今尔若孑身先行，事属罕见创举。乡党之人必多指摘非议。”“举廷五叔及甫弟等均以为女子读书稍明数字便得。”诸位读这些话，又发生什么感想？

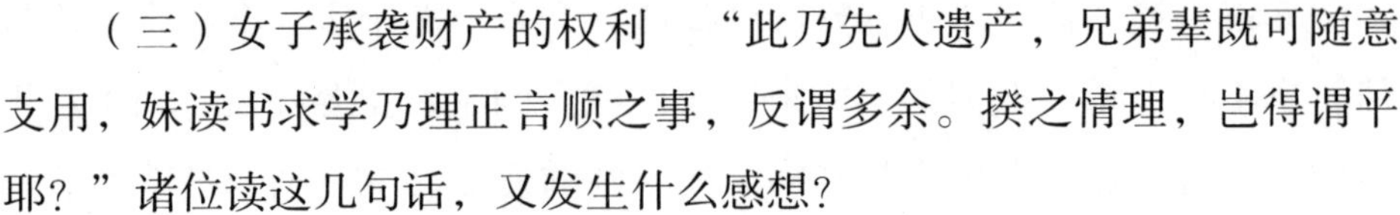

（三）女子承袭财产的权利　“此乃先人遗产，兄弟辈既可随意支用，妹读书求学乃理正言顺之事，反谓多余。揆之情理，岂得谓平耶？”诸位读这几句话，又发生什么感想？

（四）有女不为有后的问题　《李超传》的根本问题，就是女子不能算为后嗣的大问题。古人为大宗立后，乃是宗法社会的制度。后来不但大宗，凡是男子无子，无论有无女儿，都还要承继别人的儿子为后。即如李超的父母，有了李超这样的一个好女儿，依旧不能算是有后，必须承继一个“全无心肝”的侄儿为后。诸位读了这篇传，对于这种制度，该发生什么感想？

民国八年十二月

吴敬梓传

我们安徽的第一个大文豪，不是方苞，不是刘大櫆，也不是姚鼐，是全椒县的吴敬梓。

吴敬梓，字敏轩，一字文木。他生于清康熙四十年，死于乾隆十九年（一七〇一至一七五四）。他生在一个很阔的世家，家产很富；但是他瞧不起金钱，不久就成了一个贫士。后来他贫的不堪，甚至于几日不能得一饱。那时清廷开博学鸿词科，安徽巡抚赵国麟荐他应试，他不肯去。从此，“乡试也不应，科岁也不考，逍遥自在，做些自己的事”。后来死在扬州，年纪只有五十四岁。

他生平的著作有《文木山房诗集》七卷，文五卷（据金和《〈儒林外史跋〉》）；《诗说》七卷（同）；又《儒林外史》小说一部（程晋芳《吴敬梓传》作五十卷，金跋作五十五卷，天目山樵评本五十六卷，齐省堂本六十卷）。据金和跋，他的诗文集和《诗说》都不曾付刻。只有《儒林外史》流传世间，为近世中国文学的一部杰作。

他的七卷诗，都失传了。王又曾（毂原）《丁辛老屋集》里曾引他

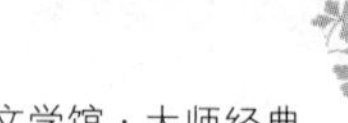

两句诗："如何父师训，专储制举材。"这两句诗的口气，见解，都和他的《儒林外史》是一致的。程晋芳《拜书亭稿》也引他两句："遥思二月秦淮柳，蘸露拖烟委麴尘。"——可以想见他的诗文集里定有许多很好的文字。只可惜那些著作都不传了，我们只能用《儒林外史》来作他的传的材料。

《儒林外史》这部书所以能不朽，全在他的见识高超，技术高明。这书的"楔子"一回，借王冕的口气，批评明朝科举用八股文的制度道："将来读书人既有此一条荣身之路，把那文行出处都看得轻了"。这是全书的宗旨。

书里的马二先生说：

> 举业二字是从古及今，人人必要做的。就如孔子生在春秋时候，那时用"言扬行举"做官；故孔子只讲得个"言寡尤，行寡悔，禄在其中"：这便是孔子的举业。……到唐朝用诗赋取士，他们若讲孔孟的话，就没有官做了。……到本朝用文章取士，就是夫子在而今也要念文章，做举业，断不讲那"言寡尤，行寡悔"的话。何也？就日日讲"言寡尤，行寡悔"，那个给你官做？孔子的道，也就不行了。

这一段话句句是恭维举业，其实句句是痛骂举业。末卷表文所说："夫萃天下之人才而限制于资格，则得之者少，失之者多。"正是这个道理。国家天天挂着孔孟的招牌，其实不许人"说孔孟的话"，也不要人实行孔孟的教训，只要人念八股文，做试帖诗；其余的"文行出处"都可以不讲究，讲究了又"那个给你官做？"不给你官做，便是专制君主困死人才的唯一妙法。要想抵制这种恶毒的牢笼，只有一个法子：就是提倡一种新社会心理，叫人知道举业的丑态，知道官的丑态；叫人觉得

“人”比“官”格外可贵，学问比八股文格外可贵，人格比富贵格外可贵。社会上养成了这种心理，就不怕皇帝“不给你官做”的毒手段了。

一部《儒林外史》的用意只是要想养成这种社会心理。看他写周进、范进那样热中的可怜，看他写严贡生、严监生那样贪吝的可鄙，看他写马纯上那样酸，匡超人那样辣。又看他反过来写一个做戏子的鲍文卿那样可敬，一个武夫萧云仙那样可爱。再看他写杜少卿、庄绍光、虞博士诸人的学问人格那样高出八股功名之外。——这种见识，在二百年前，真是可惊可敬的了！

程晋芳做的《吴敬梓传》里说他生平最恨做时文的人；时文做得越好的人，他痛恨他们也越利害。《儒林外史》痛骂八股文人，有几处是容易看得出的，不用我来指出。我单举两处平常人不大注意的地方：

第三回写范进的文章，周学台看了三遍之后才晓得是“天地间之至文，真乃一字一珠！”

第四回写范进死了母亲，去寻汤知县打秋风，汤知县请他吃饭，用的是银镶杯箸，范举人因为居丧不肯举杯箸；汤知县换了磁杯象牙箸来，他还不肯用。“汤知县疑惑他居丧如此尽礼，倘或不用荤酒，却是不曾备办；后来看见他在燕窝碗里拣了一个大虾元送在嘴里，方才放心！”

这种绝妙的文学技术，绝高的道德见解，岂是姚鼐、方苞一流人能梦见的吗？

最妙的是写汤知县，范进，张静斋三人的谈话：

> 张静斋道：“想起洪武年间刘老先生——”
>
> 汤知县道：“那个刘老先生？”
>
> 静斋道：“讳基的了。他是洪武三年开科的进士，‘天下有道’三句中的第五名。”

范进插口道："想是第三名？"

静斋道："是第五名！那墨卷是弟读过的。后来入了翰林，洪武私行到他家，恰好江南张王送了他一坛小菜，当面打开看，都是些瓜子金，洪武圣上恼了，把刘老先生贬为青田县知县，又用毒药摆死了。"汤知县见他说的"口若悬河"，又是本朝确切的典故，不由得不信！

这一段话写两个举人和一个进士的"博雅"，写时文大家的学问，真可令人绝倒。这又岂是方苞、姚鼐一流人能梦见的吗？

这一篇短传里，我不能细评《儒林外史》全书了。这一部大书，用一个做裁缝的荆元做结束。这个裁缝每日做工有余下的工夫，就弹琴写字，也极欢喜做诗。朋友问他道："你既要做雅人，为什么还要做你这贵行？何不同学校里人相与相与？"他道："我也不是要做雅人。只为性情相近，故此时常学学。至于我们这个贱行，是祖父遗留下来的，难道读书识字做了裁缝就玷污了不成？况且那些学校里的朋友，他们另有一番见识，怎肯和我相与？我而今每日寻得六七分银子，吃饱了饭，要弹琴，要写字，诸事都由得我。我又不贪图人的富贵，又不伺候人的颜色；天不收，地不管，倒不快活！"

这是真自由，真平等，——这是我们安徽的一个大文豪吴敬梓想要造成的社会心理。

九，四，八

本传附录

以下四种附录都是从程晋芳的集子里抄出来的。程晋芳字鱼门，是程廷祚（绵庄）的族侄孙。程绵庄即是《儒林外史》的庄绍光，程鱼门大概即是他的侄子庄濯江（名洁）。我本想替《儒林外史》做一篇考证，不幸我病了，不能做文章，只能把这篇旧传来充数。手边恰巧有程鱼门的集子，就叫我的侄儿们抄出这几篇做附录，要使人知道《儒林外史》的考证材料并不十分难寻。程鱼门还有吊冯粹中（即马纯上）的诗，又有吊朱草衣（即牛布衣）的诗，也都可用作材料，但与本传无关，放不抄了。

一 《吴敬梓传》

程晋芳

先生姓吴氏，讳敬梓，字敏轩，一字文木，全椒人。世望族，科第仕宦多显者。

先生生而颖异，读书才过目，辄能背诵。稍长，补学官弟子员。袭父祖业，有二万余金；素不习治生，性复豪上，遇贫即施，偕文士辈往还，倾酒歌呼，穷日夜，不数年而产尽矣。

安徽巡抚赵公国麟闻其名，招之试，才之，以博学鸿词荐，竟不赴廷试，亦自此不应乡举，而家益以贫。乃移居江城东之大中桥，环堵萧然，拥故书数十册，日夕自娱。穷极，则以书易米。或冬日苦寒，无酒食，邀同好汪京门，樊圣□辈五六人，乘月出城南门，绕城堞行数十里，歌吟啸呼，相与应和，逮明，入水西门，各大笑散去，夜夜如是，谓之“暖足”。

余族伯祖丽山先生与有姻连，时周之。方秋，霖潦三四日，族祖告诸子曰：“比日城中米奇贵，不知敏轩作何状。

可持米三斗，钱二千，往视之。”至，则不食二日矣。然先生得钱，则饮酒歌呶，未尝为来日计。

其学尤精，文选诗赋，援笔立成，夙构者莫之为胜。辛酉壬戌间，延至余家，与研诗赋，相赠答，惬意无间。而性不耐久客，不数月，别去。

生平见才士，汲引如不及。独嫉时文士如仇；其尤工者，则尤嫉之。余恒以为过，然莫之能禁。缘此，所遇益穷。

与余族祖绵庄为至契。绵庄好治经，先生晚年亦好治经，曰，“此人生立命处也。”

岁甲戌，与余遇于扬州，知余益贫，执余手以泣曰，“子亦到我地位，此境不易处也，奈何！”

余返淮，将解缆，先生登船言别，指新月谓余曰，“与子别后，会不可期。即景悢悢，欲构句相赠，而涩于思，当俟异日耳。”时十月七日也。又七日而先生殁矣。先数日，裒囊中余钱，召友朋酣饮。醉，辄诵樊川“人生只合扬州死”之句，而竟如所言，异哉。

先是，先生子烺已官内阁中书舍人，其同年王又曾毂原适客扬，告转运使卢公，殓而归其殡于江宁。盖享年五十有四。

所著有《文木山房集》，《诗说》若干卷；又仿唐人小说为《儒林外史》五十卷，穷极文士情态，人争传写之。

子三人，长即烺也，今官宁武府同知。

论曰，余生平交友，莫贫于敏轩。抵淮访余，检其橐，笔砚都无，余曰，“此吾辈所倚以生，可暂离耶？”敏轩笑曰，“吾胸中自有笔墨，不烦是也。”其流风余韵，足以掩映一时。窒其躬，传其学，天之于敏轩，倘意别有在，未可以流俗好尚测之也。

二　怀人诗十八首之一

程晋芳《春帆集》

寒花无冶姿，贫士无欢颜。
嗟嗟吴敏轩，短褐不得完。
家世盛华缨，落魄中南迁。
偶游淮海间，设帐依空园。
飕飕窗纸响，槭槭庭树喧。
山鬼忽调笑，野狐来说禅。
心惊不得寐，归去澄江边。
白门三日雨，灶冷囊无钱。
逝将乞食去，亦且赁舂焉。
《外史》纪儒林，刻画何工妍！
吾为斯人悲，竟以稗说传！

三　寄怀严东有三首之一

程晋芳《白门春雨集》

敏轩生近世，而抱六代情。
风雅慕建安，斋栗怀昭明。
囊无一钱守，腹作干雷鸣。
时时坐书牖，发咏惊鹂庚。
阿郎虽得官，职此贫更增。

近闻典衣尽，灶突无烟青。
频蜡雨中屐，晨夕退良明。
孤棹驶烟水，杂花拗芬馨。
惟君与独厚，过从欣频仍。
酌酒破愁海，觅句镂寒冰。
西窗应念我，余话秋灯青。

四　哭吴敏轩

程晋芳《拜书亭稿》

三年别意语缠绵，记得维舟水驿前。
转眼讵知成永诀，拊膺直欲问苍天。
生耽白下残烟景，死恋扬州好墓田。
涂殡匆匆谁料理？可怜犹剩典衣钱！
沈醉炉边落拓身，从教吟鬓染霜新。
惜君才思愁君老，感我行藏虑我贫。
曾拟篇章为社侣，空将鸡黍问陈人。
板桥倦柳丝丝在，谁倚春风咏麹尘？
促膝闲窗雨洒灯，重寻欢宴感偏增。
艳歌蛱蝶情何远？散录云仙事可征。
身后茅堂余破漏，当年丹篆想飞腾。
过江寒浪连天白，忍看灵车指秣陵。

民国九年十一月

四十自述

序幕　我的母亲的订婚

1

太子会[①]是我们家乡秋天最热闹的神会，但这一年的太子会却使许多人失望。

神伞一队过去了。都不过是本村各家的绫伞，没有什么新鲜花样。去年大家都说，恒有绸缎庄预备了一顶珍珠伞。因为怕三先生说话，故今年他家不敢拿出来。

昆腔今年有四队，总算不寂寞。昆腔子弟都穿着“半截长衫”，上身是白竹布，下半是湖色杭绸。每人小手指上挂着湘妃竹柄的小纨扇，

① 太子会是皖南很普遍的神会，据说太子神是唐朝安史之乱时保障江淮的张巡、许远。何以称“太子”，现在还没有满意的解释。

吹唱时纨扇垂在笙笛下面摇摆着。

扮戏今年有六出，都是“正戏”，没有一出花旦戏。这也是三先生的主意。后村的子弟本来要扮一出《翠屏山》，也因为怕三先生说话，改了《长坂坡》。其实七月的日光底下，甘糜二夫人脸上的粉已被汗洗光了，就有潘巧云也不会怎样特别出色。不过看会的人的心里总觉得后村很漂亮的小棣没有扮潘巧云的机会，只扮作了糜夫人，未免太可惜了。

今年最扫兴的是没有扮戏的“抬阁”。后村的人早就练好了两架“抬阁”，一架是《龙虎斗》，一架是《小上坟》。不料三先生今年回家过会场，他说抬阁太高了，小孩子热天受不了暑气，万一跌下来，不是小事体。他极力阻止，抬阁就扮不成了。

粗乐和昆腔一队一队的过去了。扮戏一出一出的过去了。接着便是太子的神轿。路旁的观众带着小孩的，都喊道，“拜呵！拜呵！”许多穿着白地蓝花布褂的男女小孩都合掌拜揖。

神轿的后面便是拜香的人！有的穿着夏布长衫，捧着炷香；有的穿着短衣，拿着香炉挂，炉里烧着檀香。还有一些许愿更重的，今天来“吊香”还愿；他们上身穿着白布褂，扎着朱青布裙，远望去不容易分别男女。他们把香炉吊在铜钩上，把钩子钩在手腕肉里，涂上香灰，便可不流血。今年吊香的人很多，有的只吊在左手腕上，有的双手都吊；有的只吊一个小香炉，有的一只手腕上吊着两个香炉。他们都是虔诚还愿的人。悬着挂香炉的手腕，跟着神轿走多少里路，虽然有自家人跟着打扇，但也有半途中了暑热走不动的。

冯顺弟搀着她的兄弟，跟着她的姑妈，站在路边石磴上看会。她今年十四岁了，家在十里外的中屯，有个姑妈嫁在上庄，今年轮着上庄做会，故她的姑丈家接她姊弟来看会。

她是个农家女子，从贫苦的经验里得着不少的知识，故虽是十四岁的女孩儿，却很有成人的见识。她站在路旁听着旁人批评今年的神会，句句总带着三先生。“三先生今年在家过会，可把会弄糟了。”“可不是呢，抬阁也没有了。”“三先生还没有到家，八都的鸦片烟馆都关门了，赌场也都不敢开了。七月会场上没有赌场，又没有烟灯，这是多年没有的事。”

看会的人，你一句，他一句，顺弟都听在心里。她心想，三先生必是一个了不得的人，能叫赌场烟馆都不敢开门。

会过完了，大家纷纷散了。忽然她听见有人低声说，“三先生来了！”她抬起头来，只见路上的人都纷纷让开一条路；只听见许多人都叫“三先生”。

前面走来了两个人。一个高大的中年人，面容紫黑，有点短须，两眼有威光，令人不敢正眼看他；他穿着苎布大袖短衫，苎布大脚管的裤子，脚下穿着苎布鞋子，手里拿着一杆旱烟管。和他同行的是一个老年人，瘦瘦身材，花白胡子，也穿着短衣，拿着旱烟管。

顺弟的姑妈低低说，“那个黑面的，是三先生；那边是月吉先生，他的学堂就在我们家的前面。听人说三先生在北边做官，走过了万里长城，还走了几十日，都是没有人烟的地方，冬天冻杀人，夏天热杀人；冬天冻塌鼻子，夏天蚊虫有苍蝇那么大。三先生肯吃苦，不怕日头不怕风，在万里长城外住了几年，把脸晒的像包龙图一样。”

这时候，三先生和月吉先生已走到她们面前，他们站住说了一句话，三先生独自下坡去了；月吉先生却走过来招呼顺弟的姑妈，和她们同行回去。

月吉先生见了顺弟，便问道，“灿嫂，这是你家金灶舅的小孩子吗？”

“是的。顺弟，诚厚，叫声月吉先生。”

月吉先生一眼看见了顺弟脑后的发辫，不觉喊道，“灿嫂，你看这姑娘的头发一直拖到地！这是贵相！是贵相！许了人家没有？”

这一问把顺弟羞的满脸绯红，她牵着她弟弟的手往前飞跑，也不顾她姑妈了。

她姑妈一面喊，“不要跌了！”回头对月吉先生说，“还不曾许人家。这孩子很稳重，很懂事。我家金灶哥总想许个好好人家，所以今年十四岁了，还不曾许人家。”

月吉先生说，“你开一个八字给我，我给她排排看。你不要忘了。”

他到了自家门口，还回过头来说：“不要忘记，叫灿哥抄个八字给我。”

2

顺弟在上庄过了会场，她姑丈送她姐弟回中屯去。七月里天气热，日子又长，他们到日头快落山时才起身，走了十里路，到家时天还没全黑。

顺弟的母亲刚牵了牛进栏，见了他们，忙着款待姑丈过夜。

“爸爸还没有回来吗？”顺弟问。

“姊姊，我们去接他。”姊姊和弟弟不等母亲回话，都出去了。

他们到了村口，远远望见他们的父亲挑着一担石头进村来。他们赶上去喊着爸爸，姊姊弟弟每人从挑子里拿了一块石头，捧着跟他走。他挑到他家的旧屋基上，把石子倒下去，自己跳下去，把石子铺平，才上来挑起空担回家去。

顺弟问，“这是第三担了吗？”

她父亲点点头，只问他们看的会好不好，戏好不好，一同回家去。

顺弟的父亲姓冯，小名金灶。他家历代务农，辛辛苦苦挣起了一点点小产业，居然有几亩自家的田，一所自家的屋。金灶十三四岁的时候，长毛贼到了徽州，中屯是绩溪北乡的大路，整个村子被长毛烧成平地。金灶的一家老幼都被杀了，只剩他一人，被长毛掳去。长毛军中的小头目看这个小孩子有气力，能吃苦，就把他脸上刺了“太平天国”四个蓝字，叫他不能逃走。军中有个裁缝，见这个小孩子可怜，收他做徒弟，叫他跟着学裁缝。金灶学了一手好裁缝，在长毛营里混了几年，从绩溪跟到宁国、广德，居然被他逃走出来。但因为面上刺了字，捉住他的人可以请赏，所以他不敢白日露面。他每日躲在破屋场里，挨到夜间，才敢赶路。他吃了种种困苦，好容易回到家乡，只寻得一片焦土，几座焦墙，一村的丁壮留剩的不过二三十人。

金灶是个肯努力的少年，他回家之后，寻出自家的荒田，努力耕种。有余力就帮人家种田，做裁缝。不上十年，他居然修葺了村里一间未烧完的砖屋，娶了一个妻子。夫妻都能苦做苦吃，渐渐有了点积蓄，渐渐挣起了一个小小的家庭。

他们头胎生下一个女儿。在那大乱之后，女儿是不受欢迎的，所以她的名字叫做顺弟，取个下胎生个弟弟的吉兆。隔了好几年，果然生了一个儿子，他们都很欢喜。

金灶为人最忠厚；他的裁缝手艺在附近村中常有雇主，人都说他诚实勤谨。外村的人都尊敬他，叫他金灶官。

但金灶有一桩最大的心愿，他总想重建他祖上传下来，被长毛烧了的老屋。他一家人都被杀完了，剩下他这一个人，他觉得天留他一个人是为中兴他的祖业的。他立下了一个誓愿：要在老屋基上建造起一所更大又更讲究的新屋。

他费了不少功夫，把老屋基扒开，把烧残砖瓦拆扫干净，准备重新垫起一片高地基，好在上面起造一所高爽干燥的新屋。他每日天未明就

起来了；天刚亮，就到村口溪头去拣选石子，挑一大担回来，铺垫地基。来回挑了三担之后，他才下田去做工；到了晚上歇工时，他又去挑三担石子，才吃晚饭。农忙过后，他出村帮人家做裁缝，每天也要先挑三担石子，才去上工；晚间吃了饭回来，又要挑三担石子，才肯休息。

这是他的日常功课，家中的妻子女儿都知道他的心愿，女流们不能帮他挑石头，又不能劝他休息，劝他也没有用处。有时候，他实在疲乏了，挑完石子回家，倒在竹椅上吸旱烟，眼望着十几岁的女儿和几岁的儿子，微微叹一口气。

顺弟是已懂事的了，她看见她父亲这样辛苦做工，她心里好不难过。她常常自恨不是个男子，不能代她父亲下溪头去挑石头。她只能每日早晚到村口去接着她父亲，从他的担子里捧出一两块石头来，拿到屋基上，也算是分担了他的一点辛苦。

看看屋基渐渐垫高了，但砖瓦木料却全没有着落。高敞的新屋还只存在她一家人的梦里。顺弟有时做梦，梦见她是个男子，做了官回家看父母，新屋早已造好了，她就在黑漆的大门外下轿。下轿来又好像做官的不是她，是她兄弟。

3

这一年，顺弟十七岁了。

一天的下午，金灶在三里外的张家店做裁缝，忽然走进了一个中年妇人，叫声“金灶舅”。他认得她是上庄的星五嫂，她娘家离中屯不远，所以他从小认得她。她是三先生的伯母，她的丈夫星五先生也是八都的有名绅士，所以人都叫她“星五先生娘”。

金灶招呼她坐下。她开口道：“巧极了，我本打算到中屯看你去，走到了张家店，才知道你在这里做活。巧极了。金灶舅，我来寻你，是想开你家顺弟的八字。”

金灶问是谁家。

星五先生娘说：“就是我家大侄儿三哥。”

“三先生？”

“是的，三哥今年四十七，前头讨的七都的玉环，死了十多年了。玉环生下了儿女一大堆，——三个儿子，三个女儿，——现在都长大了。不过他在外头做官，没有个家眷，实在不方便。所以他写信来家，要我们给他定一头亲事。”

金灶说，“我们种田人家的女儿那配做官太太？这件事不用提。”

星五先生娘说：“我家三哥有点怪脾气。他今年写信回来，说，一定要讨一个做庄稼人家的女儿。”

“什么道理呢？”

“他说，做庄稼人家的人身体好，不会像玉环那样痨病鬼。他又说，庄稼人家晓得艰苦。”

金灶说：“这件事不会成功的。一来呢，我们配不上做官人家。二来，我家女人一定不肯把女儿给人做填房。三来，三先生家的儿女都大了，他家大儿子大女儿都比顺弟大好几岁，这样人家的晚娘是不容易做的。这个八字不用开了。”

星五先生娘说：“你不要客气。顺弟很稳重，是个有福气的人。金灶舅，你莫怪我直言，顺弟今年十七岁了，眼睛一映，二十岁到头上，你那里去寻一个青头郎？填房有什么不好？三哥信上说了，新人过了门，他就要带上任去。家里的儿女，大女儿出嫁了；大儿子今年做亲，留在家里；二女儿是从小给了人家了；三女儿也留在家里。将来在任上只有两个双胞胎的十五岁小孩子，他们又都在学堂里。这个家也没有什么难照应。”

金灶是个老实人，他也明白她的话有驳不倒的道理。家乡风俗，女儿十三四岁总得定亲了。十七八岁的姑娘总是做填房的居多。他们夫妇因为疼爱顺弟，总想许个念书人家，所以把她耽误了。这是他们做父母的说不出的心事。所以他今天很有点踌躇。

星五先生娘见他踌躇，又说道："金灶舅，你不用多心。你回去问问金灶舅母，开个八字。我今天回娘家去，明朝我来取。八字对不对，辰肖合不合，谁也不知道。开个八字总不妨事。"

金灶一想，开个八字诚然不妨事，他就答应了。

这一天，他从张家店回家，顺弟带了弟弟放牛去了，还没有回来。他放下针线包和熨斗，便在门里板凳上坐下来吸旱烟。他的妻子见他有心事的样子，忙过来问他。他把星五嫂的话对她说了。

她听了大生气，忙问，"你不曾答应她开八字？"

他说，"我说要回家商量商量。不过开个八字给他家，也不妨事。"

她说，"不行。我不肯把女儿许给快五十岁的老头子。他家儿女一大堆，这个晚娘不好做。做官的人家看不起我们庄稼人家的女儿，将来让人家把女儿欺负煞，谁来替我们伸冤？我不开八字。"

他慢吞吞的说，"顺弟今年十七岁了，许人家也不容易。三先生是个好人。——"

她更生气了，"是的，都是我的不是。我不该心高，耽误了女儿的终身。女儿没有人家要了，你就想送给人家做填房，做晚娘。做填房也可以，三先生家可不行。他家是做官人家，将来人家一定说我们贪图人家有势力，把女儿卖了，想换个做官的女婿。我背不起这个恶名。别人家都行，三先生家我不肯。女儿没人家要，我养她一世。"

他们夫妻吵了一场，后来金灶说，"不要吵了。这是顺弟自家的事，吃了夜饭，我们问问她自己。好不好？"她也答应了。

晚饭后，顺弟看着兄弟睡下，回到菜油灯下做鞋。金灶开口说，

“顺弟，你母亲有句话要问你。”

顺弟抬起头来，问妈有什么话。她妈说，“你爸爸有话问你，不要朝我身上推。”

顺弟看她妈有点气，不知道是怎么一回事，只好问爸爸。她爸对她说，“上庄三先生要讨个填房，他家今天叫人来开你的八字。你妈嫌他年纪太大，四十七岁了，比你大三十岁，家中又有一大堆儿女。晚娘不容易做，我们怕将来害了你一世，所以要问问你自己。”

他把今天星五嫂的话说了一遍。

顺弟早已低下头去做针线，半晌不肯开口。她妈也不开口。她爸也不说话了。

顺弟虽不开口，心里却在那儿思想。她好像闭了眼睛，看见她的父亲在天刚亮的时候挑着一大担石头进村来；看见那大块屋基上堆着他一担一担的挑来的石头；看见她父亲晚上坐在黑影地里沉思叹气。一会儿，她又仿佛看见她做了官回来，在新屋的大门口下轿。一会儿，她的眼前又仿佛现出了那紫黑面孔，两眼射出威光的三先生。……

她心里这样想：这是她帮她父母的机会到了。做填房可以多接聘金。前妻儿女多，又是做官人家，聘金财礼总应该更好看点。她将来总还可以帮她父母的忙。她父亲一生梦想的新屋总可以成功。……三先生是个好人，人人都敬重他，只有开赌场烟馆的人怕他恨他。……

她母亲说话的声音打断了她的思想。她妈说，“对了我们，有什么话不好说？你说罢！”

顺弟抬起眼睛来，见她爸妈都望着她自己。她低下头去，红着脸说道：“只要你们俩都说他是个好人，请你们俩作主。”她接着又加上一句话，“男人家四十七岁也不能算是年纪大。”

她爸叹了一口气。她妈可气的跳起来了，忿忿的说，“好呵！你想做官太太了！好罢！听你情愿罢！”

顺弟听了这句话，又羞又气，手里的鞋面落在地上，眼泪直滚下来。她拾起鞋面，一声不响，走到她房里去哭了。

经过了这一番家庭会议之后，顺弟的妈明白她女儿是愿意的了，她可不明白她情愿卖身来帮助爹妈的苦心，所以她不指望这门亲事成功。

她怕开了八字去，万一辰肖相合，就难回绝了；万一八字不合，旁人也许要笑她家高攀不上做官人家。她打定主意，要开一张假八字给媒人拿去。第二天早晨，她到祠堂蒙馆去，请先生开一个庚帖，故意错报了一天生日，又错报了一个时辰。先生翻开《万年历》，把甲子查明写好，她拿回去交给金灶。

那天下午，星五先生娘到张家店拿到了庚帖，高兴的很。回到了上庄，她就去寻着月吉先生，请他把三先生和她的八字排排看。

月吉先生看了八字，问是谁家女儿。

“中屯金灶官家的顺弟。”

月吉先生说，“这个八字开错了。小村乡的蒙馆先生连官本（俗称历书为官本）也不会查，把八个字抄错了四个字。”

星五先生娘说，“你怎么知道八字开错了？”

月吉先生说，“我算过她的八字，所以记得。大前年村里七月会，我看见这女孩子，她不是灿嫂的侄女吗？圆圆面孔，有一点雀斑，头发很长，是吗？面貌并不美，倒稳重的很，不像个庄稼人家的孩子。我那时问灿嫂讨了她的八字来算算看。我算过的八字，三五年不会忘记的。”

他抽开书桌的抽屉，寻出一张字条来，说，“可不是呢？在这里了。”他提起笔来，把庚帖上的八字改正，又把三先生的八字写出。他排了一会，对星五先生娘说，“八字是对的，不用再去对了。星五嫂，你的眼力不差，这个人配得上三哥。相貌是小事，八字也是小事，金灶官家的规矩好。你明天就去开礼单。三哥那边，我自己写信去。”

过了两天，星五先生娘到了中屯，问金灶官开“礼单”。她埋怨道，“你们村上的先生不中用，把八字开错了，几乎误了事。”

金灶嫂心里明白，问谁说八字开错了的。星五先生娘一五一十的把月吉先生的话说了。金灶夫妻都很诧异，他们都说，这是前世注定的姻缘。金灶嫂现在也不反对了。他们答应开礼单，叫她隔几天来取。

冯顺弟就是我的母亲，三先生就是我的父亲铁花先生。在我父亲的日记上，有这样几段记载：

[光绪十五年（一八八九）二月] 十六日，行五十里，抵家。……

二十一日，遣媒人订约于冯姓，择定三月十二日迎娶。……

三月十一日，遣舆诣七都中屯迎娶冯氏。

十二日，冯氏至。行合卺礼。谒庙。

十三日，十四日，宴客。……

四月初六日，往中屯，叩见岳丈岳母。

初七日，由中屯归。……

五月初九日，起程赴沪，天雨，行五十五里，宿旌之新桥。

十九，六，廿六

一　九年的家乡教育

1

我生在光绪十七年十一月十七日（一八九一年十二月十七），那时候我家寄住在上海大东门外。我生后两个月，我父亲被台湾巡抚邵友濂调往台湾；江苏巡抚奏请免调，没有效果。我父亲于十八年二月底到台湾，我母亲和我搬到川沙住了一年。十九年（一八九二）二月二十六日我们一家（我母，四叔介如，二哥嗣秬，三哥嗣秠）也从上海到台湾。我们在台南住了十个月。十九年五月，我父亲做台东直隶州知州，兼统镇海后军各营。台东是新设的州，一切草创，故我父不带家眷去。到十九年底，我们才到台东。我们在台东住了整一年。

甲午（一八九四）中日战事开始，台湾也在备战的区域，恰好介如四叔来台湾，我父亲便托他把家眷送回徽州故乡，只留二哥嗣秬跟着他在台东。我们于乙未年（一八九五）正月离开台湾，二月初十日从上海起程回绩溪故乡。

那年四月，中日和议成，把台湾割让给日本。台湾绅民反对割台，要求巡抚唐景崧坚守。唐景崧请西洋各国出来干涉，各国不允。台人公请唐为台湾民主国大总统，帮办军务刘永福为主军大总统。我父亲在台东办后山的防务，电报已不通，饷源已断绝。那时他已得脚气病，左脚已不能行动。他守到闰五月初三日，始离开后山。到安平时，刘永福苦苦留他帮忙，不肯放行。到六月廿五日，他双脚都不能动了。七月初三日他死在厦门，成为东亚第一个民主国的第一个牺牲者！

这时候我只有三岁零八个月。我仿佛记得我父死信到家时，我母亲正在家中老屋的前堂，她坐在房门口的椅子上。她听见读信人读到我父亲的死信，身子往后一倒，连椅子倒在房门槛上。东边房门口坐的珍伯母出放声大哭起来。一时满屋都是哭声，我只觉得天地都翻覆了！我只仿佛记得这一点凄惨的情状，其余都不记得了。

2

我父亲死时，我母亲只有二十三岁。我父初娶冯氏，结婚不久便遭太平天国之乱，同治二年（一八六三）死在兵乱里。次娶曹氏，生了三个儿子，三个女儿，死于光绪四年（一八七八）。我父亲因家贫，又有志远游，故久不续娶。到光绪十五年（一八八九），他在江苏候补，生活稍稍安定，才续娶我的母亲。我母亲结婚后三天，我的大哥嗣稼也娶亲了。那时我的大姊已出嫁生了儿子。大姊比我母亲大七岁。大哥比她大两岁。二姊是从小抱给人家的。三姊比我母亲小三岁，二哥、三哥（孪生的）比她小四岁。这样一个家庭里忽然来了一个十七岁的后母，她的地位自然十分困难，她的生活自然免不了苦痛。

结婚后不久，我父亲把她接到了上海同住。她脱离了大家庭的痛苦，我父又很爱她，每日在百忙中教她认字读书，这几年的生活是很快乐的。我小时也很得我父亲钟爱，不满三岁时，他就把教我母亲的红纸方字教我认。父亲作教师，母亲便在旁作助教。我认的是生字，她便借此温她的熟字。他太忙时，她就是代理教师。我们离开台湾时，她认得了近千字，我也认了七百多字。这些方字都是我父亲亲手写的楷字，我母亲终身保存着，因为这些方块红笺上都是我们三个人的最神圣的团居生活的记念。

我母亲二十三岁就做了寡妇，从此以后，又过了二十三年。这二十三年的生活真是十分苦痛的生活，只因为还有我这一点骨血，她含辛茹苦，把全副希望寄托在我的渺茫不可知的将来，这一点希望居然使

她挣扎着活了二十三年。

我父亲在临死之前两个多月，写了几张遗嘱，我母亲和四个儿子每人各有一张，每张只有几句话。给我母亲的遗嘱上说穈儿（我的名字叫嗣穈，字音门）天资颇聪明，应该令他读书。给我的遗嘱也教我努力读书上进。这寥寥几句话在我的一生很有重大的影响。我十一岁的时候，二哥和三哥都在家，有一天我母亲问他们道："穈今年十一岁了。你老子叫他念书。你们看看他念书念得出吗？"二哥不曾开口，三哥冷笑道："哼，念书！"二哥始终没有说什么。我母亲忍气坐了一会，回到了房里才敢掉眼泪。她不敢得罪他们，因为一家的财政权全在二哥的手里，我若出门求学是要靠他供给学费的。所以她只能掉眼泪，终不敢哭。

但父亲的遗嘱究竟是父亲的遗嘱，我是应该念书的。况且我小时很聪明，四乡的人都知道三先生的小儿子是能够念书的。所以隔了两年，三哥往上海医肺病，我就跟他出门求学了。

3

我在台湾时，大病了半年，故身体很弱。回家乡时，我号称五岁了，还不能跨一个七八寸高的门槛。但我母亲望我念书的心很切，故到家的时候，我才满三岁零几个月，就在我四叔父介如先生（名玠）的学堂里读书了。我的身体太小，他们抱我坐在一只高凳子上面。我坐上了就爬不下来，还要别人抱下来。但我在学堂并不算最低级的学生，因为我进学堂之前已认得近一千字了。

因为我的程度不算"破蒙"的学生，故我不须念《三字经》，《千字文》，《百家姓》，《神童诗》一类的书。我念的第一部书是我父亲自己编的一部四言韵文，叫做《学为人诗》，他亲笔抄写了给我的。这部书说的是做人的道理。我把开头几行抄在这里：

为人之道，在率其性。
子臣弟友，循理之正；
谨乎庸言，勉乎庸行；
以学为人，以期作圣。……

以下分说五伦。最后三节，因为可以代表我父亲的思想，我也抄在这里：

五常之中，不幸有变，
名分攸关，不容稍紊。
义之所在，身可以殉。
求仁得仁，无所尤怨。
古之学者，察于人伦，
因亲及亲，九族克敦；
因爱推爱，万物同仁。
能尽其性，斯为圣人。
经籍所载，师儒所述，
为人之道，非有他术：
穷理致知，返躬践实，
黾勉于学，守道勿失。

我念的第二部书也是我父亲编的一部四言韵文，名叫《原学》，是一部略述哲理的书。这两部书虽是韵文，先生仍讲不了，我也懂不了。

我念的第三部书叫做《律诗六钞》，我不记是谁选的了。三十多年来，我不曾重见这部书，故没有机会考出此书的编者；依我的猜测，似是姚鼐的选本，但我不敢坚持此说。这一册诗全是律诗，我读了虽不懂得，却背的很熟。至今回忆，却完全不记得了。

我虽不曾读《三字经》等书，却因为听惯了别的小孩子高声诵读，我也能背这些书的一部分，尤其是那五七言的《神童诗》，我差不多能从头背到底。这本书后面的七言句子，如

人心曲曲湾湾水，
世事重重叠叠山。

我当时虽不懂得其中的意义，却常常嘴上爱念着玩，大概也是因为喜欢那些重字双声的缘故。

我念的第四部书以下，除了《诗经》，就都是散文的了。我依诵读的次序，把这些书名写在下面：

（4）《孝经》。
（5）朱子的《小学》，江永集注本。
（6）《论语》。以下四书皆用朱子注本。
（7）《孟子》。
（8）《大学》与《中庸》（《四书》皆连注文读）。
（9）《诗经》，朱子《集传》本（注文读一部分）。
（10）《书经》，蔡沈注本（以下三书不读注文）。
（11）《易经》，朱子《本义》本。
（12）《礼记》，陈澔注本。

读到了《论语》的下半部，我的四叔父选了颍州府阜阳县的训导，要上任去了，就把家塾移交给族兄禹臣先生（名观象）。四叔是个绅董，常常被本族或外村请出去议事或和案子；他又喜欢打纸牌（徽州纸牌，每副一百五十五张），常常被明达叔公，映基叔，祝封叔，茂张叔等人邀出去打牌。所以我们的功课很松，四叔往往在出门之前，给我们"上一进书"，叫我们自己念；他到天将黑时，回来一趟，把我们的习字纸加了圈，放了学，才又出门去。

四叔的学堂里只有两个学生，一个是我，一个是四叔的儿子嗣秫，比我大几岁。嗣秫承继给瑜婶。（星五伯公的二子，珍伯瑜叔，皆无子，我家三哥承继珍伯，秫哥承继瑜婶。）她很溺爱他，不肯管束他，故四叔一走开，秫哥就溜到灶下或后堂去玩了（他们和四叔住一屋，学堂在这屋的东边小屋内）。我的母亲管的严厉，我又不大觉得念书是苦事，故我一个人坐在学堂里温书念书，到天黑才回家。

禹臣先生接收家塾后，学生就增多了。先是五个，后来添到十多个，四叔家的小屋不够用了，就移到一所大屋——名叫来新书屋——里去。最初添的三个学生，有两个是守瓒叔的儿子，嗣昭，嗣逵。嗣昭比我大两三岁，天资不算笨，却不爱读书，最爱"逃学"，我们土话叫做"赖学"。他逃出去，往往躲在麦田或稻田里，宁可睡在田里挨饿，却不愿念书。先生往往差嗣秫去捉；有时候，嗣昭被捉回来了，总得挨一顿毒打；有时候，连嗣秫也不回来了，——乐得不回来了，因为这是"奉命差遣"，不算是逃学！

我常觉得奇怪，为什么嗣昭要逃学？为什么一个人情愿挨饿，挨打，挨大家笑骂，而不情愿念书？后来我稍懂得世事，才明白了。瓒叔自小在江西做生意，后来在九江开布店，才娶妻生子；一家人都说江西话，回家乡时，嗣昭弟兄都不容易改口音；说话改了，而嗣昭念书常带江西音，常常因此吃戒方或吃"作瘤栗"（钩起五指，打在头上，常打起瘤子，故叫做“作瘤栗”）。这是先生不原谅，难怪他不愿念书。

还有一个原因。我们家乡的蒙馆学金太轻，每个学生每年只送两块银元。先生对于这一类学生，自然不肯耐心教书，每天只教他们念死书，背死书，从来不肯为他们“讲书”。小学生初念有韵的书，也还不十分叫苦。后来念《幼学琼林》，《四书》一类的散文，他们自然毫不觉得有趣味，因为全不懂得书中说的是什么。因为这个缘故，许多学生常常赖学；先有嗣昭，后来有个士祥，都是有名的“赖学胚”。他们都属于这每年两元钱的阶级。因为逃学，先生生了气，打的更厉害。越打的利害，他们越要逃学。

我一个人不属于这“两元”的阶级。我母亲渴望我读书，故学金特别优厚，第一年就送六块钱，以后每年增加，最后一年加到十二元。这样的学金，在家乡要算“打破纪录”的了。我母亲大概是受了我父亲的叮嘱，她嘱托四叔和禹臣先生为我“讲书”：每读一字，须讲一字的意思；每读一句，须讲一句的意思。我先已认得了近千个“方字”，每个字都经过父母的讲解，故进学堂之后，不觉得很苦。念的几本书虽然有许多是乡里先生讲不明白的，但每天总遇着几句可懂的话。我最喜欢朱子《小学》里的记述古人行事的部分，因为那些部分最容易懂得，所以比较最有趣味。同学之中有念《幼学琼林》的，我常常帮他们的忙，教他们不认得的生字，因此常常借这些书看；他们念大字，我却最爱看《幼学琼林》的小注，因为注文中有许多神话和故事，比《四书》《五经》有趣味多了。

有一天，一件小事使我忽然明白我母亲增加学金的大恩惠。一个同学的母亲来请禹臣先生代写家信给她的丈夫，信写成了，先生交她的儿子晚上带回家去。一会儿，先生出门去了，这位同学把家信抽出来偷看。他忽然过来问我道：“穈，这信上第一句‘父亲大人膝下’是什么意思？”他比我只小一岁，也念过《四书》，却不懂“父亲大人膝下”

是什么！这时候，我才明白我是一个受特别待遇的人，因为别人每年出两块钱，我去年却送十块钱。我一生最得力的是讲书，父亲母亲为我讲方字，两位先生为我讲书。念古文而不讲解，等于念“揭谛揭谛，波罗揭谛”，全无用处。

4

当我九岁时，有一天我在四叔家东边小屋里玩耍。这小屋前面是我们的学堂，后边有一间卧房，有客来便住在这里。这一天没有课，我偶然走进那卧房里去，偶然看见桌子下一只美孚煤油板箱里的废纸堆中露出一本破书。我偶然捡起了这本书，两头都被老鼠咬坏了，书面也扯破了。但这一本破书忽然为我开辟了一个新天地，忽然在我的儿童生活史上打开了一个新鲜的世界！

这本破书原来是一本小字木板的《第五才子》，我记得很清楚，开始便是“李逵打死殷天锡”一回。我在戏台上早已认得李逵是谁了，便站在那只美孚破板箱边，把这本《水浒传》残本一口气看完了。不看尚可，看了之后，我的心里很不好过：这一本的前面是些什么？后面是些什么？这两个问题，我都不能回答，却最急要一个回答。

我拿了这本书去寻我的五叔，因为他最会“说笑话”（“说笑话”就是“讲故事”，小说书叫做“笑话书”），应该有这种笑话书。不料五叔竟没有这书，他叫我去寻守焕哥。守焕哥说，“我没有《第五才子》，我替你去借一部；我家中有部《第一才子》，你先拿去看，好吧？”《第一才子》便是《三国演义》，他很郑重的捧出来，我很高兴的捧回去。

后来我居然得着《水浒传》全部。《三国演义》也看完了。从此以后，我到处去借小说看。五叔，守焕哥，都帮了我不少的忙。三姊夫（周绍瑾）在上海乡间周浦开店，他吸鸦片烟，最爱看小说书，带了不少回家乡；他每到我家来，总带些《正德皇帝下江南》，《七剑十三侠》一类的书来送给我。这是我自己收藏小说的起点。我的大哥（嗣稼）最不长进，也是吃鸦片烟的，但鸦片烟灯是和小说书常作伴的，——五叔，守焕哥，三姐夫都是吸鸦片烟的，——所以他也有一些小说书。大嫂认得一些字，嫁妆里带来了好几种弹词小说，如《双珠凤》之类。这些书不久都成了我的藏书的一部分。

三哥在家乡时多；他同二哥都进过梅溪书院，都做过南洋公学的师范生，旧学都有根底，故三哥看小说很有选择。我在他书架上只寻得三部小说：一部《红楼梦》，一部《儒林外史》，一部《聊斋志异》。二哥有一次回家，带了一部新译出的《经国美谈》，讲的是希腊的爱国志士的故事，是日本人做的。这是我读外国小说的第一步。

帮助我借小说最出力的是族叔近仁，就是民国十二年和顾颉刚先生讨论古史的胡堇人。他比我大几岁，已“开笔”做文章了，十几岁就考取了秀才。我同他不同学堂，但常常相见，成了最要好的朋友。他天才很高，也肯用功，读书比我多，家中也颇有藏书。他看过的小说，常借给我看。我借到的小说，也常借给他看。我们两人各有一个小手折，把看过的小说都记在上面，时时交换比较，看谁看的书多。这两个折子后来都不见了，但我记得离开家乡时，我的折子上好像已有了三十多部小说了。

这里所谓“小说”，包括弹词，传奇，以及笔记小说在内。《双珠凤》在内，《琵琶记》也在内；《聊斋》，《夜雨秋灯录》，《夜谭随笔》，《兰苕馆外史》，《寄园寄所寄》，《虞初新志》等等也在内。从《薛仁贵征东》，《薛丁山征西》，《五虎平西》，《粉妆楼》一类最无意义的小说，到《红楼梦》和《儒林外史》一类的第一流作品，这里面的程度已是天悬地隔了。我到离开家乡时，还不能了解《红楼梦》

和《儒林外史》的好处。但这一大类都是白话小说，我在不知不觉之中得了不少的白话散文的训练，在十几年后于我很有用处。

看小说还有一桩绝大的好处，就是帮助我把文字弄通顺了。那时候正是废八股时文的时代，科举制度本身也动摇了。二哥三哥在上海受了时代思潮的影响，所以不要我“开笔”做八股文，也不要我学做策论经义。他们只要先生给我讲书，教我读书。但学堂里念的书，越到后来，越不好懂了。《诗经》起初还好懂，读到《大雅》，就难懂了；读到《周颂》，更不可懂了。《书经》有几篇，如《五子之歌》，我读的很起劲；但《盘庚》三篇，我总读不熟。我在学堂九年，只有《盘庚》害我挨了一次打。后来隔了十多年，我才知道《尚书》有今文和古文两大类，向来学者都说古文诸篇是假的，今文是真的；《盘庚》属于今文一类，应该是真的。但我研究《盘庚》用的代名词最杂乱不成条理，故我总疑心这三篇书是后人假造的。有时候，我自己想，我的怀疑《盘庚》，也许暗中含有报那一个“作瘤栗”的仇恨的意味罢？

《周颂》，《尚书》，《周易》等书都是不能帮助我作通顺文字的。但小说书却给了我绝大的帮助。从《三国演义》读到《聊斋志异》和《虞初新志》，这一跳虽然跳的太远，但因为书中的故事实在有趣味，所以我能细细读下去。石印本的《聊斋志异》有圈点，所以更容易读。到我十二三岁时，已能对本家姐妹们讲说《聊斋》故事了。那时候，四叔的女儿巧菊，禹臣先生的妹子广菊多菊，祝封叔的女儿杏仙，和本家侄女翠苹定娇等，都在十五六岁之间；她们常常邀我去，请我讲故事。我们平常请五叔讲故事时，忙着替他点火，装旱烟，替他捶背。现在轮到我受人巴结了。我不用人装烟捶背，她们听我说完故事，总去泡炒米，或做蛋炒饭来请我吃。她们绣花做鞋，我讲《凤仙》，《莲香》，《张鸿渐》，《江城》。这样的讲书，逼我把古文的故事翻译成绩溪土话，使我更了解古文的文理。所以我到十四岁来上海开始作古文时，就能做很像样的文字了。

5

我小时身体弱，不能跟着野蛮的孩子们一块儿玩。我母亲也不准我和他们乱跑乱跳。小时不曾养成活泼游戏的习惯，无论在什么地方，我总是文绉绉的。所以家乡老辈都说我“像个先生样子”，遂叫我做“穈先生”。这个绰号叫出去之后，人都知道三先生的小儿子叫做穈先生了。既有“先生”之名，我不能不装出点“先生”样子，更不能跟着顽童们“野”了。有一天，我在我家八字门口和一班孩子“掷铜钱”，一位老辈走过，见了我，笑道：“穈先生也掷铜钱吗？”我听了羞愧的面红耳热，觉得大失了“先生”的身份！

大人们鼓励我装先生样子，我也没有嬉戏的能力和习惯，又因为我确是喜欢看书，所以我一生可算是不曾享过儿童游戏的生活。每年秋天，我的庶祖母同我到田里去“监割”（顶好的田，水旱无扰，收成最好，佃户每约田主来监割，打下谷子，两家平分），我总是坐在小树下看小说。十一二岁时，我稍活泼一点，居然和一群同学组织了一个戏剧班，做了一些木刀竹枪，借得了几副假胡须，就在村口田里做戏。我做的往往是诸葛亮，刘备一类的文角儿；只有一次我做史文恭，被花荣一箭从椅子上射倒下去，这算是我最活泼的玩艺儿了。

我在这九年（一八九五——一九〇四）之中，只学得了读书写字两件事。在文字和思想（看文章）的方面，不能不算是打了一点底子。但别的方面都没有发展的机会。有一次我们村里“当朋”（八都凡五村，称为“五朋”，每年一村轮着做太子会，名为“当朋”）筹备太子会，有人提议要派我加入前村的昆腔队里学习吹笙或吹笛。族里长辈反对，说我年纪太小，不能跟着太子会走遍五朋。于是我失掉了这学习音乐的唯一机会。三十年来，我不曾拿过乐器，也全不懂音乐；究竟我有没有一点学音乐的天资，我至今还不知道。至于学图画，更是不可能的事。我常常用竹纸蒙在小说书的石印绘像上，摹画书上的英雄美人。有一天，被先生看见了，挨了一顿大骂，抽屉里的图画都被搜出撕毁了。于是我又失掉了学做画家的机会。

但这九年的生活，除了读书看书之外，究竟给了我一点做人的训练。在这一点上，我的恩师就是我的慈母。

每天天刚亮时，我母亲就把我喊醒，叫我披衣坐起。我从不知道她醒来坐了多久了。她看我清醒了，才对我说昨天我做错了什么事，说错了什么话，要我认错，要我用功读书。有时候她对我说父亲的种种好处，她说："你总要踏上你老子的脚步。我一生只晓得这一个完全的人，你要学他，不要跌他的股。"（跌股便是丢脸，出丑）她说到伤心处，往往掉下泪来。到天大亮时，她才把我的衣服穿好，催我去上早学。学堂门上的锁匙放在先生家里；我先到学堂门口一望，便跑到先生家里去敲门。先生家里有人把锁匙从门缝里递出来，我拿了跑回去，开了门，坐下念生书。十天之中，总有八九天我是第一个去开学堂门的。等到先生来了，我背了生书，才回家吃早饭。

我母亲管束我最严，她是慈母兼任严父。但她从来不在别人面前骂我一句，打我一下。我做错了事，她只对我一望，我看见了她的严厉眼光，就吓住了。犯的事小，她等到第二天早晨我眼醒时才教训我。犯的事大，她等到晚上人静时，关了房门，先责备我，然后行罚，或罚跪，或拧我的肉。无论怎样重罚，总不许我哭出声音来。她教训儿子不是借此出气叫别人听的。

有一个初秋的傍晚，我吃了晚饭，在门口玩，身上只穿着一件单背心。这时候我母亲的妹子玉英姨母在我家住，她怕我冷了，拿了一条小衫出来叫我穿上。我不肯穿，她说："穿上吧，凉了。"我随口回答：

“娘（凉）什么！老子都不老子呀。”我刚说了这句话，一抬头，看见母亲从家里走出，我赶快把小衫穿上。但她已听见这句轻薄的话了。晚上人静后，她罚我跪下，重重的责罚了一顿。她说：“你没了老子，是多么得意的事！好用来说嘴！”她气的坐着发抖，也不许我上床去睡。我跪着哭，用手擦眼泪，不知擦进了什么微菌，后来足足害了一年多的眼翳病。医来医去，总医不好。我母亲心里又悔又急，听说眼翳可以用舌头舔去，有一夜她把我叫醒，她真用舌头舔我的病眼。这是我的严师，我的慈母。

我母亲二十三岁做了寡妇，又是当家的后母。这种生活的痛苦，我的笨笔写不出一万分之一二。家中财政本不宽裕，全靠二哥在上海经营调度。大哥从小就是败子，吸鸦片烟，赌博，钱到手就光，光了就回家打主意，见了香炉就拿出去卖，捞着锡茶壶就拿出去押。我母亲几次邀了本家长辈来，给他定下每月用费的数目。但他总不够用，到处都欠下烟债赌债。每年除夕我家中总有一大群讨债的，每人一盏灯笼，坐在大厅上不肯去。大哥早已避出去了。大厅的两排椅子上满满的都是灯笼和债主。我母亲走进走出，料理年夜饭，谢灶神，压岁钱等事，只当做不曾看见这一群人。到了近半夜，快要“封门”了，我母亲才走后门出去，央一位邻舍本家到我家来，每一家债户开发一点钱。做好做歹的，这一群讨债的才一个一个提着灯笼走出去。一会儿，大哥敲门回来了。我母亲从不骂他一句。并且因为是新年，她脸上从不露出一点怒色。这样的过年，我过了六七次。

大嫂是个最无能而又最不懂事的人，二嫂是个很能干而气量很窄小的人。她们常常闹意见，只因为我母亲的和气榜样，她们还不曾有公然相打相骂的事。她们闹气时，只是不说话，不答话，把脸放下来，叫人难看；二嫂生气时，脸色变青，更是怕人。她们对我母亲闹气时，也是如此。我起初全不懂得这一套，后来也渐渐懂得看人的脸色了。我渐渐明白，世间最可厌恶的事莫如一张生气的脸；世间最下流的事莫如把生气的脸摆给旁人看。这比打骂还难受。

我母亲的气量大，性子好，又因为做了后母后婆，她更事事留心，事事格外容忍。大哥的女儿比我只小一岁，她的饮食衣料总是和我的一样。我和她有小争执，总是我吃亏，母亲总是责备我，要我事事让她。后来大嫂、二嫂都生了儿子了，她们生气时便打骂孩子来出气，一面打，一面用尖刻有刺的话骂给别人听。我母亲只装作不听见。有时候，她实在忍不住了，便悄悄走出门去，或到左邻立大嫂家去坐一会，或走后门到后邻度嫂家去闲谈。她从不和两个嫂子吵一句嘴。

每个嫂子一生气，往往十天半个月不歇，天天走进走出，板着脸，咬着嘴，打骂小孩子出气。我母亲只忍耐着，忍到实在不可再忍的一天，她也有她的法子。这一天的天明时，她就不起床，轻轻的哭一场。她不骂一个人，只哭她的丈夫，哭她自己苦命，留不住她丈夫来照管她。她先哭时，声音很低，渐渐哭出声来。我醒了起来劝她，她不肯住。这时候，我总听得见前堂（二嫂住前堂东房）或后堂（大嫂住后堂西房）有一扇房门开了，一个嫂子走出房向厨房走去。不多一会，那位嫂子来敲我们的房门了。我开了房门，她走进来，捧着一碗热茶，送到我母亲床前，劝她止哭，请她喝口热茶。我母亲慢慢停住哭声，伸手接了茶碗。那位嫂子站着劝一会，才退出去。没有一句话提到什么人，也没有一个字提到这十天半个月来的气脸，然而各人心里明白，泡茶进来的嫂子总是那十天半个月来闹气的人。奇怪的很，这一哭之后，至少有一两个月的太平清静日子。

我母亲待人最仁慈，最温和，从来没有一句伤人感情的话。但她有时候也很有刚气，不受一点人格上的侮辱。我家五叔是个无正业的浪人，有一天在烟馆里发牢骚，说我母亲家中有事总请某人帮忙，大概总有什么好处给他。这句话传到了我母亲耳朵里，她气的大哭，请了几位本家来，把五叔喊来，她当面质问他她给了某人什么好处。直到五叔当众认错赔罪，她才罢休。

我在我母亲的教训之下住了九年，受了她的极大极深的影响。我十四岁（其实只有十二岁零两三个月）就离开她了。在这广漠的人海里独自混了二十多年，没有一个人管束过我。如果我学得了一丝一毫的好脾气，如果我学得了一点点待人接物的和气，如果我能宽恕人，体谅人，——我都得感谢我的慈母。

十九，十一，廿一夜

二　从拜神到无神

1

纷纷歌舞赛蛇虫，
酒醴牲牢告洁丰。
果有神灵来护佑，
天寒何故不临工？

这是我父亲在郑州办河工时（光绪十四年，一八八八年）做的十首《郑工合龙纪事诗》的一首。他自己有注道：

霜雪既降，凡俗所谓“大王”、“将军”化身临工者皆绝迹不复见矣。

“大王”、“将军”都是祀典里的河神；河工区域内的水蛇虾蟆，往往被认为大王或将军的化身，往往享受最隆重的祠祭礼拜。河工是何等大事，而国家的治河官吏不能不向水蛇虾蟆磕头乞怜，真是一个民族的最大耻辱。我父亲这首诗不但公然指斥这种迷信，并且用了一个很浅近的证据，证明这种迷信的荒诞可笑。这一点最可表现我父亲的思想的倾向。

我父亲不曾受过近世自然科学的洗礼，但他很受了程颐朱熹一系的理学的影响。理学家因袭了古代的自然主义的宇宙观，用“气”和“理”两个基本观念来解释宇宙，敢说“天即理也”，“鬼神者，二气（阴阳）之良能也”。这种思想，虽有不彻底的地方，很可以破除不少的迷信。况且程朱一系极力提倡“格物穷理”，教人“即物而穷其理”，这就是近世科学的态度。我父亲做的《原学》，开端便说：

> 天地氤氲，百物化生。

这是采纳了理学家的自然主义的宇宙观。他做的《学为人诗》的结论是：

> 为人之道，非有他术：
> 穷理致知，反躬践实，
> 黾勉于学，守道勿失。

这是接受了程朱一系格物穷理的治学态度。

这些话都是我四五岁时就念熟了的。先生怎样讲解，我记不得了；我当时大概完全不懂得这些话的意义。我父亲死的太早，我离开他时，还只是三岁小孩，所以我完全不曾受着他的思想的直接影响。他留给我的，大概有两方面：一方面是遗传，因为我是“我父亲的儿子”。一方面是他留下了一点程朱理学的遗风：我小时跟着四叔念朱子的《小学》，就是理学的遗风；四叔家和我家的大门上都贴着“僧道无缘”的条子，也就是理学家庭的一个招牌。

我记得我家新屋大门上的“僧道无缘”条子，从大红色褪到粉红，又渐渐变成了淡白色，后来竟完全剥落了。我家中的女眷都是深信神佛的。我父亲死后，四叔又上任做学官去了，家中的女眷就自由拜神佛了。女眷的宗教领袖是星五伯娘，她到了晚年，吃了长斋，拜佛念经，四叔和三哥（是她过继的孙子）都不能劝阻她，后来又添上了二哥的丈母，也是吃长斋念佛的，她常来我家中住。这两位老太婆做了好朋友，常劝诱家中的几房女眷信佛。家中人有病痛，往往请她们念经许愿还愿。

二哥的丈母颇认得字，带来了《玉历抄传》，《妙庄王经》一类的善书，常给我们讲说目连救母游地府，妙庄王的公主（观音）出家修行等等故事。我把她带来的书都看了，又在戏台上看了《观音娘娘出家》全本连台戏，所以脑子里装满了地狱的惨酷景象。

后来三哥得了肺痨病，生了几个孩子都不曾养大。星五伯娘常为三哥拜神佛，许愿，甚至于招集和尚在家中放焰口超度冤魂。三哥自己不肯参加行礼，伯娘常叫我去代替三哥跪拜行礼。我自己年幼身体也很虚弱，多病痛，所以我母亲也常请伯娘带了我去烧香拜佛。依家乡的风俗，我母亲也曾把我许在观音菩萨座下做弟子，还给我取了个佛名，上一字是个“观”字，下一字我忘了。我母亲爱我心切，时时教我拜佛拜神总须诚心敬礼。每年她同我上外婆家去，十里路上所过庙宇路亭，凡有神佛之处，她总教我拜揖。有一年我害肚痛，眼睛里又起翳，她代我许愿：病好之后亲自到古塘山观音菩萨座前烧香还愿。后来我病好了，她亲自跟伯娘带了我去朝拜古塘山。山路很难走，她的脚是终年疼的，但她为了儿子，步行朝山，上山时走几步便须坐下歇息，却总不说一声苦痛。我这时候自然也是很诚心的跟着她们礼拜。

我母亲盼望我读书成名，所以常常叮嘱我每天要拜孔夫子。禹臣先生学堂壁上挂着一幅朱印石刻的吴道子画的孔子像，我们每晚放学时总得对他拜一个揖。我到大姊家去拜年，看见了外甥章砚香（比我大几岁）供着一个孔夫子神龛，是用大纸匣子做的，用红纸剪的神位，用火柴盒子做的祭桌，桌子上贴着金纸剪的香炉烛台和供献，神龛外边贴着许多红纸金纸的圣庙匾额对联，写着“德配天地，道冠古今”一类的句子。我看了这神龛，心里好生羡慕，回到家里，也造了一座小圣庙。我在家中寻到了一只燕窝匣子，做了圣庙大庭；又把匣子中间挖空一方块，用一只小匣子糊上去，做了圣庙的内堂，堂上也设了祭桌，神位，香炉，烛台等等。我在两厢又添设了颜渊子路一班圣门弟子的神位，也都有小祭桌。我借得了一部《联语类编》，抄出了许多圣庙联匾句子，都用金银锡箔做成匾对，请近仁叔写了贴上。这一座孔庙很费了我不少的心思。我母亲见我这样敬礼孔夫子，她十分高兴，给我一张小桌子专供这神龛，并且给我一个铜香炉；每逢初一和十五，她总教我焚香敬礼。

这座小圣庙，因为我母亲的加意保存，到我二十七岁从外国回家时，还不曾毁坏。但我的宗教虔诚却早已摧毁破坏了。我在十一二岁时便已变成了一个无神论者。

2

有一天，我正在温习朱子的《小学》，念到了一段司马温公的家训，其中有论地狱的话，说：

形既朽灭，神亦飘散，虽有剉烧舂磨，亦无所施。……

我重读了这几句话，忽然高兴的直跳起来。《目连救母》，《玉历抄传》等书里的地狱惨状，都呈现在我眼前，但我觉得都不怕了。放焰口的和尚陈设在祭坛上的十殿阎王的画像，和十八层地狱的种种牛头马面用钢叉把罪人叉上刀山，叉下油锅，抛下奈何桥下去喂饿狗毒蛇，——这种种惨状也都呈现在我眼前，但我现在觉得都不怕了。我再三念这句话："形既朽灭，神亦飘散，虽有剉烧舂磨，亦无所施。"我心里很高兴，真像地藏王菩萨把锡杖一指，打开地狱门了。

这件事我记不清在那一年了，大概在十一岁时。这时候，我已能够自己看古文书了。禹臣先生教我看《纲鉴易知录》，后来又教我改看《御批通鉴辑览》。《易知录》有句读，故我不觉吃力。《通鉴辑览》须我自己用朱笔点读，故读的很迟缓。有一次二哥从上海回来，见我看《御批通鉴辑览》，他不赞成；他对禹臣先生说，不如看《资治通鉴》。于是我就点读《资治通鉴》了。这是我研究中国史的第一步。我不久便很喜欢这一类的历史书，并且感觉朝代帝王年号的难记，就想编一部《历代帝王年号歌诀》！近仁叔很鼓励我做此事，我真动手编这部七字句的历史歌诀了。此稿已遗失了，我已不记得这件野心工作编到了那一朝代。但这也可算是我的"整理国故"的破土工作。可是谁也想不到司马光的《资治通鉴》竟会大大的影响我的宗教信仰，竟会使我变成一个无神论者。

有一天，我读到《资治通鉴》第一百三十六卷，中有一段记范缜（齐梁时代人，死时约在西历五一〇年）反对佛教的故事，说：

缜著《神灭论》，以为"形者神之质，神者形之用也。神之于形，犹利之于刀。未闻刀没而利存，岂容形亡而神在哉？”此论出，朝野喧哗，难之，终不能屈。

我先已读司马光论地狱的话了，所以我读了这一段议论，觉得非常明白，非常有理。司马光的话教我不信地狱，范缜的话使我更进一步，就走上了无鬼神的路。范缜用了一个譬喻，说形和神的关系就像刀子和刀口的锋利一样；没有刀子，便没有刀子的“快”了；那么，没有形体，还能有神魂吗？这个譬喻是很浅显的，恰恰合一个初开知识的小孩子的程度，所以我越想越觉得范缜说的有道理。司马光引了这三十五个字的《神灭论》，居然把我脑子里的无数鬼神都赶跑了。从此以后，我不知不觉的成了一个无鬼无神的人。

我那时并不知道范缜的《神灭论》全文载在《梁书》（卷四八）里，也不知道当时许多人驳他的文章保存在《弘明集》里。我只读了这三十五个字，就换了一个人。大概司马光也受了范缜的影响，所以有“形既朽灭，神亦飘散”的议论；大概他感谢范缜，故他编《通鉴》时，硬把《神灭论》摘了最精彩的一段，插入他的不朽的历史里。他决想不到，八百年后这三十五个字竟感悟了一个十一二岁的小孩子，竟影响了他一生的思想。

《通鉴》又记述范缜和竟陵王萧子良讨论“因果”的事，这一段在我的思想上也发生了很大的影响。原文如下：

> 子良笃好释氏，招致名僧，讲论佛法。道俗之盛，江左未有。或亲为众僧赋食行水，世颇以为失宰相体。
>
> 范缜盛称无佛。子良曰，“君不信因果，何得有富贵贫贱？”缜曰，“人生如树花同发，随风而散，或拂帘幌，坠茵席之上；或关篱墙，落粪溷之中。坠茵席者，殿下是也。落粪溷者，下官是也。贵贱虽复殊途，因果竟在何处？”子

良无以难。

这一段议论也只是一个譬喻，但我当时读了只觉得他说的明白有理，就熟读了记在心里。我当时实在还不能了解范缜的议论的哲学意义。他主张一种"偶然论"，用来破坏佛教的果报轮回说。我小时听惯了佛家果报轮回的教训，最怕来世变猪变狗，忽然看见了范缜不信因果的譬喻，我心里非常高兴，胆子就大的多了。他和司马光的神灭论教我不怕地狱；他的无因果论教我不怕轮回。我喜欢他们的话，因为他们教我不怕。我信服他们的话，因为他们教我不怕。

3

我的思想经过了这回解放之后，就不能虔诚拜神拜佛了。但我在我母亲面前，还不敢公然说出不信鬼神的议论。她叫我上分祠里去拜祖宗，或去烧香还愿，我总不敢不去，满心里的不愿意，我终不敢让她知道。

我十三岁的正月里，到大姊家去拜年，住了几天，到十五日早晨，才和外甥砚香同回我家去看灯。他家的一个长工挑着新年糕饼等物事，跟着我们走。

半路上到了中屯外婆家，我们进去歇脚，吃了点心，又继续前进。中屯村口有个三门亭，供着几个神像。我们走进亭子，我指着神像对砚香说，"这里没有人看见，我们来把这几个烂泥菩萨拆下来抛到毛厕里去，好吗？"

这样突然主张毁坏神像，把我的外甥吓住了。他虽然听我说过无神无鬼的话，却不曾想到我会在这路亭里提议实行捣毁神像。他的长工忙劝阻我道："糜舅，菩萨是不好得罪的。"我听了这话，更不高兴，偏要拾石子去掷神像。恰好村子里有人下来了，砚香和那长工就把我劝走了。

我们到了我家中，我母亲煮面给我们吃，我刚吃了几筷子，听见门外锣鼓响，便放下面，跑出去看舞狮子了。这一天来看灯的客多，家中人都忙着照料客人，谁也不来管我吃了多少面，我陪着客人出去玩，也就忘了肚子饿了。

晚上陪客人吃饭，我也喝了一两杯烧酒。酒到了饿肚子里，有点作怪。晚饭后，我跑出大门外，被风一吹，我有点醉了，便喊道："月亮，月亮，下来看灯！"别人家的孩子也跟着喊，"月亮，月亮，下来看灯！"

门外的喊声被屋里人听见了，我母亲叫人来唤我回去。我怕她责怪，就跑出去了。来人追上去，我跑的更快。有人对我母亲说，我今晚喝了烧酒，怕是醉了。我母亲自己出来唤我，这时候我已被人追回来了。但跑多了，我真有点醉了，就和他们抵抗，不肯回家。母亲抱住我，我仍喊着要月亮下来看灯。许多人围拢来看，我仗着人多，嘴里仍旧乱喊。母亲把我拖进房里，一群人拥进房来看。

这时候，那位跟我们来的章家长工走到我母亲身边，低低的说："外婆（他跟着我的外甥称呼），糜舅今夜怕不是吃醉了罢？今天我们从中屯出来，路过三门亭，糜舅要把那几个菩萨拖下来丢到毛厕里去。他今夜嘴里乱说话，怕是得罪了神道，神道怪下来了。"

这几句话，他低低的说，我靠在母亲怀里，全听见了。我心里正怕喝醉了酒，母亲要责罚我；现在我听了长工的话，忽然想出了一条妙计。我想："我胡闹，母亲要打我；菩萨胡闹，她不会责怪菩萨。"于是我就闹的更凶，说了许多疯话，好像真有鬼神附在我身上一样！

我母亲着急了，叫砚香来问，砚香也说我日里的确得罪了神道。母亲就叫别人来抱住我，她自己去洗手焚香，向空中祷告三门亭的神道，

说我年小无知，触犯了神道，但求神道宽洪大量，不计较小孩的罪过，宽恕了我。我们将来一定亲到三门亭去烧香还愿。

这时候，邻舍都来看我，挤满了一屋子的人，有些妇子还提着“火筒”（徽州人冬天用瓦垆装炭火，外面用篾丝作篮子，可以随身携带，名为火篅），房间里闷热的很。我热的脸都红了，真有点像醉人。

忽然门外有人来报信，说，“龙灯来了，龙灯来了！”男男女女都往外跑，都想赶到十字街口去等候看灯。一会儿，一屋子的人都散完了，只剩下我和母亲两个人。房里的闷热也消除了，我也疲倦了，就不知不觉的睡着了。

母亲许的愿好象是灵应了。第二天，她教训了我一场，说我不应该瞎说，更不应该在神道面前瞎说。但她不曾责罚我，我心里高兴，万想不到我的责罚却在一个月之后。

过了一个月，母亲同我上中屯外婆家去。她拿出钱来，在外婆家办了猪头供献，备了香烛纸钱，她请我母舅领我到三门亭里去谢神还愿。我母舅是个虔诚的人，他恭恭敬敬的摆好供献，点起香烛，陪着我跪拜谢神。我忍住笑，恭恭敬敬的行了礼，——心里只怪我自己当日扯谎时，不曾想到这样比挨打还更难为情的责罚！

直到我二十七岁回家时，我才敢对母亲说那一年元宵节附在我身上胡闹的不是三门亭的神道，只是我自己，母亲也笑了。

十九，十二，廿五在北京

三　在上海（一）

1

光绪甲辰年（一九〇四）的春天，三哥的肺病已到了很危险的时期，他决定到上海去医治。我母亲也决定叫我跟他到上海去上学。那时我名为十四岁，其实只有十二岁有零。这一次我和母亲分别之后，十四年之中，我只回家三次，和她在一块的时候还不到六个月。她只有我一个人，只因为爱我太深，望我太切，所以她硬起心肠，送我向远地去求学。临别的时候，她装出很高兴的样子，不曾掉一滴眼泪。我就这样出门去了，向那不知的人海里去，寻求我自己的教育和生活，——孤零零的一个小孩子，所有的防身之具只是一个慈母的爱，一点点用功的习惯，和一点点怀疑的倾向。

我在上海住了六年（一九〇四—一九一〇），换了四个学校（梅溪学堂，澄衷学堂，中国公学，中国新公学）。这是我一生的第二个阶段。

我父亲生平最佩服一个朋友——上海张焕纶先生（字经甫）。张先生是提倡新教育最早的人，他自己办了一个梅溪书院，后来改为梅溪学堂。二哥、三哥都在梅溪书院住过，所以我到了上海也就进了梅溪学堂。我只见过张焕纶先生一次，不久他就死了。现在谈中国教育史的人，很少能知道这一位新教育的老先锋了。他死了二十二年之后，我在巴黎见着赵诒琫先生（字颂南，无锡人），他是张先生的得意学生，他说他在梅溪书院很久，最佩服张先生的人格，受他的感化最深。他说，张先生教人的宗旨只是一句话："千万不要仅仅做个自了汉。"我坐在巴黎乡间的草地上，听着赵先生说话，想着赵先生夫妇的刻苦生活和奋斗精神，——这时候，我心里想：张先生的一句话影响了他的一个学生的一生，张先生的教育事业不算是失败。

梅溪学堂的课程是很不完备的，只有国文，算学，英文三项。分班的标准是国文程度。英文、算学的程度虽好，国文不到头班，仍不能毕业。国文到了头班，英文、算学还很幼稚，却可以毕业。这个办法虽然不算顶好，但这和当时教会学堂的偏重英文，都是过渡时代的特别情形。

我初到上海的时候，全不懂得上海话。进学堂拜见张先生时，我穿着蓝呢的夹袍，绛色呢大袖马褂，完全是个乡下人。许多小学生围拢来看我这乡下人。因为我不懂话，又不曾“开笔”做文章，所以暂时编在第五班，差不多是最低的一班。班上读的是文明书局的《蒙学读本》，英文班上用《华英初阶》，算学班上用《笔算算学》。

我是读了许多古书的，现在读《蒙学读本》，自然毫不费力，所以有工夫专读英文、算学。这样过了六个星期。到了第四十二天，我的机会来了。教《蒙学读本》的沈先生大概也瞧不起这样浅近的书，更料不到这班小孩子里面有人站起来驳正他的错误。这一天，他讲的一课书里有这样一段引语：

传曰，二人同心，其利断金。同心之言，其臭如兰。

沈先生随口说这是《左传》上的话。我那时已勉强能说几句上海话了，等他讲完之后，我拿着书，走到他的桌边，低声对他说：这个“传曰”是《易经》的《系辞传》，不是《左传》。先生脸红了，说，“侬读过《易经》？”我说读过。他又问，“阿曾读过别样经书？”我说读过《诗经》、《书经》、《礼记》。他问我做过文章没有，我说没有做过。他说，“我出个题目，拨侬做做试试看。”他出了“孝弟说”三个字，我回到座位上，勉强写了一百多字，交给先生看。他看了对我说，“侬跟我来。”我卷了书包，跟他下楼走到前厅。前厅上东面是头班，西面是二班。沈先生到二班课堂上，对教员顾先生说了一些话，顾先生就叫我坐在末一排的桌子上。我才知道我一天之中升了四班，居然做第二班的学生了。

可是我正在欢喜的时候，抬头一看，就得发愁了。这一天是星期四，是作文的日子。黑板上写着两个题目：

论题：原日本之所由强。

经义题：古之为关也将以御暴，今之为关也将以为暴。

我从来不知道“经义”是怎样做的，所以想都不敢去想他。可是日本在天南地北，我还不很清楚，这个“原日本之所由强”又从哪里说起呢？既不敢去问先生，班上同学又没有一个熟人，我心里颇怪沈先生太卤莽，不应该把我升的这么高，这么快。

忽然学堂的茶房走到厅上来，对先生说了几句话，呈上一张字条，先生看了字条，对我说，我家中有要紧事，派了人来领我回家，卷子可以带回去做，下星期四交卷。我正在着急，听了先生的话，抄了题目，逃出课堂，赶到门房，才知道三哥病危，二哥在汉口没有回来，店里（我家那时在上海南市开一个公义油栈）的管事慌了，所以赶人来领我回去。

我赶到店里，三哥还能说话。但不到几个钟头，他就死了，死时他的头还靠在我手腕上。第三天，二哥从汉口赶到。丧事办了之后，我把升班的事告诉二哥，并且问他“原日本之所由强”一个题目应该参考一些什么书。二哥检了《明治维新三十年史》，壬寅《新民丛报汇

编》……一类的书，装了一大篮，叫我带回学堂去翻看。费了几天的工夫，才勉强凑了一篇论说交进去。不久我也会做“经义”了。几个月之后，我居然算是头班学生了，但英文还不曾读完《华英初阶》，算学还只做到“利息”。

这一年梅溪学堂改为梅溪小学，年底要办毕业第一班。我们听说学堂里要送张在贞、王言、郑璋和我四个人到上海道衙门去考试。我和王郑二人都不愿意去考试，都不等到考试日期，就离开学堂了。

为什么我们不愿受上海道的考试呢？这一年之中，我们都经过了思想上的一种激烈变动，都自命为“新人物”了。二哥给我的一大篮子的“新书”，其中很多是梁启超先生一派人的著述；这时代是梁先生的文章最有势力的时代，他虽不曾明白提倡种族革命，却在一班少年人的脑海里种下了不少革命种子。有一天，王言君借来了一本邹容的《革命军》，我们几个人传观，都很受感动。借来的书是要还人的，所以我们到了晚上，等舍监查夜过去之后，偷偷起来点着蜡烛，轮流抄了一本《革命军》。正在传抄《革命军》的少年，怎肯投到官厅去考试呢？

这一年是日俄战争的第一年，上海的报纸上每天登着很详细的战事新闻，爱看报的少年学生都感觉绝大的兴奋，这时候中国的舆论和民众心理都表同情于日本，都痛恨俄国，又都痛恨清政府的宣告中立。仇俄的心理增加了不少排满的心理。这一年，上海发生了几件刺激人心的案子。一件是革命党万福华在租界内枪击前广西巡抚王之春，因为王之春从前是个联俄派。一件是上海黄浦滩上一个宁波木匠周生有，被一个俄国水兵无故砍杀。这两件事都引起上海报纸的注意；尤其是那年新出现的《时报》，天天用简短沉痛的时评替周生有喊冤，攻击上海的官厅。我们少年人初读这种短评，没有一个不受刺激的。周生有案的判决使许多人失望。我和王言、郑璋三个人都恨极了上海道袁海观，所以联合写了一封长信去痛骂他。这封信是匿名的，但我们总觉得不愿意去受他的考试。所以我们三个人都离开了梅溪学堂了。（王言是黟县人，后来不知下落；郑璋是潮阳人，后改名仲诚，毕业于复旦，不久病死。）

2

我进的第二个学堂是澄衷学堂。这学堂是宁波富商叶成忠先生创办的，原来的目的是教育宁波的贫寒子弟；后来规模稍大，渐渐成了上海一个有名的私立学校，来学的人便不限止于宁波人了。这时候的监督是章一山先生，总教是白振民先生。白先生和我二哥是同学，他看见了我在梅溪作的文字，劝我进澄衷学堂。光绪乙巳年（一九〇五），我就进了澄衷学堂。

澄衷共有十二班，课堂分东西两排，最高一班称为东一斋，第二班为西一斋，以下直到西六斋。这时候还没有严格规定的学制，也没有什么中学小学的分别。用现在的名称来分，可说前六班为中学，其余六班为小学。澄衷的学科比较完全多了，国文、英文、算学之外，还有物理、化学、博物、图画诸科。分班略依各科的平均程度，但英文，算学程度过低的都不能入高班。

我初进澄衷时，因英文、算学太低，被编在东三斋（第五班）。下半年便升入东二斋（第三班），第二年（丙午，一九〇六）又升入西一斋（第二班）。澄衷管理很严，每月有月考，每半年有大考，月考大考都出榜公布，考前三名的有奖品。我的考试成绩常常在第一，故一年升了四班。我在这一年半之中，最有进步的是英文，算学。教英文的谢昌熙先生，陈诗豪先生，张镜人先生，教算学的郁耀卿先生，都给了我很多的益处。

我这时候对于算学最感觉兴趣，常常在宿舍熄灯之后，起来演习算学问题。卧房里没有桌子，我想出一个法子来，把蜡烛放在帐子外床架上，我伏在被窝里，仰起头来，把石板放在枕头上做算题。因为下半年要跳过一班，所以我须要自己补习代数。我买了一部丁福保先生编的代数书，在一个夏天把初等代数习完了，下半年安然升班。

这样的用功，睡眠不够，就影响到身体的健康，有一个时期，我的两只耳朵几乎全聋了。但后来身体渐渐复原，耳朵也不聋了。我小时身体多病，出门之后，逐渐强健。重要的原因我想是因为我在梅溪和澄衷两年半之中从来不曾缺一点钟体操的功课。我从没有加入竞赛的运动，但我上体操的课，总很用气力做种种体操。

澄衷的教员之中，我受杨千里先生（天骥）的影响最大。我在东三斋时，他是西二斋的国文教员，人都说他思想很新。我去看他，他很鼓励我，在我的作文稿本上题了"言论自由"四个字。后来我在东二斋和西一斋，他都做过国文教员。有一次，他教我们班上买吴汝纶删节的严复译本《天演论》来做读本，这是我第一次读《天演论》，高兴的很。他出的作文题目也很特别，有一次的题目是"物竞天择，适者生存，试申其义"。（我的一篇，前几年澄衷校长曹锡爵先生和现在的校长葛祖兰先生曾在旧课卷内寻出，至今还保存在校内）。这种题目自然不是我们十几岁小孩子能发挥的，但读《天演论》，做"物竞天择"的文章，都可以代表那个时代的风气。

《天演论》出版之后，不上几年，便风行到全国，竟做了中学生的读物了。读这书的人，很少能了解赫胥黎在科学史和思想史上的贡献。他们能了解的只是那"优胜劣败"的公式在国际政治上的意义。在中国屡次战败之后，在庚子辛丑大耻辱之后，这个"优胜劣败，适者生存"的公式确是一种当头棒喝，给了无数人一种绝大的刺激。几年之中，这种思想像野火一样，延烧着许多少年人的心和血。"天演"、"物竞"、"淘汰"、"天择"等等术语都渐渐成了报纸文章的熟语，渐渐成了一班爱国志士的"口头禅"。还有许多人爱用这种名词做自己和儿女的名字。陈炯明不是号竞存吗？我有两个同学，一个叫做孙竞存，一个叫做杨天择。我自己的名字也是这种风气底下的纪念品。我在学堂里的名字是胡洪骍。有一天的早晨，我请二哥代我想一个表字，二哥一面洗脸，一面说："就用'物竞天择适者生存'的'适'字，好不好？"我很高兴，就用"适之"两字。（二哥字绍之，三哥字振之）后来我发表文字，偶然用胡适作笔名，直到考试留美官费时（一九一〇）我才正式用"胡适"的名字。

我在澄衷一年半，看了一些课外的书籍。严复译的《群己权界论》，像是在这时代读的。严先生的文字太古雅，所以少年人受他的影响没有梁启超的影响大。梁先生的文章，明白晓畅之中，带着浓挚的热情，使读的人不能不跟着他走，不能不跟着他想。有时候，我们跟他走到一点上，还想望前走，他倒打住了，或是换了方向走了。在这种时候，我们不免感觉一点失望。但这种失望也正是他的大恩惠。因为他尽了他的能力，把我们带到了一个境界，原指望我们感觉不满足，原指望我们更朝前走。跟着他走，我们固然得感谢他；他引起了我们的好奇心，指着一个未知的世界叫我们自己去探寻，我们更得感谢他。

我个人受了梁先生无穷的恩惠。现在追想起来，有两点最分明。第一是他的《新民说》，第二是他的《中国学术思想变迁之大势》。梁先生自号"中国之新民"，又号"新民子"，他的杂志也叫《新民丛报》，可见他的全副心思贯注在这一点。"新民"的意义是要改造中国的民族，要把这老大的病夫民族改造成一个新鲜活泼的民族。他说：

> 未有四肢已断，五脏已瘵，筋脉已伤，血轮已涸，而身犹能存者；则亦未有其民愚陋怯弱涣散混浊而国犹能立者。……苟有新民，何患无新制度，无新政府，无新国家！
>
> ——《新民说·叙论》

他的根本主张是：

> 吾思之，吾重思之，今日中国群治之现象殆无一不当从根抵处摧陷廓清，除旧而布新者也。
>
> ——《新民议》

说的更沉痛一点：

> 然则救危亡求进步之道将奈何？曰，必取数千年横暴混浊之政体，破碎而齑粉之，使数千万如虎如狼如蝗如蝻如蜮如蛆之官吏失其社鼠城狐之凭藉，然后能涤荡肠胃以上于进步之途也！必取数千年腐败柔媚之学说，廓清而辞辟之，使数百万如蠹鱼如鹦鹉如水母如畜犬之学子毋得摇笔弄舌舞文嚼字，为民贼之后援，然后能一新耳目以行进步之实也！而其所以达此目的之方法有二：一曰无血之破坏，二曰有血之破坏……中国如能为无血之破坏乎？吾馨香而祝之。中国得不为有血之破坏乎？吾衰经而衰之。
>
> ——《新民说 · 论进步》

我们在那个时代读这样的文字，没有一个人不受他的震荡感动的。他在那时代（我那时读的是他在壬寅癸卯做的文字）主张最激烈，态度最鲜明，感人的力量也最深刻。他很明白的提出一个革命的口号：

> 破坏亦破坏，不破坏亦破坏！
>
> ——《新民说 · 论进步》

后来他虽然不坚持这个态度了，而许多少年人冲上前去，可不肯缩回来了。

《新民说》的最大贡献在于指出中国民族缺乏西洋民族的许多美德。梁先生很不客气的说：

> 五色人相比较，白人最优。以白人相比较，条顿人最优。以条顿人相比较，盎格鲁撒逊人最优。
>
> ——《叙论》

他指出我们所最缺乏而最须采补的是公德，是国家思想，是进取冒险，是权利思想，是自由，是自治，是进步，是自尊，是合群，是生利的能力，是毅力，是义务思想，是尚武，是私德，是政治能力。他在这十几篇文字里，抱着满腔的血诚，怀着无限的信心，用他那枝“笔锋常带情感”的健笔，指挥那无数的历史例证，组织成那些能使人鼓舞，使人掉泪，使人感激奋发的文章。其中如《论毅力》等篇，我在二十五年后重读，还感觉到他的魔力。何况在我十几岁最容易受感动的时期呢？

《新民说》诸篇给我开辟了一个新世界，使我彻底相信中国之外还有很高等的民族，很高等的文化；《中国学术思想变迁之大势》也给我开辟了一个新世界，使我知道《四书》、《五经》之外中国还有学术思想。梁先生分中国学术思想史为七个时代：

（一）胚胎时代　春秋以前

（二）全盛时代　春秋末及战国

（三）儒学统一时代　两汉

（四）老学时代　魏晋

（五）佛学时代　南北朝，唐

（六）儒佛混合时代　宋，元，明

（七）衰落时代　近二百五十年

我们现在看这个分段，也许不能满意。（梁先生自己后来也不满意，他在《清代学术概论》里已不认近二百五十年为衰落时代了）。但在二十五年前，这是第一次用历史眼光来整理中国旧学术思想，第一次给我们一个“学术史”的见解。所以我最爱读这篇文章。不幸梁先生做了几章之后，忽然停止了，使我大失所望。甲辰以后，我在《新民丛报》上见他续作此篇，我高兴极了。但我读了这篇长文，终感觉不少的失望。第一，他论“全盛时代”，说了几万字的诸论，却把“本论”（论诸家学说之根据及其长短得失）全搁下了，只注了一个“阙”字。他后来只补作了“子墨子学说”一篇，其余各家始终没有补。第二，“佛学时代”一章的本论一节也全没有做。第三，他把第六个时代（宋、元、明）整个搁起不提。这一部学术思想史中间缺了三个最要紧的部分，使我眼巴巴的望了几年。我在那失望的时期，自己忽发野心，心想：“我将来若能替梁任公先生补作这几章缺了的中国学术思想史，岂不是很光荣的事业？”我越想越高兴，虽然不敢告诉人，却真打定主意做这件事了。

这一点野心就是我后来做《中国哲学史》的种子。我从那时候起，就留心读周、秦诸子的书。我二哥劝我读朱子的《近思录》，这是我读理学书的第一部。梁先生的《德育鉴》和《节本明儒学案》，也是这个时期出来的。这些书引我去读宋明理学书，但我读的并不多，只读了王守仁的《传习录》和《正谊堂丛书》内的程朱语录。

我在澄衷的第二年，发起各斋组织“自治会”。有一次，我在自治会演说，题目是《论性》。我驳孟子性善的主张，也不赞成荀子的性恶说，我承认王阳明的性“无善无恶，可善可恶”是对的。我那时正读英文和《格致读本》（The Science Readers），懂得了一点点最浅近的科学知识，就搬出来应用了！孟子曾说：

> 人性之善也，犹水之就下也。人无有不善，水无有不下。

我说：孟子不懂得科学，——我们在那时候还叫做“格致”，——不知道水有保持水平的道理，又不知道地心吸力的道理。“水无有不下”，并非水性向下，而是地心吸力引他向下。吸力可以引他向下，高地的蓄水塔也可以使自来水管里的水向上。水无上无下，只保持他的水平，却又可上可下，正象人性本无善无恶，却又可善可恶！

我这篇性论很受同学的欢迎，我也很得意，以为我真用科学说明告了王阳明的性论了。

我在澄衷只住了一年半，但英文和算学的基础都是在这里打下的。澄衷的好处在于管理的严肃，考试的认真。还有一桩好处，就是学校办事人真能注意到每个学生的功课和品行。白振民先生自己虽不教书，却认得个个学生，时时叫学生去问话。因为考试的成绩都有很详细的记录，故每个学生的能力都容易知道。天资高的学生，可以越级升两班；中等的可以半年升一班；下等的不升班，不升班就等于降半年了。这种编制和管理，是很可以供现在办中学的人参考的。

我在西一斋做了班长，不免有时和学校办事人冲突。有一次，为了班上一个同学被开除的事，我向白先生抗议无效，又写了一封长信去抗议。白先生悬牌责备我，记我大过一次。我虽知道白先生很爱护我，但我当时心里颇感觉不平，不愿继续在澄衷了。恰好夏间中国公学招考，有朋友劝我去考；考取之后，我就在暑假后（一九〇六）搬进中国公学去了。

廿，三，十八北京

四　在上海（二）

1

中国公学是因为光绪乙巳年（一九〇五）日本文部省颁布取缔中国留学生规则，我国的留日学生认为侮辱中国，其中一部分愤慨回国的人在上海创办的。当风潮最烈的时候，湖南陈天华投海自杀，勉励国人努力救国，一时人心大震动，所以回国的很多。回国之后，大家主张在国内办一个公立的大学。乙巳十二月中，十三省的代表全体会决议，定名为"中国公学"。次年（丙午，一九〇六）春天在上海新靶子路黄板桥北租屋开学。但这时候反对取缔规则的风潮已渐渐松懈了，许多官费生多回去复学了。上海那时还是一个眼界很小的商埠，看见中国公学里许多剪发洋装的少年人自己办学堂，都认为奇怪的事。政府官吏疑心他们是革命党，社会叫他们做怪物。所以赞助捐钱的人很少，学堂开门不到一个半月，就陷入了绝境。公学的干事姚弘业先生（湖南益阳人）激于义愤，遂于三月十三日投江自杀，遗书几千字，说，"我之死，为中国公学死也。"遗书发表之后，舆论都对他表敬意，社会受了一大震动，赞助的人稍多，公学才稍稍站得住。

我也是当时读了姚烈士的遗书大受感动的一个小孩子。夏天我去投考，监试的是总教习马君武先生。国文题目是"言志"，我不记得说了一些什么，后来君武先生告诉我，他看了我的卷子，拿去给谭心休，彭施涤先生传观，都说是为公学得了一个好学生。

我搬进公学之后，见许多同学都是剪了辫子，穿着和服，拖着木屐的；又有一些是内地刚出来的老先生，戴着老花眼镜，捧着水烟袋的。他们的年纪都比我大的多；我是做惯班长的人，到这里才感觉我是个小孩子。不久我已感得公学的英文数学都很浅，我在甲班里很不费气力。那时候，中国教育界的科学程度太浅，中国公学至多不过可比现在的两级中学程度，然而有好几门功课都不能不请日本教员来教。如高等代数，解析几何，博物学，最初都是日本人教授，由懂得日语的同学翻译。甲班的同学有朱经农，李琴鹤等，都曾担任翻译。又有几位同学还兼任学校的职员或教员，如但懋辛便是我们的体操教员。当时的同学和我年纪不相上下的，只有周烈忠，李骏，孙粹存，孙竞存等几个人。教员和年长的同学都把我们看作小弟弟，特别爱护我们，鼓励我们。我和这一班年事稍长，阅历较深的师友们往来，受他们的影响最大。我从小本来就没有过小孩子的生活，现在天天和这班年长的人在一块，更觉得自己不是个小孩子了。

中国公学的教职员和同学之中，有不少的革命党人。所以在这里要看东京出版的《民报》，是最方便的。暑假年假中，许多同学把《民报》缝在枕头里带回内地去传观。还有一些激烈的同学往往强迫有辫子的同学剪去辫子。但我在公学三年多，始终没有人强迫我剪辫，也没有人劝我加入同盟会。直到二十年后，但懋辛先生才告诉我，当时校里的同盟会员曾商量过，大家都认为我将来可以做学问，他们要爱护我，所以不劝我参加革命的事。但在当时，他们有些活动也并不瞒我。有一晚十点钟的时候，我快睡了，但君来找我，说，有个女学生从日本回国，替朋友带了一只手提小皮箱，江海关上要检查，她说没有钥匙，海关上不放行。但君因为我可以说几句英国话，要我到海关上去办交涉。我知道箱子里是危险的违禁品，就跟了他到海关码头，这时候已过十一点钟，谁都不在了。我们只好怏怏回去。第二天，那位女学生也走了，箱子她丢在关上不要了。

我们现在看见上海各学校都用国语讲授，决不能想象二十年前的上海还完全是上海话的世界，各学校全用上海话教书。学生全得学上海话。中国公学是第一个用“普通话”教授的学校。学校里的学生，四川、湖南、河南、广东的人最多，其余各省的人也差不多全有。大家都说“普通话”，教员也用“普通话”。江浙的教员，如宋耀如，王仙华，沈翔云诸先生，在讲堂上也都得勉强说官话。我初入学时，只会说徽州话和上海话；但在学校不久也就会说“普通话”了。我的同学中四川人最多；四川话清楚干净，我最爱学他，所以我说的普通话最近于四川话。二三年后，我到四川客栈（元记、厚记等）去看朋友，四川人只问，“贵府是川东？是川南？”他们都把我看作四川人了。

中国公学创办的时候，同学都是创办人，职员都是同学中举出来的，所以没有职员和学生的界限。当初创办的人都有革命思想，想在这学校里试行一种民主政治的制度。姚弘业烈士遗书中所谓“以大公无我之心，行共和之法”，即是此意。全校的组织分为“执行”与“评议”两部。执行部的职员（教务干事，庶务干事，斋务干事）都是评议部举出来的，有一定的任期，并且对于评议部要负责任。评议部是班长和室长组织成的，有监督和弹劾职员之权。评议部开会时，往往有激烈的辩论，有时直到点名熄灯时方才散会。评议员之中，最出名的是四川人龚从龙，口齿清楚，态度从容，是一个好议长。这种训练是很有益的。我年纪太小，第一年不够当评议员，有时在门外听听他们的辩论，不禁感觉我们在澄衷学堂的自治会真是儿戏。

2

我第一学期住的房间里有好几位同学都是江西萍乡和湖南醴陵人，他们是邻县人，说的话我听不大懂。但不到一个月，我们很相熟了。他们都是二三十岁的人了；有一位钟文恢（号古愚）已有胡子，人叫他做钟胡子。他告诉我，他们现在组织了一个学会，叫做竞业学会，目的是

"对于社会，竞与改良；对于个人，争自濯磨"，所以定了这个名字。他介绍我进这个会，我答应了。钟君是会长，他带我到会所里去，给我介绍了一些人。会所在校外北四川路厚福里。会中住的人大概多是革命党。有个杨卓林，还有个廖德璠，后来是都因谋革命被杀的。会中办事最热心的人，钟君之外，有谢寅杰和丁洪海两君，他两人维持会务最久。

竞业学会的第一件事业就是创办一个白话的旬报，就叫做《竞业旬报》。他们请了一位傅君剑先生（号钝根）来做编辑。《旬报》的宗旨，傅君说，共有四项：一振兴教育，二提倡民气，三改良社会，四主张自治。其实这都是门面语，骨子里是要鼓吹革命。他们的意思是要"传布于小学校之青年国民"，所以决定用白话文。胡梓方先生（后来的诗人胡诗庐）作《发刊辞》，其中有一段说：

> 今世号通人者，务为艰深之文，陈过高之义，以为士大夫劝，而独不为彼什伯千万倍里巷乡闾之子计，则是智益智，愚益愚，智日少，愚日多也。顾可为治乎哉？

又有一位会员署名"大武"作文《论学官话的好处》，说：

> 诸位呀，要救中国，先要联合中国的人心，要联合中国的人心，先要统一中国的言语。……但现在中国的语言也不知有多少种，如何叫他们合而为一呢？……除了通用官话，更别无法子了。但是官话的种类也很不少，有南方官话，北方官话，有北京官话。现在中国全国通行官话，只须摹仿北京官话，自成一种普通国语哩。

这班人都到过日本，又多数是中国公学的学生，所以都感觉“普通国语”的需要。“国语”一个目标，屡见于《竞业旬报》的第一期，可算是提倡最早的了。

《竞业旬报》第一期是丙午年（一九○六）九月十一日出版的。同住的钟君看见我常看小说，又能作古文，就劝我为《旬报》作白话文。第一期里有我的一篇通俗“地理学”，署名“期自胜生”。那时候我正读《老子》，爱上了“自胜自强”一句话，所以取了个别号叫希强，又自称“期自胜生”。这篇文字是我的第一篇白话文字，所以我抄其中说“地球是圆的”一段在这里做一个纪念：

> 譬如一个人立在海边，远远的望这来往的船只。那来的船呢，一定是先看见他的桅杆顶，以后方能够看见他的风帆，他的船身一定在最后方可看见。那去的船呢，却恰恰与来的相反，他的船身一定先看不见，然后看不见他的风帆，直到后来方才看不见他的桅杆顶。这是什么缘故呢？因为那地是圆的，所以来的船在那地的低处慢慢行上来，我们看去自然先看见那桅杆顶了。那去的船也是这个道理，不过同这个相反罢了。……诸君们如再不相信，可捉一只苍蝇摆在一只苹果上，叫他从下面爬到上面来，可不是先看见他的头然后再看见他的脚么？……

这段文字已充分表现出我的文章的长处与短处了。我的长处是明白清楚，短处是浅显。这时候我还不满十五岁。二十五年来，我抱定一个宗旨，做文字必须要叫人懂得，所以我从来不怕人笑我的文字浅显。

我做了一个月的白话文，胆子大起来了。忽然决心做一部长篇的章回小说。小说的题目叫做《真如岛》，用意是“破除迷信，开通民智”。我拟了四十回的回目，便开始写下去了。第一回就在《旬报》第三期上发表（丙午十月初一日），回目是：

> 虞善仁疑心致疾
> 孙绍武正论祛迷

这小说的开场一段是：

> 话说江西广信府贵溪县城外有一个热闹的市镇叫做神权镇，镇上有一条街叫福儿街。这街尽头的地方有一所高大的房子。有一天下午的时候，这屋的楼上有二人在那里说话。一个是一位老人，年纪大约五十以外的光景，鬓发已经有些花白了，躺在一张床上，把头靠近床沿，身上盖了一条厚被，面上甚是消瘦，好像是重病的模样。一个是一位十八九岁的后生，生得仪容端整，气概轩昂，坐在床前一只椅子上，听那个老人说话……

我小时最痛恨道教，所以这部小说的开场就放在张天师的家乡。但我实在不知道贵溪县的地理风俗。所以不久我就把书中的主人翁孙绍武搬到我们徽州去了。

《竞业旬报》出到第十期，便停办了。我的小说续到第六回，也停止了。直到戊申年（一九〇八）三月十一日，《旬报》复活，第十一期才出世。但傅君剑已不来了，编辑无人负责，我也不大高兴投稿了。到了戊申七月，《旬报》第二十四期以下就归我编辑。从第二十四期到第三十八期，我做了不少的文字，有时候全期的文字，从论说到时闻，差不多都是我做的。《真如岛》也从第二十四期上续作下去，续到第十一回，《旬报》停刊了，我的小说也从此停止了。这时期我改用了“铁儿”的笔名。

这几十期的《竞业旬报》给了我一个绝好的自由发表思想的机会，使我可以把在家乡和在学校得着的一点点知识和见解，整理一番，用明白清楚的文字叙述出来。《旬报》的办事人从来没有干涉我的言论，所以我能充分发挥我的思想，尤其是我对于宗教迷信的思想。例如《真如岛》小说第八回里，孙绍武这样讨论“因果”的问题：

> 这“因果”二字，很难说的。从前有人说，“譬如窗外这一树花儿，枝枝朵朵都是一样，何曾有什么好歹善恶的分别？不多一会，起了一阵狂风，把一树花吹一个‘花落花飞飞满天’，那许多花朵，有的吹上帘栊，落在锦茵之上；有的吹出墙外，落在粪溷之中。这落花的好歹不同，难道好说是这几枝花的善恶报应不成？”这话很是，但是我的意思却还不止此。大约这因果二字是有的。有了一个因，必收一个果。譬如吃饭自然会饱，吃酒自然会醉。有了吃饭吃酒两件原因，自然会生出醉饱两个结果来。但是吃饭是饭的作用生出饱来，种瓜是瓜的作用生出新瓜来。其中并没有什么人为之主宰。如果有什么人为主宰，什么上帝哪，菩萨哪，既能罚恶人于既作孽之后，为什么不能禁之于未作孽之前呢？……“天”要是真有这么大的能力，何不把天下的人个个都成了善人呢？……“天”即生了恶人，让他在世间作恶，后来又叫他受许多报应，这可不是书上说的“出尔反尔”么？……总而言之，“天”既不能使人不作恶，便不能罚那恶人……

落花一段引的是范缜的话（看本书第二章），后半是我自己的议论。

这是很不迟疑的无神论。这时候我另在《旬报》上发表了一些《无鬼丛话》，第一条就引司马温公“形既朽灭，神亦飘飘，虽有剉烧舂磨，亦无所施”的话，和范缜“神之于形，犹利之于刀”的话（参看第二章）。第二条引苏东坡的诗“耕田欲雨刈欲晴，去得顺风来者怨。若使人人祷辄遂，造物应须日千变”。第三条痛骂《西游记》和《封神榜》，其中有这样的话：

> 夫士君子处颓敝之世，不能摩顶放踵敝口焦舌以挽滔滔之狂澜，曷若隐遁穷邃，与木石终其身！更安忍随波逐流，阿谀取容于当世，用自私利其身？（本条前面说《封神榜》的作者把书稿送给他的女儿作嫁资，其婿果然因此发财。所以此处有“自私利”的话。）天壤间果有鬼神者，则地狱之设正为此辈！此其人更安有著书资格耶！（《丛话》原是用文言作的。）

这是戊申（一九〇八）年八月发表的。谁也梦想不到说这话的小孩子在十五年后（一九二三）居然很热心的替《西游记》作两万字的考证！如果他有好材料，也许他将来还替《封神榜》作考证哩！

在《无鬼丛话》的第三条里，我还接着说：

> 《王制》有之：“托于鬼神时日卜筮以乱众者，诛。”吾独怪夫数千年来之掌治权者，之以济世明道自期者，乃懵然不之注意，惑世诬民之学说得以大行，遂举我神州民族投诸极黑暗之世界！嗟夫，吾昔谓“数千年来仅得许多脓包皇帝，混账圣贤”，吾岂好詈人哉？吾岂好詈人哉？

这里很有“卫道”的臭味，但也可以表现我在不满十七岁时的思想路子。《丛话》第四条说：

> 吾尝持无鬼之说，论者或咎余，谓举一切地狱因果之说而摧陷之，使人人敢于为恶，殊悖先王神道设教之旨。此言余不能受也。今日地狱因果之说盛行，而恶人益多，民德日落，神道设教之成效果何如者！且处兹思想竞争时代，不去此种种魔障，思想又乌从而生耶？

这种夸大的口气，出于一个十七岁孩子的笔下，未免叫人读了冷笑。但我现在回看我在那时代的见解，总算是自己独立想过几年的结果，比起现今一班在几个抽象名词里翻筋斗的少年人们，我还不感觉惭愧。

《竞业旬报》上的一些文字，我早已完全忘记了。前年中国国民党的中央宣传部曾登报征求全份的《竞业旬报》，——大概他们不知道这里面一大半的文字是胡适做的，——似乎也没有效果。我靠几个老朋友的帮忙，搜求了几年，至今还不曾凑成全份。今年回头看看这些文字，真有如同隔世之感。但我很诧异的是有一些思想后来成为我的重要的出发点的，在那十七八岁的时期已有了很明白的倾向了，例如我在《旬报》第三十六期上发表一篇《苟且》，痛论随便省事不肯彻底思想的毛病，说“苟且”二字是中国历史上的一场大瘟疫，把几千年的民族精神都瘟死了。我在《真如岛》小说第十一回（《旬报》三十七期）论扶乩的迷信，也说：

> 程正翁，你想罢。别说没有鬼神，即使有鬼神，那关帝吕祖何等尊严，岂肯听那一二张符诀的号召？这种道理总算浅极了，稍微想一想，便可懂得。只可怜我们中国人总不肯想，

只晓得随波逐流，随声附和。国民愚到这步田地，照我的眼光看来，这都是不肯思想之故。所以宋朝大儒程伊川说“学原于思”，这区区四个字简直是千古至言。——郑先生说到这里，回过头来，对翼华翼璜道：程子这句话，你们都可写作座右铭。

“学原于思”一句话是我在澄衷学堂读朱子《近思录》时注意到的。我后来的思想走上了赫胥黎和杜威的路上去，也正是因为我从十几岁时就那样十分看重思想的方法了。

又如那时代我在李莘伯办的《安徽白话报》上发表的一篇《论承继之不近人情》（转载在《旬报》二十九期），我不但反对承继儿子，并且根本疑问“为什么一定要儿子”？此文的末尾有一段说：

我如今要荐一个极孝顺永远孝顺的儿子给我们中国四万万同胞。这个儿子是谁呢？便是“社会”。……

你看那些英雄豪杰仁人义士的名誉，万古流传，永不湮没；全社会都崇拜他们，纪念他们；无论他们有子孙没有子孙，我们纪念着他们，总不少减；也只为他们有功于社会，所以社会永远感谢他们，纪念他们。阿唫唫，这些英雄豪杰仁人义士的孝子贤孙多极了，多极了！……一个人能做许多有益于大众有功于大众的事业，便可以把全社会都成了他的孝子贤孙。列位要记得：儿子孙子，亲生的，承继的，都靠不住。只有我所荐的孝子顺孙是万无一失的。

这些意思，最初起于我小时看见我的三哥出继珍伯父家的痛苦情形，是从一个真问题上慢慢想出来的一些结论。这一点种子，在四五年后，

我因读培根（Bacon）的论文有点感触，在日记里写成我的《无后主义》。在十年以后，又因为我母亲之死引起了一些感想，我才写成《不朽：我的宗教》一文，发挥“社会不朽”的思想。

这几十期的《竞业旬报》，不但给了我一个发表思想和整理思想的机会，还给了我一年多作白话文的训练。清朝末年出了不少的白话报，如《中国白话报》，《杭州白话报》，《安徽俗话报》，《宁波白话报》，《潮州白话报》，都没有长久的寿命。光绪宣统之间，范鸿仙等办《国民白话日报》，李莘伯办《安徽白话报》，都有我的文字，但这两个报都只有几个月的寿命。《竞业旬报》出到四十期，要算最长寿的白话报了。我从第一期投稿起，直到他停办时止，中间不过有短时期没有我的文字。和《竞业旬报》有编辑关系的人，如傅君剑，如张丹斧，如叶德争，都没有我的长久关系，也没有我的长期训练。我不知道我那几十篇文字在当时有什么影响，但我知道这一年多的训练给了我自己绝大的好处，白话文从此成了我的一种工具。七八年之后，这件工具使我能够在中国文学革命的运动里做了一个开路的工人。

3

我进中国公学不到半年，就得了脚气病，不能不告假医病。我住在上海南市瑞兴泰茶叶店里养病，偶然翻读吴汝纶选的一种古文读本，其中第四册全是古诗歌。这是我第一次读古体诗歌，我忽然感觉很大的兴趣。病中每天读熟几首。不久就把这一册古诗读完了。我小时曾读一本律诗，毫不觉得很大兴味；这回看了这些乐府歌辞和五七言诗歌，才知道诗歌原来是这样自由的，才知道做诗原来不必先学对仗。我背熟的第一首诗是《木兰辞》，第二首是《饮马长城窟行》，第三是《古诗十九首》，一路下去，直到陶潜、杜甫，我都喜欢读，读完了吴汝纶的选本，我又在二哥的藏书里寻得了《陶渊明集》和《白香山诗选》，后来又买了一部《杜诗镜诠》。这时期我专读古体歌行，不肯再读律诗；偶然也读一些五七言绝句。

有一天，我回学堂去，路过《竞业旬报》社，我进去看傅君剑，他说不久就要回湖南去了。我回到了宿舍，写了一首送别诗，自己带给君剑，问他像不像诗。这诗我记不得了，只记得开端是"我以何因缘，得交傅君剑"。君剑很夸奖我的送别诗，但我终有点不自信。过了一天，他送了一首《留别适之即和赠别之作》来，用日本卷笺写好，我打开一看，真吓了一跳。他诗中有"天下英雄君与我，文章知己友兼师"两句，在我这刚满十五岁的小孩子的眼里，这真是受宠若惊了！"难道他是说谎话哄小孩子吗？"我忍不住这样想。君剑这幅诗笺，我赶快藏了，不敢给人看。然而他这两句鼓励小孩子的话可害苦我了！从此以后，我就发愤读诗，想要做个诗人了。有时候，我在课堂上，先生在黑板上解高等代数的算式，我却在斯密司的《大代数学》底下翻《诗韵合璧》，练习簿上写的不是算式，是一首未完的纪游诗。一两年前我半夜里偷点着蜡烛，伏在枕头上演习代数问题，那种算学兴趣现在都被做诗的新兴趣赶跑了！我在脚气病的几个月之中发见了一个新世界，同时也决定了我一生的命运。我从此走上了文学史学的路，后来几次想矫正回来，想走到自然科学的路上去，但兴趣已深，习惯已成，终无法挽回了。

丁未正月（一九〇七）我游苏州，三月与中国公学全体同学旅行到杭州，我都有诗纪游。我那时全不知道"诗韵"是什么，只依家乡的方音，念起来同韵便算同韵，在西湖上写了一首绝句，只押了两个韵脚，杨千里先生看了大笑，说，一个字在"尤"韵，一个字在"萧"韵。他替我改了两句，意思全不是我的了。我才知道做诗要硬记《诗韵》，并且不妨牺牲诗的意思来迁就诗的韵脚。

丁未五月，我因脚气病又发了，遂回家乡养病（我们徽州人在上海得了脚气病，必须赶紧回家乡，行到钱塘江的上游，脚肿便渐渐退了）。我在家中住了两个多月，母亲很高兴。从此以后，我十年不归家（一九〇七至一九一七），那是母亲和我都没有料到的。那一次在家，和近仁叔相聚甚久，他很鼓励我作诗。在家中和路上我都有诗。这时候我读了不少白居易的诗，所以我这时期的诗，如在家乡做的《弃父行》，很表现《长庆集》的影响。

丁未以后，我在学校里颇有少年诗人之名，常常和同学们唱和。有一次我做了一首五言律诗，押了一个"赪"字韵，同学和教员和作的诗有十几首之多。同学中如汤昭（保民），朱经（经农），任鸿隽（叔永），沈翼孙（燕谋）等，都能作诗；教员中如胡梓方先生，石一参先生等，也都爱提倡诗词，梓方先生即是后来出名的诗人胡诗庐，这时候他教我们的英文，英文教员能做中国诗词，这是当日中国公学的一种特色。还有一位英文教员姚康侯先生，是辜鸿铭先生的学生，也是很讲究中国文学的。辜先生译的《痴汉骑马歌》，其实是姚康侯先生和几位同们修改润色的。姚先生在课堂上常教我们翻译，从英文译汉文，或从汉文译英文。有时候，我们自己从读本里挑出爱读的英文诗，邀几个能诗的同学分头翻译成中国诗，拿去给姚先生和胡先生评改。姚先生常劝我们看辜鸿铭译的《论语》，他说这是翻译的模范。但五六年后，我得读辜先生译的《中庸》，感觉很大的失望。大概当时所谓翻译，都侧重自由的意译，务必要"典雅"，而不妨变动原文的意义与文字。这种训练也有他的用处，可以使学生时时想到中西文字异同之处。时时想某一句话应该怎样翻译，才可算"达"与"雅"。我记得我们试译一首英文诗，中有Scarecrow一个字，我们大家想了几天，想不出一个典雅的译法。但是这种工夫，现在回想起来，不算是浪费了的。

我初学做诗，不敢做律诗，因为我不曾学过对对子，觉得那是很难的事。戊申（一九〇八）以后，我偶然试做一两首五言律诗来送朋友，觉得并不很难，后来我也常常做五七言律诗了。做惯律诗之后，我才明白这种体裁是似难而实易的把戏；不必有内容，不必有情绪，不必有意思，只要会变戏法，会搬运典故，会调音节，会对对子，就可以诌成一首律诗。这种体裁最宜于做没有内容的应酬诗，无论是殿廷上应酬皇帝，或寄宿舍里送别朋友，把头摇几摇，想出了中间两联，凑上一头一尾，就是一首诗了；如果是限韵或和韵的诗，只消从韵脚上去着想，那就更容易了。大概律诗的体裁和步韵的方法所以不能废除，正因为这都是最方便的戏法。我那时读杜甫的五言律诗最多，所以我做的五律颇受他的影响。七言律诗，我觉得没有一首能满意的，所以我做了几首之后就不做了。

现在我把我在那时做的诗抄几首在这里，也算一个时期的纪念：

秋日梦返故居（戊申八月）

秋高风怒号，客子中怀乱。抚枕一太息，悠悠归里闬。入门拜慈母，母方抚孙玩。齐儿见叔来，牙牙似相唤。拜母复入室，诸嫂同炊爨。问答乃未已，举头日已旰。方期长聚首，岂复疑梦幻？年来历世故，遭际多忧患。耿耿苦思家，听人讥斥鹖。（玩字原作弄，是误用方音，前年改玩字。）

军人梦（译Thomas Campbell’s A Soldier’s Dream）（戊申）

笳声销歇暮云沉，耿耿天河灿列星。战士创痍横满地，倦者酣眠创者逝。枕戈藉草亦蘧然，时见刍人影摇曳。长夜沉沉夜未央，陶然入梦已三次。梦中忽自顾，身已离行伍，秋风拂襟袖，独行殊踽踽，惟见日东出，迎我归乡土。纵横阡陌间，尽是钓游迹，时闻老农刈稻歌，又听牛羊嗥山脊。归来戚友咸燕集，誓言不复相离别。娇儿数数亲吾额，少妇情深自呜咽。举室争言君已倦，幸得归休免征战。惊回好梦日熹微，梦魂渺渺成虚愿。（刍人原作刍灵，今年改。）

酒醒（己酉）

酒能销万虑，已分醉如泥。烛泪流干后，更声断续时。醒来还苦忆，起坐一沉思。窗外东风峭，星光淡欲垂。

女优陆菊芬演《纺棉花》（己酉）

永夜亲机杼，悠悠念远人。朱弦纤指弄，一曲翠眉颦。满座天涯客，无端旅思新。未应儿女语，争奈不胜春！

秋柳　有序（己酉）

秋日适野，见万木皆有衰意。而柳以弱质，际兹高秋，独能迎风而舞，意态自如。岂老氏所谓能以弱者存耶？感而赋之。

但见萧飔万木摧，尚作垂柳拂人来。西风莫笑长条弱，也向西风舞一回。

（西风莫笑，原作“凭君漫说”，民国五年改。长条原作“柔条”，十八年改。）

五　我怎样到外国去

1

戊申（一九〇八）九月间，中国公学闹出了一次大风潮，结果是大多数学生退学出来，另组织一个中国新公学。这一次的风潮为的是一个宪法的问题。

中国公学在最初的时代，纯然是一个共和国家，评议部为最高立法机关，执行部的干事即由公选产生出来。不幸这种共和制度实行了九个月（丙午二月至十一月），就修改了。修改的原因，约有几种：一是因为发起的留日学生逐渐减少，而新招来的学生逐渐加多，已不是当初发起时学生与办事人完全不分界限的情形了。二是因为社会和政府对于这种共和制度都很疑忌。三是因为公学既无校舍，又无基金，有请求官款补助的必要，所以不能不避免外界对于公学内部的疑忌。

为了这种种原因，公学的办事人就在丙午（一九〇六）年的冬天，请了郑孝胥、张謇、熊希龄等几十人作中国公学的董事，修改章程，于是学生主体的制度，就变成了董事会主体的制度。董事会根据新章程，公举郑孝胥为监督。一年后，郑孝胥辞职，董事会又举夏敬观为监督。这两位都是有名的诗人，他们都不常到学校，所以我们也不大觉得监督制的可畏。

可是在董事会与监督之下，公学的干事就不能由同学公选了。评议部是新章所没有的。选举的干事改为学校聘任的教务长，庶务长，斋务长了。这几位办事人，外面要四出募捐，里面要担负维持学校的责任，自然感觉他们的地位有稳定的必要。况且前面已说过，校章的修改也不是完全没有理由的。但我们少年人可不能那样想。中国公学的校章上明明载着“非经全体三分之二承认，不得修改”。这是我们的宪法上载着的唯一的修正方法。三位干事私自修改校章，是非法的。评议部的取消也是非法的。这里面也还有个人的问题。当家日子久了，总难免“猫狗皆嫌”。何况同学之中有许多本是干事诸君的旧日同辈的朋友呢？在校上课的同学自然在学业上日日有长进，而干事诸君办事久了，学问上没有进境，却当着教务长一类的学术任务，自然有时难免受旧同学的轻视。法的问题和这种人的问题混合在一块，风潮就不容易避免了。

代议制的评议部取消之后，全体同学就组织了一个“校友会”，其实就等于今日各校的学生会。校友会和三干事争了几个月，干事答应了校章可由全体学生修改。又费了几个月的时间，校友会把许多修正案整理成一个草案，又开了几次会，才议定了一本校章。一年多的争执，经过了多少度的磋商，新监督夏先生与干事诸君均不肯承认这新改的校章。

到了戊申（一九〇八）九月初三日，校友会开大会报告校章交涉的经过，会尚未散，监督忽出布告，完全否认学生有订改校章之权，这竟是完全取消干事承认全体修改校章的布告了。接着又出了两道布告，一道说“集会演说，学堂悬为严禁……校友会以后不准再行开会”。一道说学生代表朱经朱绂华“倡首煽众，私发传单，侮辱职员，要挟发布所自改印章程，屡诫不悛，纯用意气，实属有意破坏公学。照章应即斥退，限一日内搬移出校”。

初四日，全体学生签名停课，在操场上开大会。下午干事又出布告，开除学生罗君毅，周烈忠，文之孝等七人，并且说“如仍附从停课，即当将停课学生全行解散，另行组织。”初五日，教员出来调停，想请董事会出来挽救。但董事会不肯开会。初七日学生大会遂决议筹备万一学校解散后的办法。

初八日董事陈三立先生出来调停，但全校人心已到了很激昂的程度，不容易挽回了。初九日，校中布告："今定于星期日暂停膳食。所有被胁诸生可先行退出校外，暂住数日。准于今日午后一时起，在寰球中国学生会发给旅膳费。俟本公学将此案办结后，再行布告来校上课。"

这样的压迫手段激起了校中绝大多数同学的公愤。他们决定退学，遂推举干事筹备另创新校的事。退学的那一天，秋雨淋漓，大家冒雨搬到爱尔近路庆祥里新租的校舍里。厨房虽然寻来了一家，饭厅上桌凳都不够，碗碟也不够。大家都知道这是我们自己创立的学校，所以不但不叫苦，还要各自掏腰包，捐出钱来作学校的开办费。有些学生把绸衣，金表，都拿去当了钱来捐给学堂做开办费。

十天之内，新学校筹备完成了，居然聘教员，排功课，正式开课了。校名定为"中国新公学"；学生有一百六七十人。在这风潮之中，最初的一年因为我是新学生，又因为我告了长时期的病假，所以没有参与同学和干事的争执；到了风潮正激烈的时期，我被举为大会书记，许多记录和宣言都是我做的，虽然不在被开除之列，也在退学之中。朱经，李琴鹤，罗君毅被举作干事。有许多旧教员都肯来担任教课。学校虽然得着社会上一部分人的同情，捐款究竟很少，经费很感觉困难。李琴鹤君担任教务干事，有一天他邀我到他房里谈话，他要我担任低级各班的英文，每星期教课三十点钟，月薪八十元；但他声明，自家同学作教员，薪俸是不能全领的，总得欠着一部分。

我这时候还不满十七岁，虽然换了三个学堂，始终没有得着一张毕业证书。我若继续上课，明年可以毕业了。但我那时确有不能继续求学的情形。我家本没有钱。父亲死后，只剩几千两的存款，存在同乡店里生息，一家人全靠这一点出息过日子。后来存款的店家倒账了，分摊起来，我家分得一点小店业。我的二哥是个有才干的人，他往来汉口、上海两处，把这点小店业变来变去，又靠他的同学朋友把他们的积蓄寄存

在他的店里，所以他能在几年之中合伙撑起一个规模较大的瑞兴泰茶叶店。但近几年中，他的性情变了，一个拘谨的人变成了放浪的人；他的费用变大了，精力又不能贯注到店事，店中所托的人又不很可靠，所以店业一年不如一年。后来我家的亏空太大了，上海的店业不能不让给债权人。当戊申的下半年，我家只剩汉口一所无利可图的酒栈（两仪栈）了。这几个月以来，我没有钱住宿舍，就寄居在《竞业旬报》社里（也在庆祥里）。从七月起，我担任《旬报》的编辑，每出一期报，社中送我十块钱的编辑费。住宿和饭食都归社中担负。我家中还有母亲，眼前就得要我寄钱赡养了。母亲也知道家中破产就在眼前，所以寄信来要我今年回家去把婚事办了。我斩钉截铁的阻止了这件事，名义上是说求学要紧，其实是我知道家中没有余钱给我办婚事，我也没有钱养家。

正在这个时候，李琴鹤君来劝我在新公学作教员。我想了一会，就答应了。从此以后，我每天教六点钟的英文，还要改作文卷子。十七八岁的少年人，精力正强，所以还能够勉强支持下去，直教到第二年（一九〇九）冬天中国新公学解散时为止。

以学问论，我那时怎配教英文？但我是个肯负责任的人，肯下苦功去预备功课，所以这一年之中还不曾有受窘的时候，我教的两班后来居然出了几个有名的人物：饶毓泰（树人），杨铨（杏佛），严庄（敬斋），都做过我的英文学生。后来我还在校外收了几个英文学生，其中有一个就是张奚若。可惜他们后来都不是专习英国文学；不然，我可真"抖"了！

《竞业旬报》停刊之后，我搬进新公学去住。这一年的教书生活虽然很苦，于我自己却有很大的益处。我在中国公学两年，受姚康侯和王云五两先生的影响很大，他们都最注重文法上的分析，所以我那时虽不大能说英国话，却喜欢分析文法的结构，尤其喜欢拿中国文法来做比较。现在做了英文教师，我更不能不把字字句句的文法弄的清楚。所以这一年之中，我虽没有多读英国文学书，却在文法方面得着很好的练习。

中国新公学在最困苦的情形之下支持了一年多，这段历史是很悲壮的。那时候的学堂多不讲究图书仪器的设备，只求做到教员好，功课紧，管理严，就算好学堂了。新公学的同学因为要争一口气，所以成绩很好，管理也不算坏。但经费实在太穷，教员只能拿一部分的薪俸，干事处常常受收房捐和收巡捕捐的人的恶气；往往因为学校不能付房捐和巡捕捐，同学们大家凑出钱来，借给干事处。有一次干事朱经农君（即朱经）感觉学校经费困难已到了绝地，他忧愁过度，神经错乱，出门乱走，走到了徐家汇的一条小河边，跳下河去，幸遇人救起，不曾丧命。

这时候，中国公学的吴淞新校舍已开始建筑了，但学生很少。内地来的学生，到了上海，知道了两个中国公学的争持，大都表同情于新公学，所以新公学的学生总比老公学多。例如张奚若（原名耘）等一些陕西学生，到了上海，赶不上招考时期，他们宁可在新公学附近租屋补习，却不肯去老公学报名。所以“中国新公学”的招牌一天不去，“中国公学”是一天不得安稳发展的，老公学的职员万不料我们能支持这么久。他们也知道我们派出去各省募捐的代表，如朱绂华、朱经农、薛传斌等，都有有力的介绍，也许有大规模的官款补助的可能。新公学募款若成功，这个对峙的局面更不容易打消了。

老公学的三干事之中，张邦杰先生（俊生）当风潮起时在外省募款未归；他回校后极力主张调停，收回退学的学生。不幸张先生因建筑吴淞校舍，积劳成病，不及见两校的合并就死了。新公学董事长李平书先生因新校经济不易维持，也赞成调停合并。调停的条件大致是：凡新公学的学生愿意回去的，都可回去；新公学的功课成绩全部承认；新公学所有亏欠的债务，一律由老公学担负清偿。新公学一年之中亏欠已在

一万元以上，捐款究竟只是一种不能救急的希望；职员都是少年人，牺牲了自己的学业来办学堂，究竟不能持久。所以到了己酉（一九〇九）十月，新公学接受了调停的条件，决议解散：愿回旧校者，自由回去。我有题新校合影的五律二首，七律一首，可以纪念我们在那时候的感情，所以我抄在这里：

十月题新校合影，时公学将解散

无奈秋风起，艰难又一年。
颠危俱有责，成败岂由天？
黯黯愁兹别，悠悠祝汝贤。
不堪回首处，沧海已桑田。
此地一为别，依依无限情。
凄凉看日落，萧瑟听风鸣。
应有天涯感，无忘城下盟！
相携入图画，万虑苦相萦。

十月再题新校教员合影

也知胡越同舟谊，无奈惊涛动地来。
江上飞鸟犹绕树，尊前残烛已成灰。
昙花幻想空余恨，鸿爪遗痕亦可哀。
莫笑劳劳作刍狗，且论臭味到岑苔。

这都算不得诗，但“应有天涯感，无忘城下盟”两句确是当时的心理。合并之后，有许多同学都不肯回老公学去，也是如此。这一年的经验，为一个理想而奋斗，为一个团体而牺牲，为共同生命而合作，这些都在我们一百六十多人的精神上留下磨不去的影子。二十年来，无人写这一段历史，所以我写这几千字，给我的一班老同学留一点“鸿爪遗痕”。

少年人的理想主义受打击之后，反动往往是很激烈的。在戊申己酉（一九〇八至一九〇九）两年之中，我的家事败坏到不可收拾的地步。己酉年，大哥和二哥回家，主张分析家产；我写信回家，说我现在已能自立了，不要家中的产业。其实家中本没有什么产业可分，分开时，兄弟们每人不过得着几亩田，半所屋而已。那一年之中，我母亲最心爱的一个妹子和一个弟弟先后死了，她自己也病倒了，我在新公学解散之后，得了两三百元的欠薪，前途茫茫，毫无把握，那敢回家去？只好寄居在上海，想寻一件可以吃饭养家的事。在那个忧愁烦闷的时候，又遇着一班浪漫的朋友，我就跟着他们堕落了。

〔注〕

这一段是去年（一九三一）夏间写的，写成之后，我恐怕我的记载有不正确或不公平的地方，所以把原稿送给王敬芳先生（抟沙），请他批评修改。他是我们攻击的干事之一，是当日风潮的一个主要目标。但事隔二十多年，我们都可以用比较客观的眼光来回看当年的旧事了。他看了之后，写了一封几千字的长信给我，承认我的话“说的非常心平气和，且设身处地的委曲体谅，令我极端佩服”，又指出一些与当日事实不符的地方。他指出的错误，我都改正了。所以这一段小史，虽是二十多年后追记的，应该没有多大的错误。我感谢王先生的修正，并且盼望我的老同学朱经农、罗君毅诸先生也给我同样的修正。

王先生在他的长信里说了几句很感慨的话，我认为很值得附录在此。他说："我是当初反对取缔规则最力的人，但是今日要问我取缔规则到底对于中国学生有多大害处，我实在答应不出来。你是当时反对公学最力的人，看你这篇文章，今昔观察也就不同的多了。我想青年人往往因感情的冲动，理智便被压抑了。中国学校的风潮，大多数是由于这种原因。学校中少一分风潮，便多一分成就。盼望你注意矫正这种流弊。"我是赞成这话的，但是我要补充一句：学校的风潮不完全由于青年人的理智被感情压抑了，其中往往是因为中年人和青年人同样的失去了运用理智的能力。专责备青年人是不公允的。中国公学最近几次的风潮都是好例子。

廿一，九，廿七

2

中国新公学有一个德国教员，名叫何德梅（Ottomeir），他的父亲是德国人，母亲是中国人，他能说广东话，上海话，官话，什么中国人的玩意儿，他全会。我从新公学出来，就搬在他隔壁的一所房子里住，这两所房子是通的，他住东屋，我和几个四川朋友住西屋。和我同住的人，有林君墨（恕）、但怒刚（懋辛）诸位先生；离我们不远，住着唐桂梁（蟒）先生，是唐才常的儿子。这些人都是日本留学生，都有革命党的关系；在那个时候各地的革命都失败了，党人死的不少，这些人都很不高兴，都很牢骚。何德梅常邀这班人打麻将，我不久也学会了。我们打牌不赌钱，谁赢谁请吃雅叙园。我们这一班人都能喝酒，每人面前摆一大壶，自斟自饮。从打牌到喝酒，从喝酒又到叫局，从叫局到吃花酒，不到两个月，我都学会了。

幸而我们都没有钱，所以都只能玩一点穷开心的玩意儿：赌博到吃馆子为止，逛窑子到吃“镶边”的花酒或打一场合股份的牌为止。有时候，我们也同去看戏。林君墨和唐桂梁发起学唱戏，请了一位小喜禄来教我们唱戏，同学之中有欧阳予倩，后来成了中国戏剧界的名人。我最不行，一句也学不会，不上两天我就不学了。此外，我还有一班小朋友，同乡有许怡荪、程乐亭、章希吕诸人，旧同学有郑仲诚、张蜀川、郑铁如诸人。怡荪见我随着一班朋友发牢骚，学堕落，他常常规劝我。但他在吴淞复旦公学上课，是不常来的，而这一班玩的朋友是天天见面的，所以我那几个月之中真是在昏天黑地里胡混。有时候，整天的打牌；有时候，连日的大醉。

有一个晚上，闹出乱子来了。那一晚我们在一家“堂子”里吃酒，喝的不少了，出来又到一家去“打茶围”。那晚上雨下的很大，下了几点钟还不止。君墨、桂梁留我打牌，我因为明天要教书（那时我在华童公学教小学生的国文），所以独自雇人力车走了。他们看我能谈话，能在一叠“局票”上写诗词，都以为我没喝醉，也就让我一个人走了。

其实我那时已大醉了，谈话写字都只是我的“下意识”的作用，我全不记忆。出门上车以后，我就睡着了。

直到第二天天明时，我才醒来，眼睛还没有睁开，就觉自己不是睡在床上，是睡在硬的地板上！我疑心昨夜喝醉了，睡在家中的楼板上，就喊了一声“老彭”！——老彭是我雇的一个湖南仆人。喊了两声，没有人答应，我已坐起来了，眼也睁开了。

奇怪的很！我睡在一间黑暗的小房里，只有前面有亮光，望出去好像没有门。我仔细一看，口外不远还好像有一排铁栅栏。我定神一听，听见栏杆外有皮鞋走路的声响。一会儿，狄托狄托的走过来了，原来是

一个中国巡捕走过去。

我有点明白了，这大概是巡捕房，只不知道我怎样到了这儿来的。我想起来问一声，这时候才觉得我一只脚上没有鞋子，又觉得我身上的衣服都是湿透了的。我摸来摸去，摸不着那一只皮鞋；只好光着一只袜子站起来，扶着墙壁走出去，隔着栅栏招呼那巡捕，问他这是什么地方。

他说："这是巡捕房。"

"我怎么会进来的？"

他说："你昨夜喝醉了酒，打伤了巡捕，半夜后进来的。"

"什么时候我可以出去？"

"天刚亮一会，早呢！八点钟有人来，你就知道了。"

我在亮光之下，才看见我的旧皮袍不但是全湿透了，衣服上还有许多污泥。我觉得脸上有点疼，用手一摸，才知道脸上也有污泥，并且有破皮的疤痕。难道我真同人打了架吗？

这是一个春天的早晨，一会儿就是八点钟了。果然有人来叫我出去。

在一张写字桌边，一个巡捕头坐着，一个浑身泥污的巡捕立着回话。那巡捕头问：

"就是这个人？"

"就是他。"

"你说下去。"

那浑身泥污的巡捕说：

"昨夜快十二点钟时候，我在海宁路上班，雨下的正大。忽然（他指着我）他走来了，手里拿着一只皮鞋敲着墙头，狄托狄托的响。我拿巡捕灯一照，他开口就骂。"

"骂什么？"

"他骂'外国奴才'！我看他喝醉了，怕他闯祸，要带他到巡捕房里来。他就用皮鞋打我，我手里有灯，抓不住他，被他打了好几下。后来我抱住他，抢了他的鞋子，他就和我打起来了。两个人抱住不放，滚在地上。下了一夜的大雨，马路上都是水，两个人在泥水里打滚。我的灯也打碎了，身上脸上都被他打了。他脸上的伤是在石头上擦破了皮。我吹叫子，唤来了一部空马车，两个马夫帮我捉住他，关在马车里，才能把他送来。我的衣服是烘干了，但是衣服上的泥都不敢弄掉，这都是在马路当中滚的。"

我看他脸上果然有伤痕，但也像是擦破了皮，不像是皮鞋打的。他解开上身，也看不出什么伤痕。

巡捕头问我，我告诉了我的真姓名和职业，他听说我是在华童公学教书的，自然不愿得罪我。他说，还得上堂问一问，大概要罚几块钱。

他把桌子上放着的一只皮鞋和一条腰带还给我。我穿上了鞋子，才想起我本来穿有一件缎子马褂。我问他要马褂，他问那泥污的巡捕，他回说："昨夜他就没有马褂。"

我心里明白了。

我住在海宁路的南林里，那一带在大雨的半夜里是很冷静的。我上了车就睡着了。车夫到了南林里附近，一定是问我到南林里第几弄。我大概睡的很熟，不能回答了。车夫叫我不醒，也许推我不醒，他就起了坏心思，把我身上的钱摸去了，又把我的马褂剥去了。帽子也许是他拿去了的，也许是丢了的。他大概还要剥我的皮袍，不想这时候我的"下意识"醒过来了。就和他抵抗。那一带是没有巡捕的，车夫大概是拉了车子跑了，我大概追他不上，自己也走了。皮鞋是跳舞鞋式的，没有鞋带，所以容易掉下来；也许是我跳下车来的时候就掉下来了，也许我拾起来了一只鞋子来追赶那车夫。车夫走远了，我赤着一只脚在雨地里自然追不上。我慢慢的依着"下意识"走回去，醉人往往爱装面子，所以我丢了东西反唱起歌来了，——也许唱歌是那个巡捕的胡说，因为我的意识生活是不会唱歌的。

这是我自己用想象来补充的一段，是没有法子证实的了。但我想到在车上熟睡的一段，不禁有点不寒而栗，身上的水湿和脸上的微伤那能比那时刻的生命的危险呢？

巡捕头许我写一封短信叫人送到我的家中。那时候郑铁如（现在的香港中国银行行长）住在我家中，我信上托他带点钱来准备做罚款。

上午开堂问事的时候，几分钟就完了，我被罚了五元，做那个巡捕的养伤费和赔灯费。

我到了家中，解开皮袍，里面的棉袄也湿透了，一解开来，里面热气蒸腾：湿衣裹在身上睡了一夜，全蒸热了！我照镜子，见脸上的伤都只是皮肤上的微伤，不要紧的。可是一夜的湿气倒是可怕。

同住的有一位四川医生，姓徐，医道颇好。我请他用猛药给我解除湿气。他下了很重的泻药，泄了几天；可是后来我手指上和手腕上还发出了四处的肿毒。

那天我在镜子里看见我脸上的伤痕，和浑身的泥湿，我忍不住叹一口气，想起“天生我材必有用”的诗句，心里百分懊悔，觉得对不起我的慈母，——我那在家乡时时刻刻悬念着我，期望着我的慈母！我没有掉一滴眼泪，但是我已经过了一次精神上的大转机。

我当日在床上就写信去辞了华童公学的职务，因为我觉得我的行为玷辱了那个学校的名誉。况且我已决心不做那教书的事了。

那一年（庚戌，一九一〇）是考试留美赔款官费的第二年。听说，考试取了备取的还有留在清华学校的希望。我决定关起门来预备去应考试。

许怡荪来看我，也力劝我摆脱一切去考留美官费。我所虑的有几点：一是要筹养母之费，二是要还一点小债务，三是要筹两个月的费用和北上的旅费。怡荪答应替我去设法。后来除他自己之外，帮助我的有程乐亭的父亲松堂先生，和我的族叔祖节甫先生。

我闭户读了两个月的书，就和二哥绍之一同北上。到了北京，蒙二哥的好朋友杨景苏先生（志洵）的厚待，介绍我住在新在建筑中的女子师范学校（后来的女师大）校舍里，所以费用极省。在北京一个月，我不曾看过一次戏。

杨先生指点我读旧书，要我从《十三经注疏》用功起。我读汉儒的经学，是从这个时候起的。留美考试分两场，第一场考国文英文，及格者才许考第二场的各种科学。国文试题为“不以规矩不能成方圆说”，我想这个题目不容易发挥，又因我平日喜欢看杂书，就做了一篇乱谈考据的短文，开卷就说：

> 矩之作也，不可考矣。规之作也，其在周之末世乎？

下文我说《周髀算经》作圆之法足证其时尚不知道用规作圆；又孔子说“不逾矩”，而不并举规矩，至墨子、孟子始以规矩并用，足证规之晚出。这完全是一时异想天开的考据，不料那时看卷子的先生也有考据癖，大赏识这篇短文，批了一百分。英文考了六十分，头场平均八十分，取了第十名。第二场考的各种科学，如西洋史，如动物学，如物理学，都是我临时抱佛脚预备起来的，所以考的很不得意。幸亏头场的分数占了大便宜，所以第二场我还考了个第五十五名。取送出洋的共七十名，我很挨近榜尾了。

南下的旅费是杨景苏先生借的。到了上海，节甫叔祖许我每年遇必要时可以垫钱寄给我的母亲供家用。怡荪也答应帮助。没有这些好人的帮助，我是不能北去，也不能放心出国的。

我在学校里用胡洪骍的名字；这回北上应考，我怕考不取为朋友学生所笑，所以临时改用胡适的名字。从此以后，我就叫胡适了。

廿一，九，廿七夜

附　录

逼上梁山

——文学革命的开始

1

提起我们当时讨论“文学革命”的起因，我不能不想到那时清华学生监督处的一个怪人。这个人叫做钟文鳌，他是一个基督教徒，受了传教士和青年会的很大的影响。他在华盛顿的清华学生监督处做书记，他的职务是每月寄发各地学生应得的月费。他想利用他发支票的机会来做一点社会改革的宣传。他印了一些宣传品，和每月的支票夹在一个信封里寄给我们。他的小传单有种种花样，大致是这样的口气：

> 不满二十五岁不娶妻。
> 废除汉字，取用字母。
> 多种树，种树有益。

支票是我们每月渴望的；可是钟文鳌先生的小传单未必都受我们的欢迎。我们拆开信，把支票抽出来，就把这个好人的传单抛在字纸篓里去。

可是钟先生的热心真可厌！他不管你看不看，每月总照样夹带一两张小传单给你。我们平时厌恶这种青年会宣传方法的，总觉得他这样滥用职权是不应该的。有一天，我又接到了他的一张传单，说中国应该改用字母拼音；说欲求教育普及，非有字母不可。我一时动了气，就写了一封短信去骂他。信上的大意是说："你们这种不通汉文的人，不配谈改良中国文字的问题，必须先费几年工夫，把汉文弄通了，那时你才有资格谈汉字是不是应该废除。"

这封信寄出去之后，我就有点懊悔了。等了几天，钟文鳌先生没有回信来，我更觉得我不应该这样"盛气凌人"。我想，这个问题不是一骂就可完事的。我既然说钟先生不够资格讨论此事，我们够资格的人就应该用点心思才力去研究这个问题。不然，我们就应该受钟先生的训斥了。

那一年恰好东美的中国学生会新成立了一个"文学科学研究部"（Institute of Arts and Sciences），我是文学股的委员，负有准备年会时分股讨论的责任。我就同赵元任先生商量，把"中国文字的问题"作为本年文学股的论题，由他和我两个人分做两篇论文，讨论这个问题的两个方面：赵君专论《吾国文字能否采用字母制，及其进行方法》；我的题目是《如何可使吾国文言易于教授》。赵君后来觉得一篇不够，连做了几篇长文，说吾国文字可以采用音标拼音，并且详述赞成与反对的理由。他后来是"国语罗马字"的主要制作人；这几篇主张中国拼音文字的论文是国语罗马字的历史的一种重要史料。

我的论文是一种过渡时代的补救办法。我的日记里记此文大旨如下：

（一）汉文问题之中心在于"汉文究可为传授教育之利

器否”一问题。

（二）汉文所以不易普及者，其故不在汉文，而在教之之术之不完。同一文字也，甲以讲书之故而通文，能读书作文；乙以徒事诵读不求讲解之故而终身不能读书作文。可知受病之源在于教法。

（三）旧法之弊，盖有四端：

（1）汉文乃是半死之文字，不当以教活文字之法教之。（活文字者，日用语言之文字，如英法文是也，如吾国之白话是也。死文字者，如希腊、拉丁，非日用之语言，已陈死矣。半死文字者，以其中尚有日用之分子在也。如犬字是已死之字，狗字是活字；乘马是死语，骑马是活语。故曰半死之文字也。）旧法不明此义，以为徒事朗诵，可得字义，此其受病之源。教死文字之法，与教外国文字略相似，须用翻译之法，译死语为活语，前谓“讲书”是也。

（2）汉文乃是视官的文字，非听官的文字。凡一字有二要，一为其声，一为其义：无论何种文字，皆不能同时并达此二者。字母的文字但能传声，不能达意，象形会意之文字，但可达意而不能传声。今之汉文已失象形会意指事之特长；而教者又不复知说文学。其结果遂令吾国文字既不能传声，又不能达意。向之有一短者，今乃并失其所长。学者不独须强记字音，又须强记字义，是事倍而功半也。欲救此弊，当鼓励字源学，当以古体与今体同列教科书中；小学教科当先令童蒙习象形指事之字，次及浅易之会意字，次及浅易之形声字。中学以上皆当习字源学。

（3）吾国文本有文法。文法乃教文字语言之捷径，当今鼓励文法学，列为必须之学科。

（4）吾国向不用文字符号，致文字不易普及；而文法之不讲，亦未始不由于此，今当力求采用一种规定之符号，以求文法之明显易解，及意义之确定不易。（以上引一九一五年八月二十六日记）

我是不反对字母拼音的中国文字的；但我的历史训练（也许是一种保守性）使我感觉字母的文字不是容易实行的，而我那时还没有想到白话可以完全替代文言，所以我那时想要改良文言的教授方法，使汉文容易教授。我那段日记的前段还说：

当此字母制未成之先，今之文言终不可废置，以其为仅有之各省交通之媒介也，以其为仅有之教育授受之具也。

我提出的四条古文教授法，都是从我早年的经验里得来的。第一条注重讲解古书，是我幼年时最得力的方法（看《四十自述》）。第二条主张字源学是在美国时的一点经验，有一个美国同学跟我学中国文字，我买一部王筠的《文字蒙求》给他做课本觉得颇有功效。第三条讲求文法是我崇拜《马氏文通》的结果，也是我学习英文的经验的教训。第四条讲标点符号的重要也是学外国文得来的教训；我那几年想出了种种标点的符号，一九一五年六月为《科学》作了一篇《论句读及文字符号》的长文，约有一万字，凡规定符号十种，在引论中我讨论没有文字符号的三大弊：一为意义不能确定，容易误解；二为无以表示文法上的关系；三为教育不能普及。我在日记里自跋云：

吾之有意于句读及符号之学也久矣。此文乃数年来关于此问题之思想结晶而成者，初非一时兴到之作也。后此文中，当用此制。7月2日。

2

以上是一九一五年夏季的事。这时候我已承认白话是活文字，古文是半死的文字。那个夏天，任叔永（鸿隽），梅觐庄（光迪），杨杏佛（铨），唐擘黄（钺）都在绮色佳（Ithaca）过夏，我们常常讨论中国文学的问题。从中国文字问题转到中国文学问题，这是一个大转变。这一班人中，最守旧的是梅觐庄，他绝对不承认中国古文是半死或全死的文字。因为他的反驳，我不能不细细想过我自己的立场。他越驳越守旧，我倒渐渐变的更激烈了。我那时常提到中国文学必须经过一场革命；"文学革命"的口号，就是那个夏天我们乱谈出来的。

梅觐庄新从芝加哥附近的西北大学毕业出来，在绮色佳过了夏，要往哈佛大学去。九月十七日，我做了一首长诗送他，诗中有这两段很大胆的宣言：

> 梅生梅生毋自鄙！神州文学久枯馁，百年未有健者起。新潮之来不可止；文学革命其时矣！吾辈势不容坐视。且复号召二三子，革命军前杖马箠，鞭笞驱除一车鬼，再拜迎入新世纪！以此报国未云菲：缩地戡天差可儗。梅生梅生毋自鄙！
>
> 作歌今送梅生行，狂言人道臣当烹。我自不吐定不快，人言未足为重轻。

在这诗里，我第一次用"文学革命"一个名词。这首诗颇引起了一些小风波。原诗共有四百二十字，全篇用了十一个外国字的译音。任叔永把那诗里的一些外国字连缀起来，做了一首游戏诗送我往纽约：

牛敦爱迭孙，培根客尔文，
索虏与霍桑，“烟士披里纯”。
鞭笞一车鬼，为君生琼英。
文学今革命，作歌送胡生。

诗的末行自然是挖苦我的“文学革命”的狂言。所以我可不能把这诗当作游戏看。我在九月十九日的日记里记了一行：

右叔永戏赠诗，知我乎？罪我乎？

九月二十日，我离开绮色佳，转学到纽约去进哥仑比亚大学，在火车上用叔永的游戏诗的韵脚，写了一首很庄重的答词，寄给绮色佳的各位朋友：

诗国革命何自始？要须作诗如作文。
琢镂粉饰丧元气，貌似未必诗之纯。
小人行文颇大胆，诸公一一皆人英。
愿共僇力莫相笑，我辈不作儒腐生。

在这短诗里，我特别提出了“诗国革命”的问题，并且提出了一个“要须作诗如作文”的方案，从这个方案上，惹出了后来做白话诗的尝试。

我认定了中国诗史上的趋势，由唐诗变到宋诗，无甚玄妙，只是作诗更近于作文！更近于说话。近世诗人欢喜做宋诗，其实他们不曾明白宋诗的长处在哪儿。宋朝的大诗人的绝大贡献，只在打破了六朝以来的声律的束缚，努力造成一种近于说话的诗体。我那时的主张颇受了读宋诗的影响，所以说“要须作诗如作文”，又反对“琢镂粉饰”的诗。

那时我初到纽约，觐庄初到康桥，各人都很忙，没有打笔墨官司的余暇。但这只是暂时的停战，偶一接触，又爆发了。

3

一九一六年，我们的争辩最激烈，也最有效果。争辩的起点，仍旧是我的“要须作诗如作文”的一句诗。梅觐庄曾驳我道：

> 足下谓诗国革命始于“作诗如作文”，迪颇不以为然。诗文截然两途。诗之文字（Poetic diction）与文之文字（Prose diction）自有诗文以来（无论中西），已分道而驰。足下为诗界革命家，改良“诗之文字”则可。若仅移“文之文字”于诗，即谓之革命，则不可也……一言以蔽之，吾国求诗界革命，当于诗中求之，与文无涉也。若移“文之文字”于诗，即谓之革命，则诗界革命不成问题矣。以其太易易也。

任叔永也来信，说他赞成觐庄的主张。我觉得自己很孤立，但我终觉得他们两人的说法都不能使我心服。我不信诗与文是完全截然两途的。我答他们的信，说我的主张并不仅仅是以“文之文字”入诗。我的大意是：

> 今日文学大病在于徒有形式而无精神，徒有文而无质，徒有铿锵之韵，貌似之辞而已。今欲救此文胜之弊，宜从三事入手：第一须言之有物，第二须讲文法，第三，当用“文之文字”时，不可避之。三者皆以质救文胜之敝也。（二月三日）

我自己日记里记着：

> 吾所持论，固不徒以“文之文字”入诗而已。然不避“文之文字”，自是吾论诗之一法……古诗如白香山之《道州民》，如老杜之《自京赴奉先咏怀》，如黄山谷之《题莲华寺》，何一非用“文之文字”，又何一非用“诗之文字”耶？（二月三日）

这时候，我已仿佛认识了中国文学问题的性质。我认清了这问题在于“有文而无质”。怎么才可以救这“文胜质”的毛病呢？我那时的答案还没有敢想到白话上去，我只敢说“不避文的文字”而已。但这样胆小的提议，我的一班朋友都还不能了解。梅觐庄的固执“诗的文字”与“文的文字”的区别，自不必说。任叔永也不能完全了解我的意思。他有信来说：

> ……要之，无论诗文，皆当有质。有文无质，则成吾国近世萎靡腐朽之文学，吾人正当廓而清之。然使以文学革命自命者，乃言之无文，欲其行远，得乎？近来颇思吾国文学不振，其最大原因，乃在文人无学。救之之法，当从绩学入手。徒于文字形式上讨论，无当也。（二月十日）

这种说法，何尝不是？但他们都不明白“文字形式”往往是可以妨碍束缚文学的本质的。“旧皮囊装不得新酒”，是西方的老话。我们也有“工欲善其事，必先利其器”的古话。文字形式是文学的工具；工具不适用，如何能达意表情？

从二月到三月，我的思想上起了一个根本的新觉悟。我曾彻底想过：一部中国文学史只是一部文字形式（工具）新陈代谢的历史，只是“活文学”随时起来替代了“死文学”的历史。文学的生命全靠能用一个时代的活的工具来表现一个时代的情感与思想。工具僵化了，必须另换新的，活的，这就是“文学革命”。例如《水浒传》上石秀说的：

你这与奴才做奴才的奴才！

我们若把这句话改作古文，“汝奴之奴”或他种译法，总不能有原文的力量。这岂不是因为死的文字不能表现活的话语？此种例证，何止千百？所以我们可以说：历史上的“文学革命”全是文学工具的革命。叔永诸人全不知道工具的重要，所以说“徒于文字形式上讨论，无当也”。他们忘了欧洲近代文学史的大教训！若没有各国的活语言作新工具，若近代欧洲文人都还须用那已死的拉丁文作工具，欧洲近代文学的勃兴是可能的吗？欧洲各国文学革命只是文学工具的革命。中国文学史上几番革命也都是文学工具的革命。这是我的新觉悟。

我到此时才把中国文学史看明白了，才认清了中国俗话文学（从宋儒的白话语录到元朝明朝的白话戏曲和白话小说）是中国的正统文学，是代表中国文学革命自然发展的趋势的。我到此时才敢正式承认中国今日需要的文学革命是用白话替代古文的革命，是用活的工具替代死的工具的革命。

一九一六年三月间，我曾写信给梅觐庄，略说我的新见解，指出宋元的白话文学的重要价值。觐庄究竟是研究过西洋文学史的人，他回信居然很赞成我的意见。他说：

来书论宋元文学，甚启聋聩。文学革命自当从“民间文学”（Folklore，Popular poetry，Spoken language，etc.）入手，此无待言。惟非经一番大战争不可。骤言俚俗文学，必为旧派文家所讪笑攻击。但我辈正欢迎其讪笑攻击耳。（三月十九日）

这封信真叫我高兴，梅觐庄也成了“我辈”了！

我在四月五日把我的见解写出来，作为两段很长的日记。第一段说：

文学革命，在吾国史上，非创见也。即以韵文而论：三百篇变而为骚，一大革命也。又变为五言七言之诗，二大革命也。赋之变为无韵之骈文，三大革命也。古诗之变为律诗，四大革命也。诗之变为词，五大革命也。词之变为曲，为剧本，六大革命也。何独于吾所持文学革命论而疑之！

第二段论散文的革命：

文亦几遭革命矣。孔子至于秦汉，中国文体始臻完备。……六朝之文亦有绝妙之作。然其时骈俪之体大盛，文以工巧雕琢见长，文法遂衰。韩退之之“文起八代之衰”，其功在于恢复散文，讲求文法，此亦一革命也。唐代文学革命家，不仅韩氏一人；初唐之小说家皆革命功臣也。“古文”一派，至今为散文正宗，然宋人谈哲理者，似悟古文之不适于用，于是语录体兴焉。语录体者，以俚语说理记事。……此亦一大革命也。……至元人之小说，此体始臻极盛。……总之，文学革命到元代而登峰造极。其时词也，曲也，剧本也，小说也，皆第一流之文学，而皆以俚语为之。其时吾国真可谓有一种

“活文学”出世。倘此革命潮流（革命潮流即天演进化之迹。自其异者言之，谓之革命。自其循序渐进之迹言之，即谓之进化，可也。）不遭明代八股之劫，不受诸文人复古之劫，则吾国之文学必已为俚语的文学，而吾国之语言早成为言文一致之语言，可无疑也。但丁（Dante）之创意大利文，郤叟（Chaucer）之创英吉利文，马丁路得（Martin Luther）之创德意志文，未足独有千古矣。惜乎，五百余年来，半死之古文，半死之诗词，复夺此“活文学”之地位，而“半死文学”遂苟延残喘以至于今日。今日之文学，独我佛山人，南亭亭长，洪都百炼生诸公之小说可称“活文学”耳。文学革命何可更缓耶！何可更缓耶！（四月五日夜记）

从此以后，我觉得我已从中国文学演变的历史上寻得了中国文学问题的解决方案，所以我更自信这条路是不错的。过了几天，我作了一首《沁园春》词，写我那时的情绪：

沁园春　誓诗

更不伤春，更不悲秋，以此誓诗。
任花开也好，花飞也好，月圆固好，日落何悲？
我闻之曰，“从天而颂，孰与制天而用之？”更安用，为苍天歌哭，作彼奴为！
文学革命何疑！
且准备搴旗作健儿。
要前空千古，下开百世，收他臭腐，还我神奇。
为大中华，造新文学，此业吾曹欲让谁？诗材料，有簇新

世界，供我驱驰。（四月十三日）

这首词下半阕的口气是很狂的，我自己觉得有点不安，所以修改了好多次。到了第三次修改，我把“为大中华，造新文学，此业吾曹欲让谁”的狂言，全删掉了，下半阕就改成了这个样子：

……文章要有神思，

到琢句雕词意已卑。

定不师秦七，不师黄九，但求似我，何效人为！

语必由衷，言须有物，此意寻常当告谁！从今后，倘傍人门户，不是男儿！

这次改本后，我自跋云：

吾国文学大病有三：一曰无病而呻，……二曰摹仿古人，……三曰言之无物。……顷所作词，专攻此三弊，岂徒责人，亦以自誓耳。（四月十七日）

前答觐庄书，我提出三事：言之有物，讲文法，不避“文之文字”；此跋提出的三弊，除“言之无物”与前第一事相同，余二事是添出的。后来我主张的文学改良的八件，此时已有了五件了。

4

一九一六年六月中，我往克利佛兰（Cleveland）赴“第二次国际关系讨论会”（Conference of International Relations），去时来时都经过绮色佳，去时在那边住了八天，常常和任叔永、唐擘黄、杨杏佛诸君谈论改良中国文学的方法，这时候我已有了具体的方案，就是用白话作文，作诗，作戏曲。日记里记我谈话的大意有九点：

（一）今日之文言乃是一种半死的文字。

（二）今日之白话是一种活的语言。

（三）白话并不鄙俗，俗儒乃谓之俗耳。

（四）白话不但不鄙俗，而且甚优美适用。凡言要以达意为主，其不能达意者，则为不美。如说，“赵老头回过身来，爬在街上，扑通扑通的磕了三个头。”若译作文言，更有何趣味？

（五）凡文言之所长，白话皆有之。而白话之所长，则文言未必能及之。

（六）白话并非文言之退化，乃是文言之进化，其进化之迹，略如下述：

（1）从单音的进而为复音的。

（2）从不自然的文法进而为自然的文法。例如“舜何人也”变为“舜是什么人”；“己所不欲”变为“自己不要的”。

（3）文法由繁趋简。例如代名词的一致。

（4）文言之所无，白话皆有以补充。例如文言只能说，“此乃吾儿之书”，但不能说“这书是我儿子的”。

（七）白话可以产生第一流文学。白话已产生小说，戏剧，语录，诗词，此四者皆有史事可证。

（八）白话的文学为中国千年来仅有之文学。其非白话的文学，如古文，如八股，如笔记小说，皆不足与于第一流文学之列。

（九）文言的文字可读而听不懂；白话的文字既可读，又听得懂。凡演说，讲学，笔记，文言决不能应用。今日所需，乃是一种可读，可听，可歌，可讲，可记的言语。要读书不须口译，演说不须笔译；要施诸讲坛舞台而皆可，诵之村妪妇孺皆可懂。不如此者，非活的言语也，决不能成为吾国之国语也，决不能产生第一流的文学也。（七月六日追记）

七月二日，我回纽约时，重过绮色佳，遇见梅觐庄，我们谈了半天，晚上我就走了。日记里记此次谈话的大致如下：

吾以为文学在今日不当为少数文人之私产，而当以能普及最大多数之国人为一大能事。吾又以为文学不当与人事全无关系；凡世界有永久价值之文学，皆尝有大影响于世道人心者也。觐庄大攻此说，以为Utilitarian（功利主义），又以为偷得Tolstoi（托尔斯太）之绪余；以为此等十九世纪之旧说，久为今人所弃置。

余闻之大笑。夫吾之论中国文学，全从中国一方面着想，初不管欧西批评家发何议论。吾言而是也，其为Utilitarian，其为Tolstoyan又何损其为是。吾言而非也，但当攻其所以非之处，不必问其为Utilitarian抑为Tolstoyan也。（七月十三日追记）

5

我回到纽约之后不久，绮色佳的朋友们遇着了一件小小的不幸事故，产生了一首诗，引起了一场大笔战，竟把我逼上了决心试做白话诗的路上去。

七月八日，任叔永同陈衡哲女士、梅觐庄、杨杏佛、唐擘黄在凯约嘉湖上摇船，近岸时船翻了，又遇着大雨。虽没有伤人，大家的衣服都湿了，叔永做了一首四言的《泛湖即事》长诗，寄到纽约给我看。诗中有“言棹轻楫，以涤烦疴”；又有“猜谜赌胜，载笑载言”等等句子。恰好我是曾做《诗三百篇中“言”字解》的，看了“言棹轻楫”的句子，有点不舒服，所以我写信给叔永说：

> ……再者，书中所用“言”字“载”字，皆系死字；又如“猜谜赌胜，载笑载言”二句，上句为二十世纪之活字，下句为三千年前之死句，殊不相称也。……（七月十六日）

叔永不服，回信说：

> 足下谓“言”字“载”字为死字，则不敢谓然。如足下意，岂因《诗经》中曾用此字，吾人今日所用字典便不当搜入耶？“载笑载言”固为“三千年前之语”，然可用以达我今日之情景，即为今日之语，而非“三千年前之死语”，此君我不同之点也。……（七月十七日）

我的本意只是说“言”字“载”字在文法上的作用，在今日还未能确定，我们不可轻易乱用。我们应该铸造今日的活语来“达我今日之情景”，不当乱用意义不确定的死字。苏东坡用错了“驾言”两字，曾为章子厚所笑。这是我们应该引以为训诫的。

这一点本来不很重要，不料竟引起了梅觐庄出来打抱不平；他来信说：

足下所自矜为“文学革命”真谛者，不外乎用“活字”以入文，于叔永诗中稍古之字，皆所不取，以为非“二十世纪之活字”。此种论调，因足下所恃为哓哓以提倡“新文学”者，迪又闻之素矣。夫文学革新，须洗去旧日腔套，务去陈言，固矣。然此非尽屏古人所用之字，而另以俗语白话代之之谓也。……足下以俗语白话为向来文学上不用之字，骤以入文，似觉新奇而美，实则无永久价值。因其向未经美术家之锻炼，徒委诸愚夫愚妇，无美术观念者之口，历世相传，愈趋愈下，鄙俚乃不可言。足下得之，乃矜矜自喜，眩为创获，异矣！如足下之言，则人间材智，教育，选择，诸事，皆无足算，而村农伧夫皆足为诗人美术家矣。甚至非洲之黑蛮，南洋之土人，其言文无分者，最有诗人美术家之资格矣。何足下之醉心于俗语白话如是耶？至于无所谓“活文学”，亦与足下前此言之。……文字者，世界上最守旧之物也。……一字意义之变迁，必经数十或数百年而后成，又须经文学大家承认之，而恒人始沿用之焉。足下乃视改革文学如是之易易乎？……

总之，吾辈言文学革命，须谨慎以出之。尤须先精究吾国文字，始敢言改革。欲加用新字，须先用美术以锻炼之。非仅以俗语白话代之，即可了事者也。（俗语白话亦有可用者，惟必须经美术家之锻炼耳）。如足下言，乃以暴易暴耳，岂得谓之改良乎？（七月十七日）

觐庄有点动了气，我要和他开开玩笑，所以做了一首一千多字的白话游戏诗回答他。开篇就是描摹老梅生气的神气：

“人闲天又凉”，老梅上战场。

拍桌骂胡适，说话太荒唐！
说什么“中国有活文学”！
说什么“须用白话做文章”！
文字哪有死活！白话俗不可当！
……

第二段中有这样的话：

老梅牢骚发了，老胡呵呵大笑。
且请平心静气，这是什么论调！
文字没有古今，却有死活可道。
古人叫做“欲”，今人叫做“要”。
古人叫做“至”，今人叫做“到”。
古人叫做“溺”，今人叫做“尿”。
本来同是一字，声音少许变了。
并无雅俗可言，何必纷纷胡闹？
至于古人叫“字”，今人叫“号”；
古人悬梁，今人上吊：
古名虽未必不佳，今名又何尝不妙？
至于古人乘舆，今人坐轿；
古人加冠束帻，今人但知戴帽：
这都是古所没有，而后人所创造。
若必叫帽作巾，叫轿作舆，
岂非张冠李戴，认虎作豹？
……

第四段专答他说的“白话须锻炼”的意思：

今我苦口哓舌，算来欲是如何？
正要求今日的文学大家，
把那些活泼泼的白话，
拿来锻炼，拿来琢磨，
拿来作文演说，作曲作歌：——
出几个白话的嚣俄，
和几个白话的东坡，
那不是“活文学”是什么？
那不是“活文学”是什么？
……

这首“打油诗”是七月二十二日做的，一半是少年朋友的游戏，一半是我有意试做白话的韵文。但梅、任两位都大不以为然。觐庄来信大骂我，他说：

读大作如儿时听“莲花落”，真所谓革尽古今中外诗人之命者！足下诚豪健哉！……（七月二十四日）

叔永来信也说：

足下此次试验之结果，乃完全失败；盖足下所作，白话则诚白话矣，韵则有韵矣，然却不可谓之诗。盖诗词之为物，除有韵之外，必须有和谐之音调，审美之辞句，非如宝玉所云“押韵就好”也。……（七月二十四夜）

对于这一点，我当时颇不心服，曾有信替自己辩护，说我这首诗，当作一首Satire（嘲讽诗）看，并不算是失败，但这种“戏台里喝彩”，实在大可不必。我现在回想起来，也觉得自己好笑。

但这一首游戏的白话诗，本身虽没有多大价值，在我个人做白话诗的历史上，可是很重要的。因为梅、任诸君的批评竟逼得我不能不努力试做白话诗了。觐庄的信上曾说：

> 文章体裁不同。小说词曲固可用白话，诗文则不可。

叔永的信上也说：

> 要之，白话自有白话用处（如作小说演说等），然不能用之于诗。

这样看来，白话文学在小说词曲演说的几方面，已得梅、任两君的承认了，觐庄不承认白话可作诗与文，苏永不承认白话可用来作诗。觐庄所谓“文”，自然是指《古文辞类纂》一类的书里所谓“文”（近来有人叫做“美文”）。在这一点上，我毫不狐疑，因为我在几年前曾做过许多白话的议论文，我深信白话文是不难成立的。现在我们的争点，只在“白话是否可以做诗”的一个问题了。白话文学的作战，十仗之中，已胜了七八仗。现在只剩一座诗的壁垒，还须用全力去抢夺。待到白话征服这个诗国时，白话文学的胜利就可说是十足的了，所以我当时打定主意，要作先锋去打这座未投降的壁垒：就是要用全力去试做白话诗。

叔永的长信上还有几句话使我更感觉这种试验的必要。他说：

如凡白话皆可为诗，则吾国之京调高腔，何一非诗？……呜呼适之，吾人今日言文学革命，乃诚见今日文学有不可不改革之处，非特文言白话之争而已。……以足下高才有为，何为舍大道不由，而必旁逸斜出，植美卉于荆棘之中哉？……今且假定足下之文学革命成功，将令吾国作诗皆京调高腔，而陶谢李杜之流永不复见于神州，则足下之功又何如哉，心所谓危，不敢不告。……足下若见听，则请从他方面讲文学革命，勿徒以白话诗为事矣。……（七月二十四夜）

这段话使我感觉他们都有一个根本上的误解。梅、任诸君都赞成“文学革命”，他们都“诚见今日文学有不可不改革之处”。但他们赞成的文学革命，只是一种空荡荡的目的，没有具体的计划，也没有下手的途径。等到我提出了一个具体的方案（用白话做一切文学的工具），他们又都不赞成了。他们都说，文学革命决不是“文言白话之争而已”。他们都说，文学革命应该有“他方面”，应该走“大道”。究竟那“他方面”是什么方面呢？究竟那“大道”是什么道呢？他们又都说不出来了；他们只知道决不是白话！

我也知道光有白话算不得新文学，我也知道新文学必须有新思想和新精神。但是我认定了：无论如何，死文字决不能产生活文学。若要造一种活的文学，必须有活的工具。那已产生的白话小说词曲，都可证明白话是最配做中国活文学的工具的。我们必须先把这个工具抬高起来，使他成为公认的中国文学工具，使他完全替代那半死的或全死的老工具。有了新工具，我们方才谈得到新思想和新精神等等其他方面。这是我的方案。现在反对的几位朋友已承认白话可以作小说戏曲了。他们还不承认白话可以作诗。这种怀疑，不仅是对于白话诗的局部怀疑，实在还是对于白话文学的根本怀疑。在他们的心里，诗与文是正宗，小说戏曲还是旁门小道。他们不承认白话诗文，其实他们是不承认白话可作中国文学的唯一工具。所以我决心要用白话来征服诗的壁垒，这不但是试验白话诗是否可能，这就是要证明白话可以做中国文学的一切门类的唯一工具。

白话可以作诗，本来是毫无可疑的。杜甫、白居易、寒山、拾得、邵雍、王安石、陆游的白话诗都可以举来作证。词曲里的白话更多了。但何以我的朋友们还不能承认白话诗的可能呢？这有两个原因：第一是因为白话诗确是不多，在那无数的古文诗里，这儿那儿的几首白话诗在数量上确是很少的。第二是因为旧日的诗人词人只有偶然用白话做诗词的，没有用全力做白话诗词的，更没有自觉的做白话诗词的。所以现在这个问题还不能光靠历史材料的证明，还须等待我们用实地试验来证明。

所以我答叔永的信上说：

> 总之，白话未尝不可以入诗，但白话诗尚不多见耳。古之所少有，今日岂必不可多作乎？……
>
> 白话之能不能作诗，此一问题全待吾辈解决。解决之法，不在乞怜古人，谓古之所无，今必不可有；而在吾辈实地试验。一次“完全失败”，何妨再来？若一次失败，便“期期以为不可”，此岂“科学的精神”所许乎？……
>
> 高腔京调未尝不可成为第一流文学。……适以为但有第一流文人肯用高腔京调著作，便可使京调高腔成第一流文学。病在文人胆小不敢用之耳。元人作曲可以取仕宦，下之亦可谋生，故名士如高则诚、关汉卿之流皆肯作曲作杂剧。今之高腔京调皆不文不学之戏子为之，宜其不能佳矣。此则高腔京调之不幸也。足下亦知今日受人崇拜之莎士比亚，即当时唱京调高

腔者乎？与莎氏并世之培根著《论集》（Essays），有拉丁文英文两种本子；书既出世，培根自言，其他日不朽之名当赖拉丁文一本；而英文本则以供一般普通俗人之传诵耳，不足轻重也。此可见当时之英文的文学，其地位皆与今日京腔高调不相上下。……吾绝对不认"京腔高调"与"陶谢李杜"为势不两立之物。今且用足下之文字以述吾梦想中之文学革命之目的，曰：

（1）文学革命的手段，要令国中之陶谢李杜敢用白话京调高腔作诗。要令国中之陶谢李杜皆能用白话京调高腔作诗。

（2）文学革命的目的，要令中国有许多白话京调高腔的陶谢李杜，要令白话京调高腔之中产出几许陶谢李杜。

（3）今日决用不着陶谢李杜的陶谢李杜。何也？时代不同也。

（4）吾辈生于今日，与其作不能行远不能普及的《五经》两汉六朝八家文字，不如作家喻户晓的《水浒》、《西游》文字。与其作似陶似谢似李似杜的诗，不如作不似陶不似谢不似李不似杜的白话诗。与其作一个"真诗"，走"大道"，学这个，学那个的陈伯严、郑苏龛不如作一个实地试验，"旁逸斜出"，"舍大道而弗由"的胡适。

此四者，乃适梦想中文学革命之宣言书也。

嗟夫，叔永，吾岂好立异以为高哉？徒以"心所谓是，不敢不为"。吾志决矣。吾自此以后，不更作文言诗词。吾之《去国集》乃是吾绝笔的文言韵文也。……（七月二十六日）

这是我第一次宣言不做文言的诗词。过了几天，我再答叔永道：

古人说："工欲善其事，必先利其器。"文字者，文学之器也。我私心以为文言决不足为吾国将来文学之利器。施耐庵、曹雪芹诸人已实地证明作小说之利器在于白话。今尚需人实地试验白话是否可为韵文之利器耳。……

我自信颇能用白话作散文，但尚未能用之于韵文。私心颇欲以数年之力，实地练习之。倘数年之后，竟能用文言白话作文作诗，无不随心所欲，岂非一大快事？

我此时练习白话韵文，颇似新辟一文学殖民地。可惜须单身匹马而往，不能多得同志，结伴同行。然我去志已决。公等假我数年之期。倘此新国尽是沙碛不毛之地，则我或终归老于"文言诗国"，亦未可知。倘幸而有成，则辟除荆棘之后，当开放门户，迎公等同来莅止耳。"狂言人道臣当烹。我自不吐定不快，人言未足为轻重。"足下定笑我狂耳。（八月四日）

这封信是我对于一班讨论文学的朋友的告别书。我把路线认清楚了，决定努力做白话诗的试验，要用试验的结果来证明我的主张的是非。所以从此之后，我不再和梅任诸君打笔墨官司了。信中说的"可惜须单身匹马而往，不能多得同志，结伴而行"，也是我当时心里感觉的一点寂寞。我心里最感觉失望的，是我平时最敬爱的一班朋友都不肯和我同去探险。一年多的讨论，还不能说服一两个好朋友，我还妄想要在国内提倡文学革命的大运动吗？

有一天，我坐在窗口吃我自做的午餐，窗下就是一大片长林乱草，远望着赫贞江。我忽然看见一对黄蝴蝶从树梢飞上来；一会儿，一只蝴蝶飞下去了；还有一只蝴蝶独自飞了一会，也慢慢的飞下去，去寻他的同伴去了，我心里颇有点感触，感触到一种寂寞的难受，所以我写了一首白话小诗，题目就叫做《朋友》（后来才改作《蝴蝶》）：

两个黄蝴蝶，双双飞上天。

不知为什么，一个忽飞还。

剩下那一个，孤单怪可怜；

也无心上天，天上太孤单。（八月二十三日）

这种孤单的情绪，并不含有怨望我的朋友的意思。我回想起来，若没有那一班朋友和我讨论，若没有那一日一邮片，三日一长函的朋友切磋的乐趣，我自己的文学主张决不会经过那几层大变化，决不会渐渐结晶成一个有系统的方案，决不会慢慢的寻出一条光明的大路来。况且那年（一九一六）的三月间，梅觐庄对于我的俗话文学的主张，已很明白的表示赞成了。（看上文引他的三月十九日来信。）后来他们的坚决反对，也许是我当时少年意气太盛，叫朋友难堪，反引起他们的反感来了，就使他们不能平心静气的考虑我的历史见解，就使他们走上了反对的路上去。但是因为他们的反驳，我才有实地试验白话诗的决心。庄子说得好："彼出于是，是亦因彼"。一班朋友做了我多年的"他山之错"，我对他们，只有感激，决没有丝毫的怨望。

我的决心试验白话诗，一半是朋友们一年多讨论的结果，一半也是我受的实验主义的哲学的影响。实验主义教训我们：一切学理都只是一种假设；必须要证实（verified），然后可算是真理。证实的步骤，只是先把一个假设的理论的种种可能的结果都推想出来，然后想法子来试验这些结果是否适用，或是否能解决原来的问题。我的白话文学论不过是一个假设，这个假设的一部分（小说词曲等）已有历史的证实了；其余一部分（诗）还须等待实地试验的结果。我的白话诗的实地试验，不过是我的实验主义的一种应用。所以我的白话诗还没有写得几首，我的诗集已有了名字了，就叫做《尝试集》。我读陆游的诗，有一首诗云：

能仁院前有石像丈余，盖作大像时样也。

江阁欲开千尺像，云龛先定此规模。

斜阴徒倚空长叹，尝试成功自古无。

陆放翁这首诗大概是别有所指，他的本意大概是说：小试而不得大用，是不会成功的，我借他这句诗，做我的白话诗集的名字，并且做了一首诗，说明我的尝试主义：

尝试篇

“尝试成功自古无”，放翁这话未必是。我今为下一转语，自古成功在尝试。请看药圣尝百草，尝了一味又一味。又如名医试丹药，何嫌六百零六次。莫想小试便成功，哪有这样容易事！有时试到千百回，始知前功尽抛弃。即使如此已无愧，即此失败便足记。告人此路不通行，可使脚力莫浪费。我生求师二十年，今得“尝试”两个字。作诗做事要如此，虽未能到颇有志。作“尝试歌”颂吾师，愿大家都来尝试！（八月三日）

这是我的实验主义的文学观。

这个长期讨论的结果，使我自己把许多散漫的思想汇集起来，成为一个系统。一九一六年的八月十九日，我写信给朱经农，中有一段说：

新文学之要点，约有八事：

（一）不用典。

（二）不用陈套语。

（三）不讲对仗。

（四）不避俗字俗语。（不嫌以白话作诗词。）

（五）须讲求文法。（以上为形式的方面。）

（六）不作无病之呻吟。

（七）不摹仿古人。

（八）须言之有物。（以上为精神［内容］的方面）

那年十月中，我写信给陈独秀先生，就提出这八个“文学革命”的条件。次序也是这样的；不到一个月，我写了一篇《文学改良刍议》，用复写纸抄了两份，一份给《留美学生季报》发表，一份寄给独秀在《新青年》上发表。（《胡适文存》卷一，页七——二三）。在这篇文字里，八件事的次序大改变了：

（一）须言之有物。

（二）不摹仿古人。

（三）须讲求文法。

（四）不作无病之呻吟。

（五）务去烂调套语。

（六）不用典。

（七）不讲对仗。

（八）不避俗字俗语。

这个新次第是有意改动的。我把“不避俗字俗语”一件放在最后，标题只是很委婉的说“不避俗字俗语”，其实是很郑重的提出我的白话文学的主张。我在那篇文字里说：

吾惟以施耐庵、曹雪芹、吴趼人为文学正宗，故有“不避俗字俗语”之论也。盖吾国言文之背驰久矣。自佛书之输入，译者以文言不足以达意，故以浅近之文译之，其体已近白话。其后佛氏讲义语录尤多用白话为之者，是为语录体之原始。及宋人讲学，以白话为语录，此体遂成讲学正体（明人因之）。当是时，白话已久入韵文，观宋人之诗词可见。及至元时，中国北部在异族之下三百余年矣。此三百年中，中国乃发生一种通俗行远之文学，文则有《水浒》、《西游》、《三国》，曲则尤不可胜计。以今世眼光观之，则中国文学当以元代为最盛；传世不朽之作，当以元代为最多。此无可疑也。当是时，中国之文学最近言文合一，白话几成文学的语言矣。使此趋势不受阻遏，则中国几有一“活文学”出现，而但丁路得之伟业几发生于神州。不意此趋势骤为明代所阻，政府既以八股取士，而当时文人以何李七子之徒，又争以复古为高。于是此千年难遇言文合一之机会，遂中道夭折矣。然以今世历史进化的眼光观之，则白话文学之为中国文学之正宗，又为将来文学必用之利器，可断言也。以此之故，吾主张今日作文作诗，宜采用俗语俗字。与其用三千年前之死字，不如用二十世纪之活字。与其作不能行远不能普及之秦汉六朝，不如作家喻户晓之《水浒》《西游》文字也。

这完全是用我三四月中写出的中国文学史观（见上文引的四月五日日记），稍稍加上一点后来的修正，可是我受了在美国的朋友的反对，胆子变小了，态度变谦虚了，所以此文标题但称“文学改良刍议”而全篇不敢提起“文学革命”的旗子。篇末还说：

上述八事，乃吾年来研思此一大问题之结果。……谓之“刍议”，犹云未定草也。伏惟国人同志有以匡纠是正之。

这是一个外国留学生对于国内学者的谦逊态度。文字题为“刍议”，诗集题为“尝试”，是可以不引起很大的反感的了。

陈独秀先生是一个老革命党，他起初对于我的八条件还有点怀疑（《新青年》二卷二号。其时国内好学深思的少年，如常乃悳君，也说“说理纪事之文，必当以白话行之，但不可施于美术文耳”见《新青年》二卷四号）。但他见了我的《文学改良刍议》之后，就完全赞成我的主张；他接着写了一篇《文学革命论》（《新青年》二卷五号），正式在国内提出“文学革命”的旗帜。他说：

文学革命之气运，酝酿已非一日。其首举义旗之急先锋则为吾友胡适。余甘冒全国学究之敌，高张“文学革命军”之大旗，以为吾友之声援。旗上大书特书吾革命三大主义：

曰：推倒雕琢的，阿谀的贵族文学；建设平易的，抒情的国民文学。

曰：推倒陈腐的，铺张的古典文学；建设新鲜的，立诚的写实文学。

曰：推倒迂晦的，艰涩的山林文学；建设明了的，通俗的社会文学。

独秀之外，最初赞成我的主张的，有北京大学教授钱玄同先生（《新青年》二卷六号《通讯》；又三卷一号《通讯》）。此后文学革命的运动就从美国几个留学生的课余讨论，变成国内文人学者的讨论了。

《文学改良刍议》是一九一七年一月出版的，我在一九一七年四月九日还写了一封长信给陈独秀先生，信内说：

> 此事之是非，非一朝一夕所能定，亦非一二人所能定。甚愿国中人士能平心静气与吾辈同力研究此问题。讨论既熟，是非自明。吾辈已张革命之旗，虽不容退缩，然亦决不敢以吾辈所主张为必是，而不容他人之匡正也。……

独秀在《新青年》（第三卷三号）上答我道：

> 鄙意容纳异议，自由讨论，固为学术发达之原则，独至改良中国文学当以白话为正宗之说，其是非甚明，必不容反对者有讨论之余地；必以吾辈所主张者为绝对之是，而不容他人之匡正也。盖以吾国文化倘已至文言一致地步，则以国语为文，达意状物，岂非天经地义？尚有何种疑义必待讨论乎？其必欲摈弃国语文学，而悍然以古文为正宗者，犹之清初历家排斥西法，乾嘉畴人非难地球绕日之说，吾辈实无余闲与之作此无谓之讨论也。

这样武断的态度，真是一个老革命党的口气。我们一年多的文学讨论的结果，得着了这样一个坚强的革命家做宣传者，做推行者，不久就成为一个有力的大运动了。

《四十自述》的一章。二十二年，十二月，三日夜脱稿。

大宇宙中谈博爱

“博爱”就是爱一切人。这题目范围很大。在未讨论以前，让我们先看一个问题：“我们的世界有多大？”

我的答复是“很大！”我从前念《千字文》的时候，一开头便已念到这样的辞句：“天地玄黄，宇宙洪荒。”

宇宙是中国的字，和英文的意思差不多，都是抽象名词。

宇是空间（Space）即东南西北，宙是时间（Time）即古今旦暮。

《淮南子》说宇是上下四方，宙是古往今来。

宇宙就是天地，宙宇就是Time—Space。古人能得“Universe”的观念实在不易，相当合于今日的科学。

但古人所见的空间很小，时间很短，现在的观念已扩大了许多。考古学探讨千万年的事，地质学、古生物学、天文学等等不断的发现，更将时间空间的观念扩大。

现在的看法：空间是无穷的大，时间是无穷的长。

古人只见到八大行星，二十年前只见九大行星。现在所谓的银河，是古代所未能想像得到的。以前觉得太阳很远，现在说起来算不得什么，因为比太阳远千万倍的东西多得很。

科学就这样地答复了“宇宙究竟有多大？”这个问题。

现在谈第二点：博爱。

在这个大世界里谈博爱，真是个大问题。

广义的爱，是世界各大宗教的最终目的。墨子可谓中国历史上最了不起的人，可说是宗教创立者（Founder of Reidri），他提出“兼爱”为他的理论中心。兼爱就是博爱，是爱无等差的爱。墨子理论和基督教教义有很多相合的地方，如“爱人如己”“爱我们的仇敌”等。

佛教哲学本谓一切无常，我亦无常，“我”是“四大”（土、水、火、风）偶然结合而成的，是十分简单的东西，因此无所谓爱与恨——根本不值得爱，也不值得恨。但早期佛教亦有爱的意念在：我既无常，可牺牲以为人。

和尚爱众生，但是佛教不准自食其力，所以有人称之为“叫化”（乞丐）宗教。自己的饭亦须取之于人，何能博爱？

古时很多人为了“爱”，每次蹲坑（大便）的时候便想，想，大想一番，想到爱人。有些人则以身喂蚊，或以刀割肉，以自身所受的痛苦来显示他们对人的爱。这种爱的方法，只能做到牺牲自己，在现代的眼光看来，是可笑的。这种博爱给人的帮助十分有限，与现代的科学——工程、医学……等所能给我们的“博爱”比起来，力量实在小得可怜。今日的科学增进了人类互助博爱的能力。就说最近意大利邮船遇难的事吧，短短的数小时内就救起千多人。近代交通、医学……等的发达，减少了人类无数的痛苦。

我们要谈博爱，一定要换一观念。古时那种喂蚊割肉的博爱，等于开空头支票，毫无价值。现在的科学才能放大我们的眼光，促进我们的同情心，增加我们助人的能力。我们需要一种以科学为基础的博爱——

一种实际的博爱。

孔子说："修己以敬，修己以安人，修己以安百姓。"修己就是把自己弄好。我们应当先把自己弄好，然后帮助别人；独善其身然后能兼善天下。同学们，现在我们读书的时候，不要空谈高唱博爱；但应先努力学习，充实自己，到我们有充分能力的时候才谈博爱，仍不算迟。

略谈人生观

每个人可以说都有一个“人生观”，我是以先几十年的经验，提供几点意见，供大家思索参考。

很多人认为个人主义是洪水猛兽，是可怕的，但我所说的是个平平常常，健全而无害的。干干脆脆的一个个人主义的出发点，不是来自西洋，也不是完全中国的。中国思想上具有健全的个人主义思想，可以与西洋思想互相印证。王安石是个一生自己刻苦，而替国家谋安全之道，为人民谋福利的人，当为非个人主义者。但从他的诗文可以找出他个人主义的人生观，为己的人生观。因为他曾将古代极端为我的杨朱与提倡兼爱的墨子相比。在文章中说：

> 为己是学者之本也，为人是学者之末也。学者之事必先为己为我，其为己有余，则天下事可以为人，不可不为人。

这就是说，一个人在最初的时候应该为自己，在为自己有余的时候，就该为别人，而且不可不为别人。

十九世纪的易卜生，他晚年曾给一位年轻的朋友写信说：

> 最期望于你的只有一句话，希望你能做到真正的、纯粹的为我主义，要你有时觉得天下事只有自己最重要，别人不足想，你要想有益于社会最好的办法，就是把你自己这块材料铸成器。

另外一部自由主义的名著《自由论》，有一章“个性”，也一再的讲人最可贵的是个人的个性，这些话，便是最健全的个人主义。一个人应该把自己培养成器，使自己有了足够的知识、能力与感情之后，才能再去为别人。

孔子的门人子路，有一天问孔子说：“怎样才能做成一个君子？”孔子回答说：“修己以敬”。这句话的意思，也就是要把自己慎重的培养、训练、教育好的意思。“敬”在古文解释为慎重。子路又说，这样够了吗？孔子回答说：“修己以安人”。这句话的意思，就是先把自己培养、训练、教育好了，再为别人。子路又问，这样够了吗？孔子回答说：“修己以安百姓，修己以安百姓，尧舜其犹病诸。”这句话的意思就是培养、训练、教育好了自己，再去为百姓，培养好了自己再去为百姓，就是圣人如尧舜，也很不易做到。孔子这一席话，也是以个人主义为起点的。自此可见，从十九世纪到现在，从现在回到孔子时代，差不多都是以修身为本。修身就是把自己训练、培养、教育好。因此个人主义并不是可怕的，尤其是年轻人确立一个人生观，更是需要慎重的把自己这块材料培养、训练、教育成器。

我认为最值得与年轻人谈的便是知识的快乐。一个人怎样能使生活快乐。人生是为追求幸福与快乐的，《美国独立宣言》中曾提及三种东西，即就是（1）生命，（2）自由，（3）追求幸福。但是人类追求的快乐范围很广，例如财富、婚姻、事业、工作等等。但是一个人的快乐，是有粗有细的，我在幼年的时候不用说，但自从有知以来，就认为，人生的快乐，就是知识的快乐，做研究的快乐，找真理的快乐，求证据的快乐。从求知识的欲望与方法中深深体会到人生是有限，知识是无穷的，以有限的人生，去深求无穷的知识，实在是非常快乐的。

二千年前有一位政治家问孔子门人子路说，你的老师是怎样的人，子路不答。后来孔子知道了，说："你为什么不告诉他，你的老师'其为人也，发愤忘食，乐以忘忧，不知老之将至。'"从孔子这句话，可以体会到知识的乐趣。希腊科学家阿基米德在澡堂洗澡时，想出了如何分析皇冠的金子成分的方法，高兴得赤身从澡堂里跳了出来，沿街跑去，口中喊着："我找到了，我找到了。"这就是说明知识的快乐，一旦发现证据或真理的快乐。英国两位大诗人勃朗宁和丁尼生有两首诗，都是代表十九世纪冒险的、追求新的知识的精神。

最后谈谈社会的宗教说，一个人总是有一种制裁的力量的，相信上帝的人，上帝是他的制裁力量。我们古代讲孝，于是孝便成了宗教，成了制裁。现在在台湾宗教很发达，有人信最高的神，有人信很多的神，许多人为了找安慰都走了宗教的道路。我说的社会宗教，乃是一种说法，中国古代有此种观念，就是三不朽：立德，是讲人格与道德；立功，就是建立功业；立言，就是思想语言。在外国也有三个，就是Worth,Work,Words。这三个不朽，没有上帝，亦没有灵魂，但却不十分民主。究竟一个人要立德，立功，立言到何种程度，我认为范围必须扩大，因为人的行为无论为善为恶都是不朽的。我国的古语："流芳百世，遗臭万年"，便是这个意思……因此，我们的行为，一言一动，均应向社会负责，这便是社会的宗教，社会的不朽……我们千万不能叫我们的行为在社会上发生坏的影响，因为即使我们死了，我们留下的坏的影响仍是永久存在的。"我们要一出言不敢忘社会的影响，一举步不敢忘社会的影响"。即使我们在社会上留一白点，但我们也绝对不能留一点污点，社会即是我们的上帝，我们的制裁者。

大师经典

小说

胡适精品选

一个问题

我到北京不到两个月。这一天我在中央公园里吃冰，几位同来的朋友先散了；我独自坐着，翻开几张报纸看看，只见满纸都是讨伐西南和召集新国会的话。我懒得看那些疯话，丢开报纸，抬起头来，看见前面来了一男一女，男的抱着一个小孩子，女的手里牵着一个三四岁的孩子。我觉得那男的好生面善，仔细打量他，见他穿一件很旧的官纱长衫，面上很有老态，背脊微有点弯，因为抱着孩子，更显出曲背的样子。他看见我，也仔细打量。我不敢招呼，他们就过去了。走过去几步，他把小孩子交给那女的，他重又回来，问我道，“你不是小山吗？”我说，“正是。你不是朱子平吗？我几乎不敢认你了！”他说，“我是子平，我们八九年不见，你还是壮年，我竟成了老人了，怪不得你不敢招呼我。”

我招呼他坐下，他不肯坐，说他一家人都在后面坐久了，要回去预备晚饭了。我说，“你现在是儿女满前的福人了。怪不得要自称老人了。”他叹口气，说，“你看我狼狈到这个样子，还要取笑我？我上个月见着伯安仲实弟兄们，才知道你今年回国。你是学哲学的人，我有个问题要来请教你。我问过多少人，他们都说我有神经病，不大理会我。你把住址告诉我，我明天来看你。今天来不及谈了。”

我把住址告诉了他，他匆匆的赶上他的妻子，接过小孩子，一同出去了。

我望着他们出去，心里想道：朱子平当初在我们同学里面，要算一个很有豪气的人，怎么现在弄得这样潦倒？看他见了一个多年不见的老同学，一开口就有什么问题请教，怪不得人说他有神经病。但不知他因为潦倒了才有神经病呢？还是因为有了神经病所以潦倒呢？……

第二天一大早，他果然来了。他比我只大得一岁，今年三十岁。但是他头上已有许多白发了。外面人看来，他至少要比我大十几岁。

他还没有坐定，就说，“小山，我要请教你一个问题。”

我问他什么问题。他说，“我这几年以来，差不多没有一天不问自己道：人生在世，究竟是为什么的？我想了几年，越想越想不通。朋友之中也没有人能回答这个问题。起先他们给我一个‘哲学家’的绰号，后来他们竟叫我做朱疯子了！小山，你是见多识广的人，请你告诉我，人生在世，究竟是为什么的？”

我说，“子平，这个问题是没有答案的。现在的人最怕的是有人问他这个问题。得意的人听着这个问题就要扫兴，不得意的人想着这个问题就要发狂。他们是聪明人，不愿意扫兴，更不愿意发狂，所以给你一个疯子的绰号，就算完了。——我要问你，你为什么想到这个问题上去呢？”

他说，“这话说来很长，只怕你不爱听。”

我说我最爱听。他叹了一口气，点着一根纸烟，慢慢的说。以下都是他的话。

我们离开高等学堂那一年，你到英国去了，我回到家乡，生了一场大病，足足的病了十八个月。病好了，便是辛亥革命，把我家在汉口的店业就光复掉了。家里生计渐渐困难，我不能不出来谋事。那时伯安石生一班老同学都在北京，我写信给他们，托他们寻点事做。后来他们写信给我，说从前高等学堂的老师陈老先生答应要我去教他的孙子。我到了北京，就住在陈家。陈老先生在大学堂教书，又担任女子师范的国文，一个月拿得钱很多，但是他的两个儿子都不成器，老头子气得很，发愤要教育他几个孙子成人。但是他一个人教两处书，那有工夫教小孩子？你知道我同伯安都是他的得意学生，所以他叫我去，给我二十块钱一个月，住的房子，吃的饭，都是他的，总算他老先生的一番好意。

过了半年，他对我说，要替我做媒。说的是他一位同年的女儿，现在女子师范读书，快要毕业了。那女子我也见过一两次，人倒很朴素稳重。但是我一个月拿人家二十块钱，如何养得起家小？我把这个意思回覆他，谢他的好意。老先生有点不高兴，当时也没说什么。过了几天，他请了伯安仲实弟兄到他家，要他们劝我就这门亲事。他说，“子平的家事，我是晓得的。他家三代单传，嗣续的事不能再缓了。二十多岁的少年，那里怕没有事做？还怕养不活老婆吗？我替他做媒的这头亲事是再好也没有的。女的今年就毕业，毕业后还可在本京蒙养院教书，我已经替她介绍好了。蒙养院的钱虽不多，也可以贴补一点家用。他再要怕不够时，我把女学堂的三十块钱让他去教。我老了，大学堂一处也够我忙了。你们看我这个媒人总可算是竭力报效了。”

伯安弟兄把这番话对我说，你想我如何能再推辞。我只好写信告诉家母。家母回信，也说了许多“三代单传，不孝有三，无后为大”的话。又说，“陈老师这番好意，你稍有人心，应该感激图报，岂可不识抬举？”

我看了信，晓得家母这几年因为我不肯娶亲，心里很不高兴，这一次不过是借题发点牢骚。我仔细一想，觉得做了中国人，老婆是不能不讨的，只好将就点罢。

我去找到伯安仲实，说我答应订定这头亲事，但是我现在没有积蓄，须过一两年再结婚。

他们去见老先生，老先生说，“女孩子今年二十三岁了，她父亲很想早点嫁了女儿，好替他小儿子娶媳妇。你们去对子平说，叫他等女的毕业了就结婚。仪节简单一点，不费什么钱。他要用木器家具，我这里有用不着的，他可去搬去用。我们再替他邀一个公份，也就可以够用了。”

他们来对我说，我没有话可驳回，只好答应了。过了三个月，我租了一所小屋，预备成亲。老先生果然送了一些破烂家具，我自己添置了一点。伯安石生一些人发起一个公份，送了我六十多块钱的贺仪，只够我替女家做了两套衣服，就完了。结婚的时候，我还借了好几十块钱，才勉强把婚事办了。

结婚的生活，你还不曾经过。我老实对你说，新婚的第一年，的确是很有乐趣的生活。我的内人，人极温和，她晓得我的艰苦，我们从不肯乱花一个钱。我们只用一个老妈，白天我上陈家教书，下午到女师范教书，她到蒙养院教书。晚上回家，我们自己做两样家乡小菜，吃了晚饭，闲谈一会，我改我的卷子，她陪我坐着做点针线。我有时做点文字卖给报馆，有时写到夜深才睡。她怕我身体过劳，每晚到了十二点钟，她把我的墨盒纸笔都收了去，吹灭了灯，不许我再写了。

小山，这种生活，确有一种乐趣。但是不到七八个月，我的内人就病了，呕吐得很利害。我们猜是喜信，请医生来看，医生说八成是有喜。我连忙写信回家，好叫家母欢喜。老人家果然欢喜得很，托人写信来说了许多孕妇保重身体的法子，还做了许多小孩的衣服小帽寄来。

产期将近了。她不能上课，请了一位同学代她。我添雇了一个老妈子，还要准备许多临产的需要品。好容易生下一个男孩子来。产后内人身体不好，乳水不够，不能不雇奶妈。一家平空减少了每月十几块钱的进账，倒添上了几口人吃饭拿工钱。家庭的担负就很不容易了。

过了几个月，内人身体复原了，依旧去上课，但是记挂着小孩子，觉得很不方便。看十几块钱的面上，只得忍着心肠做去。

不料陈老先生忽然得了中风的病，一起病就不能说话，不久就死了。他那两个宝贝儿子，把老头子的一点存款都瓜分了，还要赶回家去分田产，把我的三个小学生都带回去了。

我少了二十块钱的进款，正想寻事做，忽然女学堂的校长又换了人，第二年开学时，他不曾送聘书来，我托熟人去说，他说我的议论太偏僻了，不便在女学堂教书。我生了气，也不屑再去求他了。

伯安那时做众议院的议员，在国会里颇出点风头。我托他设法。他托陈老先生的朋友把我荐到大学堂去当一个事务员，一个月拿三十块钱。

我们只好自己刻苦一点，把奶妈和那添雇的老妈子辞了。每月只吃三四次肉，有人请我吃酒，我都辞了不去，因为吃了人的，不能不回请。戏园里是四年多不曾去过了。

但是无论我们怎样节省，总是不够用。过了一年又添了一个孩子。这回我的内人自己给他奶吃，不雇奶妈了。但是自己的乳水不够，我们用开成公司的豆腐浆代它，小孩子不肯吃，不到一岁就殇掉了。内人哭的什么似的。我想起孩子之死全系因为雇不起奶妈，内人又过于省俭，不肯吃点滋养的东西，所以乳水更不够。我看见内人伤心，我心里实在难过。

后来时局一年坏似一年，我的光景也一年更紧似一年。内人因为身体不好，辍课太多，蒙养院的当局颇说嫌话，内人也有点拗性，索性辞职出来。想找别的事做，一时竟寻不着。北京这个地方，你想寻一个三百五百的阔差使，反不费力。要是你想寻二三十块钱一个月的小事，那就比登天还难。到了中交两行停止兑现的时候，我那每月三十块钱的票子更不够用了。票子的价值越缩下去，我的大孩子吃饭的本事越大起来。去年冬天，又生了一个女孩子，就是昨天你看见我抱着的。我托了伯安去见大学校长，请他加我的薪水，校长晓得我做事认真，加了我十块钱票子，共是四十块，打个七折，四七二十八，你替我算算，房租每月六块，伙食十五块，老妈工钱两块，已是二十三块钱了。剩下五块大钱，每天只派着一角六分大洋做零用钱。做衣服的钱都没有，不要说看报买书了。大学图书馆里虽然有书有报，但是我一天忙到晚，公事一完，又要赶回家来帮内人照应小孩子，哪里有工夫看书阅报？晚上我腾出一点工夫做点小说，想赚几个钱。我的内人向来不许我写过十二点钟的，于今也不来管我了。她晓得我们现在所处的境地，非寻两个外快钱不能过日子，所以只好由我写到两三点钟才睡。但是现在卖文的人多了，我又没有工夫看书，全靠绞脑子，挖心血，没有接济思想的来源，做的东西又都是百忙里偷闲潦草做的，哪里会有好东西？所以往往卖不起价钱，有时原稿退回，我又修改一点，寄给别家。前天好容易卖了一篇小说，拿着五块钱，所以昨天全家去逛中央公园，去年我们竟不曾去过。

我每天五点钟起来，——冬天六点半起来——午饭后靠着桌子偷睡半个钟头，一直忙到夜深半夜后。忙的是什么呢？我要吃饭，老婆要吃饭，还要喂小孩子吃饭——所忙的不过为了这一件事！

我每天上大学去，从大学回来，都是步行。这就是我的体操，不但可以省钱，还可给我一点用思想的时间，使我可以想小说的布局，可以想到人生的问题。有一天，我的内人的姊夫从南边来，我想请他上一回馆子，家里恰没有钱，我去问同事借，那几位同事也都是和我不相上下的穷鬼，那有钱借人？我空着手走回家，路上自思自想，忽然想到一个大问题，就是“人生在世，究竟是为什么的？”……我一头想，一头走，想入了迷，就站在北河沿一棵柳树下，望着水里的树影子，足足站了两个钟头。等到我醒过来走回家时，天已黑了，客人已走了半天了！

自从那一天到现在，几乎没有一天我不想到这个问题。有时候，我从睡梦里喊着“人生在世，究竟是为什么的？”

小山，你是学哲学的人。像我这样养老婆，喂小孩子，就算做了一世的人吗？……

差不多先生传

你知道中国最有名的人是谁?

提起此人，人人皆晓，处处闻名。他姓差，名不多，是各省各县各村人氏。你一定见过他，一定听过别人谈起他。差不多先生的名字天天挂在大家的口头，因为他是中国全国人的代表。

差不多先生的相貌，和你和我都差不多。他有一双眼睛，但看的不很清楚；有两只耳朵，但听的不很分明；有鼻子和嘴，但他对于气味和口味都不很讲究。他的脑子也不小，但他的记性却不很精明，他的思想也不很细密。

他常常说："凡事只要差不多，就好了。何必太精明呢?"

他小的时候，他妈叫他去买红糖，他买了白糖回来。他妈骂他，他摇摇头说："红糖白糖不是差不多吗?"

他在学堂的时候，先生问他："直隶省的西边是哪一省?"他说是陕西。先生说："错了。是山西，不是陕西。"他说："陕西同山西，不是差不多吗?"

后来他在一个钱铺里做伙计；他也会写，也会算，只是总不会精细。十字常常写成千字，千字常常写成十字。掌柜的生气了，常常骂他。他只是笑嘻嘻地赔小心道："千字比十字只多一小撇，不是差不多吗？"

有一天，他为了一件要紧的事，要搭火车到上海去。他从从容容地走到火车站，迟了两分钟，火车已开走了。他白瞪着眼，望着远远的火车上的煤烟，摇摇头道："只好明天再走了，今天走同明天走，也还差不多。可是火车公司未免太认真了。八点三十分开，同八点三十二分开，不是差不多吗？"他一面说，一面慢慢地走回家，心里总不明白为什么火车不肯等他两分钟。

有一天，他忽然得了急病，赶快叫家人去请东街的汪医生。那家人急急忙忙地跑去，一时寻不着东街的汪大夫，却把西街的牛医王大夫请来了。差不多先生病在床上，知道寻错了人；但病急了，身上痛苦，心里焦急，等不得了，心里想道："好在王大夫同汪大夫也差不多，让他试试看罢。"于是这位牛医王大夫走近床前，用医牛的法子给差不多先生治病。不上一点钟，差不多先生就一命呜呼了。

差不多先生差不多要死的时候，一口气断断续续地说道："活人同死人也差……差……差不多……凡事只要……差……差……不多……就……好了……何……何……必……太……太认真呢？"他说完了这句格言，方才绝气了。

他死后，大家都很称赞差不多先生样样事情看得破，想得通；大家都说他一生不肯认真，不肯算账，不肯计较，真是一位有德行的人。于是大家给他取个死后的法号，叫他做圆通大师。

他的名誉越传越远，越久越大。无数无数的人都学他的榜样。于是人人都成了一个差不多先生。——然而中国从此就成为一个懒人国了。

（选自1924年6月28日《申报·平民周刊》　第1期）

大师经典

戏剧

胡适精品选

终身大事

（游戏的喜剧）

（序）前几天有几位美国留学的朋友来说，北京的美国大学同学会不久要开一个宴会。中国的会员想在那天晚上演一出短戏。他们限我于一天之内编成一个英文短戏，预备给他们排演。我勉强答应了，明天写成这出独折戏，交与他们。后来他们因为寻不到女角色，不能排演此戏。不料我的朋友卜思先生见了此戏，就拿去给《北京导报》主笔刁德仁先生看，刁先生一定要把这戏登出来，我只得由他。后来因为有一个女学堂要排演这戏，所以我又把他翻成中文。

这一类的戏，西文叫做Farce，译出来就是游戏的喜剧。

这是我第一次弄这一类的玩意儿，列位朋友莫要见笑。

戏中人物：

田太太

田先生

田亚梅女士

算命先生（瞎子）

田宅的女仆李妈

布景：

田宅的会客室。右边有门，通大门。左边有门，通饭厅。背面有一张莎法榻。两旁有两张靠椅。中央一张小圆桌子，桌上有花瓶。桌边有两张坐椅。左边靠壁有一张小写字台。

墙上挂的是中国字画，夹着两块西洋荷兰派的风景画。这种中西合璧的陈设，很可表示这家人半新半旧的风气。

开幕时，幕慢慢上去，台下的人还可听见台上算命先生弹的弦子将完的声音。田太太坐在一张靠椅上。算命先生坐在桌边椅子上。

田太太：你说的话我不大听得懂。你看这门亲事可对得吗?

算命先生：田太太，我是据命直言的。我们算命的都是据命直言的。你知道——

田太太：据命直言是怎样呢?

算命先生：这门亲事是做不得的。要是你家这位姑娘嫁了这个男人，将来一定没有好结果。

田太太：为什么呢?

算命先生：你知道，我不过是据命直言。这男命是寅年亥日生的，女命是巳年申时生的。正合着命书上说的“蛇配虎，男克女。猪配猴，

不到头。”这是合婚最忌的八字。属蛇的和属虎的已是相克的了。再加上亥日申时，猪猴相克，这是两重大忌的命。这两口儿要是成了夫妇，一定不能团圆到老。仔细看起来，男命强得多，是一个夫克妻之命，应该女人早年短命。田太太，我不过是据命直言，你不要见怪。

田太太：不怪，不怪。我是最喜欢人直说的。你这话一定不会错。昨天观音娘娘也是这样说。

算命先生：哦！观音菩萨也这样说吗？

田太太：是的，观音娘娘签诗上说——让我寻出来念给你听。（走到写字台边，翻开抽屉，拿出一条黄纸念道）这是七十八签，下下。签诗说，“夫妻前生定，因缘莫强求。逆天终有祸，婚姻不到头。”

算命先生：“婚姻不到头。”这句诗和我刚才说的一个字都不错。

田太太：观音娘娘的话自然不会错的。不过这件事是我家姑娘的终身大事，我们做爷娘的总得二十四分小心的办去。所以我昨儿求了签诗，总还有点不放心。今天请你先生来看看这两个八字里可有什么合得拢的地方。

算命先生：没有，没有。

田太太：娘娘的签诗只有几句话，不容易懂得。如今你算起命来，又合签诗一样。这个自然不用再说了。（取钱付算命先生）难为你。这是你对八字的钱。

算命先生：（伸手接钱）不用得，不用得。多谢，多谢。想不到观音娘娘的签诗居然和我的话一样！（立起身来）

田太太：（喊道）李妈！（李妈从左边门进来）你领他出去。（李妈领算命先生从右边门出去）

田太太：（把桌子的红纸庚帖收起，折好了，放在写字台的抽屉里。又把黄纸签诗也放进去。口里说道）可惜！可惜这两口儿竟配不成！

田亚梅女士：（从右边门进来。她是一个二十三四岁的女子，穿着出门的大衣，脸上现出有心事的神气。进门后，一面脱下大衣，一面说道）妈，你怎么又算起命来了？我在门口碰着一个算命的走出去。你忘了爸爸不准算命的进门吗？

田太太：我的孩子，就只这一次，我下次再不干了。

田女：但是你答应了爸爸以后不再算命了。

田太太：我知道，我知道，但是这一回我不能不请教算命的。我叫他来把你和那陈先生的八字排排看。

田女：哦！哦！

田太太：你要知道，这是你的终身大事，我又只生了你一个女儿，我不能糊里糊涂的让你嫁一个合不来的人。

田女：谁说我们合不来？我们是多年的朋友，一定很合得来。

田太太：一定合不来。算命的说你们合不来。

田女：他懂得什么？

田太太：不单是算命的这样说，观音菩萨也这样说。

田女：什么？你还去问过观音菩萨吗？爸爸知道了更要说话了。

田太太：我知道你爸爸一定同我反对，无论我做什么事，他总同我反对。但是你想，我们老年人怎么敢决断你们的婚姻大事。我们无论怎样小心，保不住没有错。但是菩萨总不会骗人。况且菩萨说的话，和算命的说的，竟是一样，这就更可相信了。（立起来，走到写字台边，翻开抽屉）你自己看菩萨的签诗。

田女：我不要看，我不要看！

田太太：（不得已把抽屉盖了）我的孩子，你不要这样固执。那位陈先生我是很喜欢他的。我看他是一个很可靠的人。你在东洋认得他好几年了，你说你很知道他的为人。但是你年纪还轻，又没有阅历，你的眼力也许会错的。就是我们活了五六十岁的人，也还不敢相信自己的眼力。因为我不敢相信自己，所以我去问观音菩萨又去问算命的。菩萨说

对不得，算命的也说对不得，这还会错吗？算命的说，你们的八字正是命书最忌的八字，叫做什么“猪配猴，不到头”，因为你是巳年申时生的，他是——

田女：你不要说了，妈，我不要听这些话。（双手遮着脸，带着哭声）我不爱听这些话！我知道爸爸不会同你一样主意。他一定不会。

田太太：我不管他打什么主意。我的女儿嫁人，总得我肯。（走到她女儿身边，用手巾替她揩眼泪）不要掉眼泪。我走开去，让你仔细想想。我们都是替你打算，总想你好。我去看午饭好了没有。你爸爸就要回来了。不要哭了，好孩子。（田太太从饭厅的门进去了）

田女：（揩着眼泪，抬起头来，看见李妈从外面进来，她用手招呼她走近些，低声说）李妈，我要你帮我的忙。我妈不准我嫁陈先生——

李妈：可惜，可惜！陈先生是一个很懂礼的君子人。今儿早晨，我在路上碰着他，他还点头招呼我咧。

田女：是的，他看见你带了算命先生来家，他怕我们的事有什么变卦，所以他立刻打电话到学堂去告诉我。我回来时，他在他的汽车里远远的跟在后面。这时候恐怕他还在这条街的口子上等候我的信息。你去告诉他，说我妈不许我们结婚。但是爸爸就回来了，他自然会帮我们。你叫他把汽车开到后面街上去等我的回信。你就去罢。（李妈转身将出去）回来！（李妈回转身来）你告诉他——你叫他——你叫他不要着急！（李妈微笑出去）

田女：（走到写字台边，翻开抽屉，偷看抽屉里的东西，伸出手表看道）爸爸应该回来了，快十二点了。（田先生约摸五十岁的样子，从外面进来）

田女：（忙把抽屉盖了，站起来接她父亲）爸爸，你回来了！妈说……妈有要紧话同你商量，——有很要紧的话。

田先生：什么要紧话？你先告诉我。

田女：妈会告诉你的。（走到饭厅边，喊道）妈，妈，爸爸回来了。

田先生：不知道你们又弄什么鬼了。（坐在一张靠椅上。田太太从饭厅那边过来）亚梅说你有要紧话，——很要紧的话，要同我商量。

田太太：是的，很要紧的话。（坐在左边椅子上）我说的是陈家这门亲事。

田先生：不错，我这几天心里也在盘算这件事。

田太太：很好，我们都该盘算这件事了。这是亚梅的终身大事，我一想起这事如何重大，我就发愁，连饭都吃不下了，觉也睡不着了。那位陈先生我们虽然见过好几次，我心里总有点不放心。从前人家看女婿总不过偷看一面就完了。现在我们见面越多了，我们的责任更不容易担了。他家是很有钱的，但是有钱人家的子弟总是坏的多，好的少。他是一个外国留学生，但是许多留学生回来不久就把他们原配的妻子休了。

田先生：你讲了这一大篇，究竟是什么主意？

田太太：我的主意是，我们替女儿办这件大事，不能相信自己的主意。我就不敢相信我自己。所以我昨儿到观音庵去问菩萨。

田先生：什么？你不是答应我不再去烧香拜佛了吗？

田太太：我是为了女儿的事去的。

田先生：哼！哼！算了罢。你说罢。

田太太：我去庵里求了一签。签诗上说，这门亲事是做不得的。我把签诗给你看。（要去开抽屉）

田先生：呸！呸！我不要看。我不相信这些东西！你说这是女儿的终身大事，你不敢相信自己，难道那泥塑木雕的菩萨就可相信吗？

田女：（高兴起来）我说爸爸是不信这些事的。（走近他父亲身边）谢谢你。我们应该相信自己的主意，可不是吗？

田太太：不单是菩萨这样说。

田先生：哦！还有谁呢？

田太太：我求了签诗，心里还不很放心，总还有点疑惑。所以我叫人去请城里顶有名的算命先生张瞎子来排八字。

田先生：哼！哼！你又忘记你答应我的话了。

田太太：我也知道。但是我为了女儿的大事，心里疑惑不定，没有主张，不得不去找他来决断决断。

田先生：谁叫你先去找菩萨惹起这点疑惑呢？你先就不该去问菩萨，——你该先来问我。

田太太：罪过，罪过，阿弥陀佛，——那算命的说的话同菩萨说的一个样儿。这不是一桩奇事吗？

田先生：算了罢！算了罢！不要再胡说乱道了。你有眼睛，自己不肯用，反去请教那没有眼睛的瞎子，这不是笑话吗？

田女：爸爸，你这话一点也不错。我早就知道你是帮助我们的。

田太太：（怒向她女儿）亏你说得出，“帮助我们的”，谁是“你们”？“你们”是谁？你也不害羞？（用手巾蒙面哭了）你们一齐连同起来反对我！我女儿的终身大事，我做娘的管不得吗？

田先生：正因为这是女儿的终身大事，所以我们做父母的应该格外小心，格外慎重。什么泥菩萨哪，什么算命合婚哪，都是骗人的，都不可相信。亚梅，你说是不是？

田女：正是，正是。我早知道你决不会相信这些东西。

田先生：现在不许再讲那些迷信的话了。泥菩萨，瞎算命，一齐丢去！我们要正正经经的讨论这件事。（对田太太）不要哭了。（对田女士）你也坐下。（田女在莎法榻上坐下）

田先生：亚梅，我不愿意你同那姓陈的结婚。

田女：（惊慌）爸爸，你是同我开玩笑，还是当真？

田先生：当真。这门亲事一定做不得的。我说这话，心里很难过，但是我不能不说。

田女：你莫非看出他有什么不好的地方？

田先生：没有。我很喜欢他。拣女婿拣中了他，再好也没有了，因此我心里更不好过。

田女：（摸不着头脑）你又不相信菩萨和算命！

田先生：决不，决不。

田太太与田女：（同时问）那么究竟为了什么呢？

田先生：好孩子，你出洋长久了，竟把中国的风俗规矩全都忘了。你连祖宗定下的祠规都不记得了。

田女：我同陈家结婚，犯了哪一条祠规？

田先生：我拿给你看。（站起来从饭厅边进去）

田太太：我意想不出什么。阿弥陀佛，这样也好，只要他不肯许就是了。

田女：（低头细想，忽然抬头显出决心的神气）我知道怎么办了。

田先生：（捧着一大部族谱进来）你瞧，这是我们的族谱。（翻开书页，乱堆在桌上）你瞧，我们田家两千五百年的祖宗，可有一个姓田的和姓陈的结亲？

田女：为什么姓田的不能和姓陈的结婚呢？

田先生：因为中国的风俗不准同姓的结婚。

田女：我们并不同姓。他家姓陈，我家姓田。

田先生：我们是同姓的。中国古时的人把陈字和田字读成一样的音。我们的姓有时写作田字，有时写作陈字，其实是一样的。你小时候读过《论语》吗？

田女：读过的，不大记得了。

田先生：《论语》上有个陈成子，旁的书上都写作田成子，便是这个道理。两千五百年前，姓陈的和姓田只是一家。后来年代久了，那写做田字的便认定姓田，写做陈字的便认定姓陈，外面看起来，好像是两姓，其实是一家。所以两姓祠堂里都不准通婚。

田女：难道两千年前同姓的男女也不能通婚吗？

田先生：不能。

田女：爸爸，你是明白道理的人，一定不认这种没有道理的祠规。

田先生：我不认他也无用。社会承认他。那班老先生们承认他。你叫我怎么样呢？还不单是姓田的和姓陈的呢。我们衙门里有一位高先生告诉我，说他们那边姓高的祖上本是元朝末年明朝初年陈友谅的子孙，后来改姓高。他们因为六百年前姓陈，所以不同姓陈的结亲；又因为二千五百年前姓陈的本又姓田，所以又不同姓田的结亲。

田女：这更没有道理了！

田先生：管他有理无理，这是祠堂里的规矩，我们犯了祠规就要革出祠堂。前几十年有一家姓田的在南边做生意，就把一个女儿嫁给姓陈的。后来那女的死了，陈家祠堂里的族长不准他进祠堂。他家花了多少钱，捐到祠堂里做罚款，还把"田"字当中那一直拉长了，上下都出了头，改成了"申"字，才许他进祠堂。

田女：那是很容易的事。我情愿把我的姓当中一直也拉长了改作"申"字。

田先生：说得很容易！你情愿，我不情愿咧！我不肯为了你的事连累我受那班老先生们的笑骂。

田女：（气得哭了）但是我们并不同姓！

田先生：我们族谱上说是同姓，那班老先生们也都说是同姓。我已经问过许多老先生了，他们都是这样说。你要知道，我们做爹娘的，办儿女的终身大事，虽然不该听泥菩萨瞎算命的话，但是那班老先生们的话是不能不听的。

田女：（作哀告的样子）爸爸！——

田先生：你听我说完了。还有一层难处。要是你这位姓陈的朋友是没有钱的，倒也罢了；不幸他又是很有钱的人家。我要把你嫁了他，那班老先生们必定说我贪图他有钱，所以连祖宗都不顾，就把女儿卖给他了。

田女：（绝望了）爸爸！你一生要打破迷信的风俗，到底还打不破迷信的祠规！这是我做梦也想不到的！

田先生：你恼我吗？这也难怪。你心里自然总有点不快活。你这种气头上的话，我决不怪你，——决不怪你。

李妈：（从左边门出来）午饭摆好了。

田先生：来，来，来。我们吃了饭再谈罢。我肚里饿得很了。（先走进饭厅去）

田太太：（走近她女儿）不要哭了。你要自己明白。我们都是想你好。忍住。我们吃饭去。

田女：我不要吃饭。

田太太：不要这样固执。我先去，你定一定心就来。我们等你咧。（也进饭厅去了。李妈把门随手关上，自己站着不动）

田女：（抬起头来，看见李妈）陈先生还在汽车里等着吗？

李妈：是的。这是他给你的信，用铅笔写的。（摸出一张纸，递与田女）

田女：（读信）“此事只关系我们两人，与别人无关，你该自己决断。”（重读末句）“你该自己决断！”是的，我该自己决断！（对李妈说）你进去告诉我爸爸和妈，叫他们先吃饭，不用等我。我要停一会再吃。（李妈点头自进去。田女士站起来，穿上大衣，在写字台上匆匆写了一张字条，压在桌上花瓶底下。她回头一望，匆匆从右边门出去了。略停一会）

田太太：（戏台里的声音）亚梅，你快来吃饭，菜要冰冷了。（门里出来）你哪里去了？亚梅。

田先生：（戏台里）随她罢。她生了气了，让她平平气就会好了。（门里出来）她出去了？

田太太：她穿了大衣出去了。怕是回学堂去了。

田先生：（看见花瓶底下的字条）这是什么？（取字条念道）“这是孩儿的终身大事。孩儿应该自己决断。孩儿现在坐了陈先生的汽车去了。暂时告辞了。”（田太太听了，身子往后一仰，坐倒在靠椅上。田先生冲向右边的门，到了门边，又回头一望，眼睁睁的显出迟疑不决的神气。幕下来）

（跋）这出戏本是因为几个女学生要排演，我才把他译成中文的。后来因为这戏里的田女士跟人跑了，这几位女学生竟没有人敢扮演田女士。况且女学堂似乎不便演这种不很道德的戏！所以这稿子又回来了。我想这一层很是我这出戏的大缺点。我们常说要提倡写实主义。如今我这出戏竟没有人敢演，可见得一定不是写实的了。这种不合写实主义的戏，本来没有什么价值，只好送给我的朋友高一涵去填《新青年》的空白罢。（适）

大师经典

文论

胡适精品选

文学改良刍议

今之谈文学改良者众矣，记者末学不文，何足以言此？然年来颇于此事再四研思，辅以友朋辩论，其结果所得，颇不无讨论之价值。因综括所怀见解，列为八事，分别言之，以与当世之留意文学改良者一研究之。

吾以为今日而言文学改良，须从八事入手。八事者何？

一曰，须言之有物。

二曰，不摹仿古人。

三曰，须讲求文法。

四曰，不作无病之呻吟。

五曰，务去烂调套语。

六曰，不用典。

七曰，不讲对仗。

八曰，不避俗字俗语。

一曰须言之有物

吾国近世文学之大病，在于言之无物。今人徒知“言之无文，行之不远”；而不知言之无物，又何用文为乎？吾所谓“物”，非古人所谓“文以载道”之说也。吾所谓“物”，约有二事：

（一）情感　《诗序》曰：“情动于中而形诸言。言之不足，故嗟叹之。嗟叹之不足，故咏歌之。咏歌之不足，不知手之舞之，足之蹈之也。”此吾所谓情感也。情感者，文学之灵魂。文学而无情感，如人之无魂，木偶而已，行尸走肉而已。（今人所谓“美感”者，亦情感之一也。）

（二）思想　吾所谓“思想”，盖兼见地，识力，理想，三者而言之。思想不必皆赖文学而传，而文学以有思想而益贵；思想亦以有文学的价值而益贵也：此庄周之文，渊明老杜之诗，稼轩之词，施耐庵之小说，所以敻绝千古也。思想之在文学，犹脑筋之在人身。人不能思想，则虽面目姣好，虽能笑啼感觉，亦何足取哉？文学亦犹是耳。

文学无此二物，便如无灵魂无脑筋之美人，虽有秾丽富厚之外观，抑亦末矣。近世文人沾沾于声调字句之间，既无高远之思想，又无真挚之情感，文学之衰微，此其大因矣。此文胜之害，所谓言之无物者是也。欲救此弊，宜以质救之。质者何？情与思二者而已。

二曰不摹仿古人

文学者，随时代而变迁者也。一时代有一时代之文学：周秦有周秦之文学，汉魏有汉魏之文学，唐宋元明有唐宋元明之文学。此非吾一人之私言，乃文明进化之公理也。即以文论，有《尚书》之文，有先秦诸子之文，有司马迁班固之文，有韩柳欧苏之文，有语录之文，有施耐庵曹雪芹之文：此文之进化也。试更以韵文言之：《击壤》之歌，《五子》之歌，一时期也；《三百篇》之诗，一时期也；屈原荀卿之骚赋，又一时期也；苏李以下，至于魏晋，又一时期也；江左之诗流为排比，至唐而律诗大成，此又一时期也；老杜香山之“写实”体诸诗（如杜之《石壕吏》、《羌村》，白之《新乐府》），又一时期也；诗至唐而极盛，自此以后，词曲代兴，唐五代及宋初之小令，此词之一时代也；苏柳（永）辛姜之词，又一时代也；至于元之杂剧传奇，则又一时代矣：凡此诸时代，各因时势风会而变，各有其特长，吾辈以历史进化之眼光观之，决不可谓古人之文学皆胜于今人也。左氏史公之文奇矣，然施耐庵之《水浒传》视《左传》、《史记》，何多让焉？《三都》、《两京》之赋富矣，然以视唐诗，宋词，则糟粕耳。此可见文学因时进化，不能自止。唐人不当作商周之诗，宋人不当作相如子云之赋，——即令作之，亦必不工。逆天背时，违进化之迹，故不能工也。

既明文学进化之理，然后可言吾所谓“不摹仿古人”之说。今日之中国，当造今日之文学，不必摹仿唐宋，亦不必摹仿周秦也。前见“国会开幕词”，有云：“于铄国会，遵晦时休。”此在今日而欲为三代以上之文之一证也。更观今之“文学大家”，文则下规姚曾，上师韩欧；更上则取法秦汉魏晋，以为六朝以下无文学可言，此皆百步与五十步之别而已，而皆为文学下乘。即令神似古人，亦不过为博物院中添几许“逼真赝鼎”而已，文学云乎哉！昨见陈伯严先生一诗云：

涛园钞杜句，半岁秃千毫。
所得都成泪，相过问奏刀。
万灵噤不下，此老仰弥高。
胸腹回滋味，徐看薄命骚。

此大足代表今日“第一流诗人”摹仿古人之心理也。其病根所在，在于以“半岁秃千毫”之工夫作古人的钞胥奴婢，故有“此老仰弥高”之叹。若能洒脱此种奴性，不作古人的诗，而惟作我自己的诗，则决不致如此失败矣。

吾每谓今日之文学，其足与世界“第一流”文学比较而无愧色者，独有白话小说（我佛山人，南亭亭长，洪都百炼生，三人而已）一项。此无他故，以此种小说皆不事摹仿古人，（三人皆得力于《儒林外史》，《水浒》，《石头记》。然非摹仿之作也。）而惟实写今日社会之情状，故能成真正文学。其他学这个，学那个之诗古文家，皆无文学之价值也。今之有志文学者，宜知所从事矣。

三曰须讲求文法

今之作文作诗者，每不讲求文法之结构。其例更繁，不便举之，尤以作骈文律诗者为尤甚。夫不讲文法，是谓“不通”。此理至明，无待详论。

四曰不作无病之呻吟

此殊未易言也。今之少年往往作悲观，其取别号则曰“寒灰”，“无生”，“死灰”；其作为诗文，则对落日而思暮年，对秋风而思零落，春来则惟恐其速去，花发又惟惧其早谢：此亡国之哀音也。老年人为之犹不可，况少年乎？其流弊所至，遂养成一种暮气，不思奋发有为，服劳报国，但知发牢骚之音，感喟之文；作者将以促其寿年，读者将亦短其志气：此吾所谓无病之呻吟也。国之多患，吾岂不知之？然病国危时，岂痛哭流涕所能收效乎？吾惟愿今之文学家作费舒特

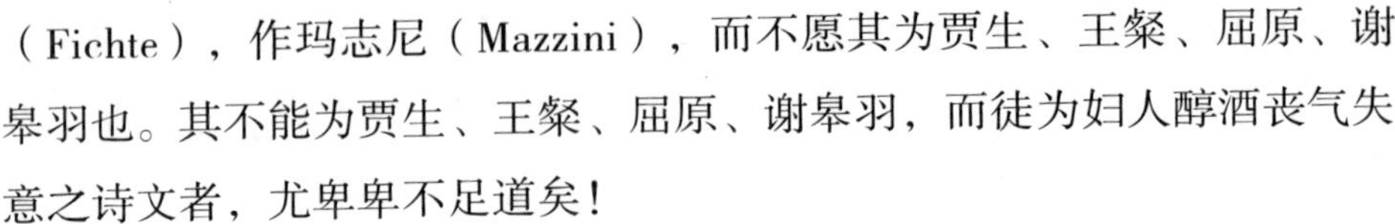

（Fichte），作玛志尼（Mazzini），而不愿其为贾生、王粲、屈原、谢皋羽也。其不能为贾生、王粲、屈原、谢皋羽，而徒为妇人醇酒丧气失意之诗文者，尤卑卑不足道矣！

五曰务去烂调套语

今之学者，胸中记得几个文学的套语，便称诗人。其所为诗文处处是陈言烂调，“蹉跎”，“身世”，“寥落”，“飘零”，“虫沙”，“寒窗”，“斜阳”，“芳草”，“春闺”，“愁魂”，“归梦”，“鹃啼”，“孤影”，“雁字”，“玉栖”，“锦字”，“残更”，……之类，累累不绝，最可憎厌。其流弊所至，遂令国中生出许多似是而非，貌似而实非之诗文。今试举吾友胡先照先生一词以证之：

荧荧夜灯如豆，映幢幢孤影，凌乱无据。翡翠衾寒，鸳鸯瓦冷，禁得秋宵几度？幺弦漫语，早丁字帘前，繁霜飞舞。袅袅余音，片时犹绕柱。

此词骤观之，觉字字句句皆词也，其实仅一大堆陈套语耳。“翡翠衾”，“鸳鸯瓦”，用之白香山《长恨歌》则可，以其所言乃帝王之衾之瓦也。“丁字帘”，“幺弦”，皆套语也。此词在美国所作，其夜灯决不“荧荧如豆”，其居室尤无“柱”可绕也。至于“繁霜飞舞”，则更不成话矣。谁曾见繁霜之“飞舞”耶？

吾所谓务去烂调套语者，别无他法，惟在人人以其耳目所亲见亲闻所亲身阅历之事物，一一自己铸词以形容描写之；但求其不失真，但求能达其状物写意之目的，即是工夫。其用烂调套语者，皆懒惰不肯自己铸词状物者也。

六曰不用典

吾所主张八事之中，惟此一条最受朋友攻击，盖以此条最易误会也。吾友江亢虎君来书曰：

> 所谓典者，亦有广狭二义。饾饤獭祭，古人早悬为厉禁；若并成语故事而屏之，则非惟文字之品格全失，即文字之作用亦亡。……文字最妙之意味，在用字简而涵义多。此断非用典不为功。不用典不特不可作诗，并不可写信，且不可演说。来函满纸“旧雨”，“虚怀”，“治头治脚”，“舍本逐末”，“洪水猛兽”，“发聋振聩”，“负弩先驱”，“心悦诚服”，“词坛”，“退避三舍”，“滔天”，“利器”，“铁证”，……皆典也。试尽抉而去之，代以俚语俚字，将成何说话？其用字之繁简，犹其细焉。恐一易他词，虽加倍蓰而涵义仍终不能如是恰到好处，奈何？……

此论甚中肯要。今依江君之言，分典为广狭二义，分论之如下：

（一）广义之典非吾所谓典也。广义之典约有五种：

（甲）古人所设譬喻，其取譬之事物，含有普通意义，不以时代而失其效用者，今人亦可用之。如古人言“以子之矛，攻子之盾”，今人虽不读书者，亦知用“自相矛盾”之喻，然不可谓为用典也。上文所举例中之“治头治脚”，“洪水猛兽”，“发聋振聩”，……皆此类也。盖设譬取喻，贵能切当；若能切当，固无古今之别也。若“负弩先驱”，“退避三舍”之类，在今日已非通行之事物，在文人相与之间，或可用之，然终以不用为上。如言“退避”，千里亦可，百里亦可，不

必定用“三舍”之典也。

（乙）成语　成语者，合字成辞，别为意义。其习见之句，通行已久，不妨用之。然今日若能另铸“成语”，亦无不可也。“利器”，“虚怀”，“舍本逐末”，……皆属此类。此非“典”也，乃日用之字耳。

（丙）引史　事引史事与今所论议之事相比较，不可谓为用典也。如老杜诗云，“未闻殷周衰，中自诛褒妲”，此非用典也。近人诗云，“所以曹孟德，犹以汉相终”，此亦非用典也。

（丁）引古人作比　此亦非用典也。杜诗云，“清新庾开府，俊逸鲍参军”，此乃以古人比今人，非用典也。又云，“伯仲之间见伊吕，指挥若定失萧曹”，此亦非用典也。

（戊）引古人之语　此亦非用典也。吾尝有句云，“我闻古人言，艰难惟一死。”又云，“尝试成功自古无，放翁此语未必是。”此乃引语，非用典也。

以上五种为广义之典，其实非吾所谓典也。若此者可用可不用。

（二）狭义之典，吾所主张不用者也。吾所谓用“典”者，谓文人词客不能自己铸词造句以写眼前之景，胸中之意，故借用或不全切，或全不切之故事陈言以代之，以图含混过去：是谓“用典”。上所述广义之典，除戊条外，皆为取譬比方之辞。但以彼喻此，而非以彼代此也。狭义之用典，则全为以典代言，自己不能直言之，故用典以言之耳。此吾所谓用典与非用典之别也。狭义之典亦有工拙之别，其工者偶一用之，未为不可，其拙者则当痛绝之。

（子）用典之工者　此江君所谓用字简而涵义多者也。客中无书不能多举其例，但杂举一二，以实吾言：

（1）东坡所藏“仇池石”，王晋卿以诗借观，意在于夺。东坡不敢不借，先以诗寄之，有句云，“欲留嗟赵弱，宁许负秦曲。传观慎勿许，间道归应速。”此用蔺相如返璧之典，何其工切也！

（2）东坡又有“章质夫送酒六壶，书至而酒不达”。诗云，“岂意青州六从事，化为乌有一先生。”此虽工已近于纤巧矣。

（3）吾十年前尝有读《十字军英雄记》一诗云：“岂有酖人羊叔子？焉知微服赵主父？十字军真儿戏耳，独此两人可千古。”以两典包尽全书，当时颇沾沾自喜，其实此种诗，尽可不作也。

（4）江亢虎代华侨诔陈英士文有“未悬太白，先坏长城。世无钼麑，乃戕赵卿”四句，余极喜之。所用赵宣子一典，甚工切也。

（5）王国维咏史诗，有“虎狼在堂室，徙戎复何补？神州遂陆沉，百年委榛莽。寄语桓元子，莫罪王夷甫”。此亦可谓使事之工者矣。

上述诸例，皆以典代言，其妙处，终在不失设譬比方之原意；惟为文体所限，故譬喻变而为称代耳。用典之弊，在于使人失其所欲譬喻之原意。若反客为主，使读者迷于使事用典之繁，而转忘其所为设譬之事物，则为拙矣。古人虽作百韵长诗，其所用典不出一二事而已，（《北征》与白香山《悟真寺诗》皆不用一典。）今人作长律则非典不能下笔矣。尝见一诗八十四韵，而用典至百余事，宜其不能工也。

（丑）用典之拙者　用典之拙者，大抵皆懒惰之人，不知造词，故以此为躲懒藏拙之计。惟其不能造词，故亦不能用典也。总计拙典亦有数类：

（1）比例泛而不切，可作几种解释，无确定之根据。今取王渔洋《秋柳》一章证之：

> 娟娟凉露欲为霜，万缕千条拂玉塘。
> 浦里青荷中妇镜，江干黄竹女儿箱。
> 空怜板渚隋堤水，不见瑯琊大道王。

若过洛阳风景地，含情重问永丰坊。

此诗中所用诸典无不可作几样说法者。

（2）僻典使人不解。夫文学所以达意抒情也。若必求人人能读五车之书，然后能通其文，则此种文可不作矣。

（3）刻削古典成语，不合文法。“指兄弟以孔怀，称在位以曾是”（章太炎语），是其例也。今人言“为人作嫁”亦不通。

（4）用典而失其原意。如某君写山高与天接之状，而曰“西接杞天倾”是也。

（5）古事之实有所指，不可移用者，今往往乱用作普通事实。如古人灞桥折柳，以送行者，本是一种特别土风。阳关渭城亦皆实有所指。今之懒人不能状别离之情，于是虽身在滇越，亦言灞桥；虽不解阳关渭城为何物，亦皆言“阳关三叠”，“渭城离歌”。又如张翰因秋风起而思故乡之纯羹鲈脍，今则虽非吴人，不知纯鲈为何味者，亦皆自称有“纯鲈之思”。

此则不仅懒不可救，直是自欺欺人耳！

凡此种种，皆文人之下下工夫，一受其毒，便不可救。此吾所以有“不用典”之说也。

七曰不讲对仗

排偶乃人类言语之一种特性，故虽古代文字，如老子孔子之文，亦间有骈句。如“道可道，非常道；名可名，非常名。无名天地之始，有名万物之母。故常无，欲以观其妙；常有，欲以观其微。”此三排句也。“食无求饱，居无求安。”“贫而无谄，富而无骄。”“尔爱其羊，我爱其礼。”——此皆排句也。然此皆近于语言之自然，而无牵强刻削之迹；尤未有定其字之多寡，声之平仄，词之虚实者也。至于后世文学末流，言之无物，乃以文胜；文胜之极，而骈文律诗兴焉，而长律兴焉。骈文律诗之中非无佳作，然佳作终鲜。所以然者何？岂不以其束缚人之自由过甚之故耶？（长律之中，上下古今，无一首佳作可言也。）今日而言文学改良，当“先立乎其大者”，不当枉废有用之精力于微细纤巧之末：此吾所以有废骈废律之说也。即不能废此两者，亦但当视为文学末技而已，非讲求之急务也。

今人犹有鄙夷白话小说为文学小道者，不知施耐庵，曹雪芹，吴趼人，皆文学正宗，而骈文律诗乃真小道耳。吾知必有闻此言而却走者矣。

八曰不避俗语俗字

吾惟以施耐庵、曹雪芹、吴趼人为文学正宗，故有“不避俗字俗语”之论也（参看上文第二条下）。盖吾国言文之背驰久矣。自佛书之输入，译者以文言不足以达意，故以浅近之文译之，其体已近白话。其后佛氏讲义语录尤多用白话为之者，是为语录体之原始。及宋人讲学以白话为语录，此体遂成讲学正体（明人因之）。当是时，白话已久入韵文，观唐宋人白话之诗词可见也。及至元时，中国北部已在异族（辽金元）之下，三百余年矣。此三百年中，中国乃发生一种通俗行远之文学。文则有《水浒》、《西游》、《三国》……之类，戏曲则尤不可胜计（关汉卿诸人，人各著剧数十种之多。吾国文人著作之富，未有过于此时者也）。以今世眼光观之，则中国文学当以元代为最盛；可传世不朽之作，当以元代为最多：此可无疑也。当是时，中国之文学最近言文合一，白话几成文学的语言矣。使此趋势不受阻遏，则中国几有一“活文学出现”，而但丁路得之伟业（欧洲中古时，各国皆有俚语，而以拉丁文为文言，凡著作书籍皆用之，如吾国之以文言著书也。其后意大利有但丁（Dante）诸文豪，始以其国俚语著作。诸国踵与，国语亦代起。路得（Luther）创新教始以德文译《旧约》、《新约》，遂开德文学之先。英法诸国亦复如是。今世通用之英文《新旧约》乃一六一一年译本，距今才三百年耳。故今日欧洲诸国之文学，在当日皆为俚语。迨诸文豪兴，始以“活文学”代拉丁之死文学；有活文学而后有言文合一之国语也），几发生于神州。不意此趋势骤为明代所阻，政府既以八股取士，而当时文人如何李七子之徒，又争以复古为高，于是此千年难遇言文合一之机会，遂中道夭折矣。然以今世历史进化的眼光观之，则白话文学之为中国文学之正宗，又为将来文学必用之利器，可断言也（此“断言”乃自作者言之，赞成此说者今日未必甚多也）。以此之故，吾主张今日作文作诗，宜采用俗语俗字。与其用三千年前之死字（如“于铄国会，遵晦时休”之类），不如用二十世纪之活字；与其作不能行远不能普及之秦汉六朝文字，不如作家喻户晓之《水浒》、《西游》文字也。

结　论

上述八事，乃吾年来研思此一大问题之结果。远在异国，既无读书之暇晷，又不得就国中先生长者质疑问难，其所主张容有矫枉过正之处。然此八事皆文学上根本问题，一有研究之价值。故草成此论，以为海内外留心此问题者作一草案。谓之刍议，犹云未定草也，伏惟国人同志有以匡纠是正之。

民国六年一月

易卜生主义

一

易卜生最后所作的《我们死人再生时》（When We Dead Awaken）一本戏里面有一段话，很可表出易卜生所作文学的根本方法。这本戏的主人翁是一个美术家，费了全副精神，雕成一副像，名为“复活日”。这位美术家自己说他这副雕像的历史道：

> 我那时年纪还轻，不懂得世事。我以为这“复活日”应该是一个极精致，极美的少女像，不带着一毫人世的经验，平空地醒来，自然光明庄严，没有什么过恶可除。……但是我后来那几年，懂得些世事了，才知道这“复活日”不是这样简单的，原来是很复杂的。……我眼里所见的人情世故，都到我理想中来，我不能不把这些现状包括进去。我只好把这像的座子

放大了，放宽了。

我在那座子上雕了一片曲折爆裂的地面。从那地的裂缝里，钻出来无数模糊不分明，人身兽面的男男女女。这都是我在世间亲自见过的男男女女。（二幕）

这是“易卜生主义”的根本方法。那不带一毫人世罪恶的少女像，是指那盲目的理想派文学。那无数模糊不分明，人身兽面的男男女女，是指写实派的文学。易卜生早年和晚年的著作虽不能全说是写实主义，但我们看他极盛时期的著作，尽可以说，易卜生的文学，易卜生的人生观，只是一个写实主义。一八八二年，他有一封信给一个朋友，信中说道：

我做书的目的，要使读者人人心中都觉得他所读的全是实事。（《尺牍》第一五九号）

人生的大病根在于不肯睁开眼睛来看世间的真实现状。明明是男盗女娼的社会，我们偏说是圣贤礼义之邦；明明是赃官污吏的政治，我们偏要歌功颂德；明明是不可救药的大病，我们偏说一点病都没有！却不知道：若要病好，须先认有病；若要政治好，须先认现今的政治实在不好；若要改良社会，须先知道现今的社会实在是男盗女娼的社会！易卜生的长处，只在他肯说老实话，只在他能把社会种种腐败龌龊的实在情形写出来叫大家仔细看。他并不是爱说社会的坏处，他只是不得不说。一八八〇年，他对一个朋友说：

我无论作什么诗，编什么戏，我的目的只要我自己精神上的舒服清净。因为我们对于社会的罪恶，都脱不了干系的。

（《尺牍》第一四八号）

因为我们对于社会的罪恶都脱不了干系，故不得不说老实话。

二

我们且看易卜生写近世的社会，说的是一些什么样的老实话。第一，先说家庭。

易卜生所写的家庭，是极不堪的。家庭里面，有四种大恶德：一是自私自利；二是倚赖性，奴隶性；三是假道德，装腔做戏；四是懦怯没有胆子。做丈夫的便是自私自利的代表。他要快乐，要安逸，还要体面，所以他要娶一个妻子。正如《娜拉》戏中的郝尔茂，他觉得同他妻子有爱情是很好玩的。他叫他妻子做“小宝贝”，“小鸟儿”，“小松鼠儿”，“我的最亲爱的”，等等肉麻名字。他给他妻子一点钱去买糖吃，买粉搽，买好衣服穿。他要他妻子穿得好看，打扮的标致。做妻子的完全是一个奴隶。她丈夫喜欢什么，她也该喜欢什么；她自己是不许有什么选择的。她的责任在于使丈夫喜欢。她自己不用有思想：她丈夫会替她思想。她自己不过是她丈夫的玩意儿，很像叫化子的猴子专替他变把戏引人开心的。（所以《娜拉》又名《玩物之家》。）丈夫要妻子守节，妻子却不能要丈夫守节，正如《群鬼》（Ghosts）戏里的阿尔文夫人受不过丈夫的气，跑到一个朋友家去；那位朋友是个牧师，很教训了她一顿，说她不守妇道。但是阿尔文夫人的丈夫专在外面偷妇人，甚至淫乱他妻子的婢女；人家都毫不介意，那位牧师朋友也觉得这是男人常有的事，不足为奇！妻子对丈夫，什么都可以牺牲；丈夫对妻子，是不犯着牺牲什么的。《娜拉》戏内的娜拉因为要救她丈夫的生命，所以冒她父亲的名字，签了借据去借钱。后来事体闹穿了，她丈夫不但不肯替娜拉分担冒名的干系，还要痛骂她带累他自己的名誉。后来和平了结了，没有危险了，她丈夫又装出大度的样子，说不追究她的错处了。他得意扬扬的说道："一个男人赦了他妻子的过犯是很畅快的事！"（《娜拉》三幕）

这种极不堪的情形，何以居然忍耐得住呢？第一，因为人都要顾面子，不得不装腔做戏，做假道德遮着面孔。第二，因为大多数的人都是没有胆子的懦夫。因为要顾面子，故不肯闹翻；因为没有胆子，故不敢闹翻。那《娜拉》戏里的娜拉忽然看破家庭是一座做猴子戏的戏台，她自己是台上的猴子。她有胆子，又不肯再装假面子，所以告别了掌班的，跳下了戏台，去干她自己的生活。那《群鬼》戏里的阿尔文夫人没有娜拉的胆子，又要顾面子，所以被她的牧师朋友一劝，就劝回头了，还是回家去尽她的"天职"，守她的"妇道"。她丈夫仍旧做那种淫荡的行为。阿尔文夫人只好牺牲自己的人格，尽力把他羁縻在家。后来生下一个儿子，他母亲恐怕他在家学了他父亲的坏榜样，所以到了七岁便把他送到巴黎去。她一面要哄她丈夫在家，一面要在外边替她丈夫修名誉，一面要骗她儿子说他父亲是怎样一个正人君子。这种情形，过了十九个足年，她丈夫才死。死后，他妻子还要替他装面子，花了许多钱，造了一所孤儿院，作她亡夫的遗爱。孤儿院做成了，她把儿子唤回来参预孤儿院落成的庆典。谁知她儿子从胎里就得了他父亲的花柳病的遗毒，变成一种脑腐症，到家没几天，那孤儿院也被火烧了，她儿子的遗传病发作，脑子坏了，就成了疯人了。这是没有胆子，又要顾面子的结局。这就是腐败家庭的下场！

三

其次，且看易卜生的社会的三种大势力。那三种大势力：一是法律，二是宗教，三是道德。

第一，法律　法律的效能在于除暴去恶，禁民为非。但是法律有好处也有坏处。好处在于法律是无有偏私的；犯了什么法，就该得什么罪。坏处也在于此。法律是死板板的条文，不通人情世故；不知道一样的罪名却有几等几样的居心，有几等几样的境遇情形；同犯一罪的人却有几等几样的知识程度。法律只说某人犯了某法的某某篇某某章某某节，该得某某罪，全不管犯罪的人的知识不同，境遇不同，居心不同。《娜拉》戏里有两件冒名签字的事：一件是一个律师做的，一件是一个不懂法律的妇人做的。那律师犯这罪全由于自私自利，那妇人犯这罪全因为她要救她丈夫的性命。但是法律全不问这些区别。请看这两个“罪人”讨论这个问题：

（律师）　郝夫人，你好像不知道你犯了什么罪，我老实对你说，我犯的那桩使我一生声名扫地的事，和你所做的事恰恰相同，一毫也不多，一毫也不少。

（娜拉）　你！难道你居然也敢冒险去救你妻子的命吗？

（律师）　法律不管人的居心如何。

（娜拉）　如此说来，这种法律是笨极了。

（律师）　不问他笨不笨，你总要受他的裁判。

（娜拉）　我不相信。难道法律不许做女儿的想个法子免得她临死的父亲烦恼吗？难道法律不许做妻子的救她丈夫的命吗？我不大懂得法律，但是我想总该有这种法律承认这些事

的。你是一个律师，你难道不知道有这样的法律吗？柯先生，你真是一个不中用的律师了。（《娜拉》一幕）

最可怜的是世上真没有这种入情入理的法律！

第二，宗教 易卜生眼里的宗教久已失了那种可以感化人的能力；久已变成毫无生气的仪节信条，只配口头念得烂熟，却不配使人奋发鼓舞了。《娜拉》戏里说：

（郝尔茂） 你难道没有宗教吗？

（娜拉） 我不很懂得究竟宗教是什么东西。我只知道我进教时那位牧师告诉我的一些话。他对我说宗教是这个，是那个，是这样，是那样。（三幕）

如今人的宗教，都是如此，你问他信什么教，他就把他的牧师或是他的先生告诉他的话背给你听。他会背耶稣的《祈祷》文，他会念阿弥陀佛，他会背一部《圣谕广训》。这就是宗教了！

宗教的本意，是为人而作的，正如耶稣说的，“礼拜是为人造的，不是人为礼拜造的。”不料后世的宗教处处与人类的天性相反，处处反乎人情。如《群鬼》戏中的牧师，逼着阿尔文夫人回家去受那荡子丈夫的待遇，去受那十九年极不堪的惨痛。那牧师说，宗教不许人求快乐；求快乐便是受了恶魔的魔力了。他说，宗教不许做妻子的批评她丈夫的行为。他说，宗教教人无论如何总要守妇道，总须尽责任。那牧师口口声声所说是“是”的，阿尔文夫人心中总觉得都是“不是”的。后来阿尔文夫人仔细去研究那牧师的宗教，忽然大悟。原来那些教条都是假的，都是“机器造的！”（《群鬼》二幕）

但是这种机器造的宗教何以居然能这样兴旺呢？原来现在的宗教虽

没有精神上的价值，却极有物质上的用场。宗教是可以利用的，是可以使人发财得意的。那《群鬼》戏里的木匠，本是一个极下流的酒鬼，卖妻卖女都肯干的。但是他见了那位道学的牧师，立刻就装出宗教家的样子，说宗教家的话，做宗教家的唱歌祈祷，把这位蠢牧师哄得滴溜溜的转。（二幕）那《罗斯马庄》（Rosmersholm）戏里面的主人翁罗斯马本是一个牧师，后来他的思想改变了，遂不信教了。他那时想加入本地的自由党，不料党中的领袖却不许罗斯马宣告他脱离教会的事。为什么呢？因为他们党里很少信教的人，故想借罗斯马的名誉来号召那些信教的人家。可见宗教的兴旺，并不是因为宗教真有兴旺的价值，不过是因为宗教有可以利用的好处罢了。

第三，道德　法律宗教既没有裁制社会的本领，我们且看“道德”可有这种本事。据易卜生看来，社会上所谓“道德”不过是许多陈腐的旧习惯。合于社会习惯的，便是道德；不合于社会习惯的，便是不道德。正如我们中国的老辈人看见少年男女实行自由结婚，便说是“不道德”。为什么呢？因为这事不合于“父母之命，媒妁之言”的社会习惯。但是这班老辈人自己讨许多小老婆，却以为是很平常的事，没有什么不道德。为什么呢？因为习惯如此。又如中国人死了父母，发出讣书，人人都说“泣血稽颡”，“苫块昏迷”。其实他们何尝泣血？又何尝“寝苫枕块”？这种自欺欺人的事，人人都以为是“道德”，人人都不以为羞耻。为什么呢？因为社会的习惯如此，所以不道德的也觉得道德了。

这种不道德的道德，在社会上，造出一种诈伪不自然的伪君子。面子上都是仁义道德，骨子里都是男盗女娼。易卜生最恨这种人。他有一本戏，叫做《社会的栋梁》（Pillars of Society）。戏中的主人名叫褒匿，是一个极坏的伪君子；他犯了一桩奸情，却让他兄弟受这恶名，还要诬赖他兄弟偷了钱跑脱了。不但如此，他还雇了一只烂脱底的船送他

兄弟出海，指望把他兄弟和一船的人都沉死在海底，可以灭口。

这样一个大奸，面子上却做得十分道德，社会上都尊敬他，称他做“全市第一个公民”，“公民的模范”，“社会的栋梁”！他谋害他兄弟的那一天，本城的公民，聚了几千人，排起队来，打着旗，奏着军乐，上他的门来表示社会的敬意，高声喊道：“褒匿万岁！社会的栋梁褒匿万岁！”

这就是道德！

四

其次，我们且看易卜生写个人与社会的关系。

易卜生的戏剧中，有一条极显而易见的学说，是说社会与个人互相损害；社会最爱专制，往往用强力摧折个人的个性，压制个人自由独立的精神；等到个人的个性都消灭了，等到自由独立的精神都完了，社会自身也没有生气了，也不会进步了。社会里有许多陈腐的习惯，老朽的思想，极不堪的迷信，个人生在社会中，不能不受这些势力的影响。有时有一两个独立的少年，不甘心受这种陈腐规矩的束缚，于是东冲西突想与社会作对。上文所说的褒匿，当少年时，也曾想和社会反抗。但是社会的权力很大，网罗很密；个人的能力有限，如何是社会的敌手？社会对个人道：“你们顺我者生，逆我者死；顺我者有赏，逆我者有罚。”那些和社会反对的少年，一个一个的都受家庭的责备，遭朋友的怨恨，受社会的侮辱驱逐。再看那些奉承社会意旨的人，一个个的都升官发财，安富尊荣了。当此境地，不是顶天立地的好汉，决不能坚持到底。所以像褒匿那般人，做了几时的维新志士，不久也渐渐的受社会同化，仍旧回到旧社会去做“社会的栋梁”了。社会如同一个大火炉，什么金银铜铁锡，进了炉子，都要熔化。易卜生有一本戏叫做《雁》

（The Wild Duck），写一个人捉到一只雁，把他养在楼上半阁里，每天给他一桶水，让他在水里打滚游戏。那雁本是一个海阔天空逍遥自得的飞鸟，如今在半阁里关久了，也会生活，也会长得胖胖的，后来竟完全忘记了他从前那种海阔天空来去自由的乐处了！个人在社会里，就同这雁在人家半阁上一般，起初未必满意，久而久之，也就惯了，渐渐的把黑暗世界当作安乐窝了。

社会对于那班服从社会命令，维持陈旧迷信，传播腐败思想的人，一个一个的都有重赏。有的发财了，有的升官了，有的享大名誉了。这些人有了钱，有了势，有了名誉，就像老虎长了翅膀，更可横行无忌了，更可借着“公益”的名义去骗人钱财，害人生命，做种种无法无天的行为。易卜生的《社会栋梁》和《博克曼》（John Gabriel Borkman）两本戏的主人翁都是这种人物。他们钱赚得够了，然后掏出几个小钱来，开一个学堂，造一所孤儿院，立一个公共游戏场，“捐二十磅金去买面包给贫人吃”（用《社会的栋梁》二幕中语）。于是社会格外恭维他们，打着旗子，奏着军乐，上他们家来，大喊“社会的栋梁万岁！”

那些不懂事又不安本份的理想家，处处和社会的风俗习惯反对，是该受重罚的。执行这种重罚的机关，便是“舆论”，便是大多数的“公论”。世间有一种最通行的迷信，叫做“服从多数的迷信”。人都以为多数人的公论总是不错的。易卜生绝对的不承认这种迷信。他说“多数党总在错的一边，少数党总在不错的一边。”（《国民公敌》五幕）一切维新革命，都是少数人发起的，都是大多数人所极力反对的。大多数人总是守旧麻木不仁的；只有极少数人，有时只有一个人，不满意于社会的现状，要想维新，要想革命。这种理想家是社会所最忌的。大多数人都骂他是“捣乱分子”，都恨他“扰乱治安”，都说他“大逆不道”；所以他们用大多数的专制威权去压制那“捣乱”的理想志士，不许他开口，不许他行动自由；把他关在监牢里，把他赶出境去，把他杀了，把他钉在十字架上活活的钉死，把他捆在柴草上活活的烧死。过了几十年几百年，那少数人的主张渐渐的变成多数人的主张了，于是社会的多数人又把他们从前杀死钉死烧死的那些“捣乱分子”一个一个的重新推崇起来，替他们修墓，替他们作传，替他们立庙，替他们铸铜像。却不知道从前那种“新”思想，到了这时候，又早已成了“陈腐的”迷信！当他们替从前那些特立独行的人修墓铸铜像的时候，社会里早已发生了几个新派少数人，又要受他们杀死钉死烧死的刑罚了！所以说“多数党总是错的，少数党总是不错的”。

易卜生有一本戏叫做《国民公敌》，里面写的就是这个道理。这本戏的主人翁斯铎曼医生从前发现本地的水可以造成几处卫生浴池。本地的人听了他的话，觉得有利可图，便集了资本造了几处卫生浴池。后来四方人闻了这浴池之名，纷纷来这里避暑养病。来的人多了，本地的商业市面便渐渐发达兴旺。斯铎曼医生便做了浴池的官医。后来洗浴的人之中，忽然发生一种流行病症；经这位医生仔细考察，知道这病症是从浴池的水里来的，他便装了一瓶水寄与大学的化学师请他化验。化验出来，才知道浴池的水管安的太低了，上流的污秽，停积在浴池里，发生一种传染病的微生物，极有害于公众卫生。斯铎曼医生得了这种科学证据，便做了一篇切切实实的报告书，请浴池的董事会把浴池的水管重行改造，以免妨碍卫生。不料改造浴池须要花费许多钱，又要把浴池闭歇一两年；浴池一闭歇，本地的商务便要受许多损失。所以本地的人全体用死力反对斯铎曼医生的提议。他们宁可听那些来避暑养病的人受毒病死，却不情愿受这种金钱的损失，所以他们用大多数的专制威权压制这位说老实话的医生，不许他开口。他做了报告，本地的报馆都不肯登载。他要自己印刷，印刷局也不肯替他印。他要开会演说，全城的人都不把空屋借他做会场。后来好容易找到了一所会场，开了一个公民会议，会场上的人不但不听他的老实话，还把他赶下台去，由全体一致表决，宣告斯铎曼医生从此是国民的公敌。他逃出会场，把裤子都撕破了，还被众人赶到他家，用石头掷他，把窗户都打碎了。到了明天，本地政府革了他的官医；本地商民发了传单不许人请他看病；他的房东请他赶快搬出屋去；他的女儿在学堂教书，也被校长辞退了。这就是“特立独行”的好结果！这就是大多数惩罚少数“捣乱分子”的辣手段！

五

其次，我们且说易卜生的政治主义。易卜生的戏剧不大讨论政治问题，所以我们须要用他的《尺牍》（Letters,ed.by his son,Sigurd Ibsen,English Trans.1905）做参考的材料。

易卜生起初完全是一个主张无政府主义的人。当普法之战（一八七〇至一八七一年）时，他的无政府主义最为激烈。一八七一年，他有信与一个朋友道：

> ……个人绝无做国民的需要。不但如此，国家简直是个人的大害。请看普鲁士的国力，不是牺牲了个人的个性去买来的吗？国民都成了酒馆里跑堂的了，自然个个是好兵了。再看犹太民族：岂不是最高贵的人类吗？无论受了何种野蛮的待遇，那个犹太民族还能保存本来的面目。这都因为他们没有国家的原故。国家总得毁去。这种毁除国家的革命，我也情愿加入。毁去国家观念，单靠个人的情愿和精神上的团结做人类社会的基本，——若能做到这步田地，这可算得有价值的自由起点。那些国体的变迁，换来换去，都不过是弄把戏，——都不过是全无道理的胡闹。（《尺牍》第七九）

易卜生的纯粹无政府主义，后来渐渐的改变了。他亲自看见巴黎“市民政府”（Commune）的完全失败（一八七一），便把他主张无政府主义的热心减了许多（《尺牍》第八一）。到了一八八四年，他写信给他的朋友说，他在本国若有机会，定要把国中无权的人民联合成一个大政党，主张极力推广选举权，提高妇女的地位，改良国家教育要使脱除一切中古陋习（《尺牍》第一七八）。这就不是无政府的口气了。但是他自己到底不曾加入政党。他以为加入政党是很下流的事（《尺牍》第一五八）。他最恨那班政客，他以为“那班政客所力争的，全是表面上的权利，全是胡闹。最要紧的是人心的大革命”（《尺牍》第七七）。

易卜生从来不主张狭义的国家主义，从来不是狭义的爱国者。一八八八年，他写信给一个朋友说道：

> 知识思想略为发达的人，对于旧式的国家观念，总不满意。我们不能以为有了我们所属的政治团体便足够了。据我看来，国家观念不久就要消灭了，将来定有人种观念起来代他。即以我个人而论，我已经过这种变化。我起初觉得我是那威国人，后来变成斯堪丁纳维亚人，（那威与瑞典总名斯堪丁纳维亚。）我现在已成了条顿人了。（《尺牍》第二〇六）

这是一八八八年的话。我想易卜生晚年临死的时候（一九〇六），一定已进到世界主义的地步了。

六

我开篇便说过易卜生的人生观只是一个写实主义。易卜生把家庭社会的实在情形都写了出来，叫人看了动心，叫人看了觉得我们的家庭社会原来是如此黑暗腐败，叫人看了觉得家庭社会真正不得不维新革命：——这就是“易卜生主义”。表面上看去，像是破坏的，其实完全是建设的。譬如医生诊了病，开了一个脉案，把病状详细写出。这难道是消极的破坏的手续吗？但是易卜生虽开了许多脉案，却不肯轻易开药方。他知道人类社会是极复杂的组织，有种种绝不相同的境地，有种种绝不相同的情形。社会的病，种类纷繁，决不是什么“包医百病”的药方所能治得好的。因此他只好开了脉案，说出病情，让病人各人自己去寻医病的药方。

虽然如此，但是易卜生生平却也有一种完全积极的主张。他主张个人须要充分发达自己的天才性；须要充分发展自己的个性。他有一封信给他的朋友白兰戴说道：

> 我所最期望于你的是一种真益纯粹的为我主义。要使你有时觉得天下只有关于我的事最要紧，其余的都算不得什么。……你要想有益于社会，最好的法子莫如把你自己这块材料铸造成器。……有的时候我真觉得全世界都像海上撞沉了船，最要紧的还是救出自己。（《尺牍》第八四）

最可笑的是有些人明知世界“陆沉”，却要跟着“陆沉”，跟着堕落，不肯“救出自己”！却不知道社会是个人组成的，多救出一个人便是多备下一个再造新社会的分子。所以孟轲说“穷则独善其身”，这便是易卜生所说“救出自己”的意思。这种“为我主义”，其实是最有价值的利人主义。所以易卜生说：“你要想有益于社会，最妙的法子莫如把你自己这块材料铸造成器。”《娜拉》戏里，写娜拉抛了丈夫儿女飘然而去，也只为要“救出自己”。那戏中说：

（郝尔茂） ……你就是这样抛弃你的最神圣的责任吗?

（娜拉） 你以为我的最神圣的责任是什么?

（郝） 还等我说吗?可不是你对于你的丈夫和你的儿女的责任吗?

（娜） 我还有别的责任同这些一样的神圣。

（郝） 没有的。你且说，那些责任是什么。

（娜） 是我对于我自己的责任。

（郝） 最要紧的，你是一个妻子，又是一个母亲。

（娜） 这种话我现在不相信了。我相信第一我是一个人正同你一样。——无论如何，我务必努力做一个人。（三幕）

一八八二年，易卜生有信给朋友道：

这样生活，须使各人自己充分发展：——这是人类功业顶高的一层；这是我们大家都应该做的事。（《尺牍》第一六四）

社会最大的罪恶莫过于摧折个人的个性，不使他自由发展。那本《雁》戏所写的只是一件摧残个人才性的惨剧。那戏写一个人少年时本极有高尚的志气，后来被一个恶人害得破家荡产，不能度日；那恶人又把他自己通奸有孕的下等女子配给他做妻子，从此家累日重一日，他的志气便日低一日。到了后来，他堕落深了，竟变成了一个懒人懦夫，天天受那下贱妇人和两个无赖的恭维，他洋洋得意的觉得这种生活很可以终身了。所以那本戏借一个雁做比喻：那雁在半阁上关得久了，他从前那种高飞远举的志气全消灭了。居然把人家的半阁做他的极乐国了！

发展个人的个性，须要有两个条件。第一，须使个人有自由意志。第二，须使个人担干系，负责任。《娜拉》戏中写郝尔茂的最大错处只在他把娜拉当作“玩意儿”看待，既不许她有自由意志，又不许她担负家庭的责任，所以娜拉竟没有发展她自己个性的机会。所以娜拉一旦觉悟时，恨极她的丈夫，决意弃家远去，也正为这个原故。易卜生又有一本戏，叫做《海上夫人》（The Lady from the Sea），里面写一个女子哀梨妲少年时嫁给人家做后母，她丈夫和前妻的两个女儿看她年纪轻，不让她管家务，只叫她过安闲日子。哀梨妲在家觉得做这种不自由的妻子，不负责任的后母，是极没趣的事。因此她天天想跟人到海外去过那海阔天空的生活。她丈夫越不许她自由，她偏越想自由。后来她丈夫知道留她不住，只得许她自由出去。她丈夫说道：

（丈夫）　……我现在立刻和你毁约，现在你可以有完全自由拣定你自己的路子。……现在你可以自己决定，你有完全的自由，你自己担干系。

（哀梨妲）　完全自由！还要自己担干系！还担干系咧！有这么一来，样样事都不同了。

哀梨妲有了自由又自己负责任了，忽然大变了，也不想那海上的生活了，决意不跟人走了。（《海上夫人》第五幕）这是为什么呢？因为世间只有奴隶的生活是不能自由选择的，是不用担干系的。个人若没有自由权，又不负责任，便和做奴隶一样，所以无论怎样好玩，无论怎样高兴，到底没有真正乐趣，到底不能发展个人的人格。所以哀梨姐说，有了完全自由，还要自己担干系，有这么一来，样样事都不同了。

家庭是如此，社会国家也是如此。自治的社会，共和的国家，只是要个人有自由选择之权，还要个人对于自己所行所为都负责任。若不如此，决不能造出自己独立的人格。社会国家没有自由独立的人格，如同酒里少了酒曲，面包里少了酵，人身上少了脑筋：那种社会国家决没有改良进步的希望。

所以易卜生的一生目的只是要社会极力容忍，极力鼓励斯铎曼医生一流的人物；（斯铎曼事见上文四节）。要想社会上生出无数永不知足，永不满意，敢说老实话攻击社会腐败情形的“国民公敌”；要想社会上有许多人都能像斯铎曼医生那样宣言道：“世上最强有力的人就是那个最孤立的人！”

社会国家是时刻变迁的，所以不能指定哪一种方法是救世的良药：十年前用补药，十年后或者须用泻药了；十年前用凉药，十年后或者须用热药了。况且各地的社会国家都不相同，适用于日本的药，未必完全适用于中国；适用于德国的药，未必适用于美国。只有康有为那种“圣人”，还想用他们的“戊戌政策”来救戊午的中国；只有辜鸿铭那班怪物，还想用二千年前的“尊王大义”来施行于二十世纪的中国。易卜生是聪明人，他知道世上没有“包医百病”的仙方，也没有“施诸四海而皆准，推之百世而不悖”的真理。因此他对于社会的种种罪恶污秽，只开脉案，只说病状，却不肯下药。但他虽不肯下药，却到处告诉我们一个保卫社会健康的卫生良法。他仿佛说道：“人的身体全靠血里面有无量数的白血轮时时刻刻与人身的病菌开战，把一切病菌扑灭干净，方才可使身体健全，精神充足。社会国家的健康也全靠社会中有许多永不知足，永不满意，时刻与罪恶分子龌龊分子宣战的白血轮，方才有改良进步的希望。我们若要保卫社会的健康，须要使社会里时时刻刻有斯铎曼医生一般的白血轮分子。但使社会常有这种白血轮精神，社会决没有不改良进步的道理。”一八八三年，易卜生写信给朋友道：

> 十年之后，社会的多数人大概也会到了斯铎曼医生开公民大会时的见地了。但是这十年之中，斯铎曼自己也刻刻向前进；所以到了十年之后，他的见地仍旧比社会的多数人还高十年。即以我个人而论，我觉得时时刻刻总有进境。我从前每作一本戏时的主张，如今都已渐渐变成了很多数人的主张。但是等到他们赶到那里时，我久已不在那里了。我又到别处去了。我希望我总是向前去了。（《尺牍》第一七二）

民国七年五月十六日作于北京

民国十年四月二十六日改稿

评新诗集

一　康白情的《草儿》

——上海亚东图书馆发行，一九二二年三月出版，价八角。——

在这几年出版的许多新诗集之中，《草儿》不能不算是一部最重要的创作了。白情在他的诗里曾有两处宣告他的创作的精神。他说：

凡经我做过的都是对的。（页二五四）

他又说：

我要做就是对的；
凡经我做过的都是对的。

随做我底对的；

随丢我底对的。（页二四三）

我们读他的诗，也应该用这种眼光。“随做我底对的”是自由，“随丢我底对的”是进步。白情在这四年的新诗界，创造最多，影响最大；然而在他只是要做诗，并不是有意创体。我们在当日是有意谋诗体的解放，有志解放自己和别人；白情只是要“自由吐出心里的东西”；他无意于创造而创造了，无心于解放然而他解放的成绩最大。

白情受旧诗的影响不多，故中毒也不深。他的旧诗如“贰臣犹根蒂，四海未桑麻”（一九一六年）；如“多君相得乘龙婿，愧我诗成嚼蜡妪”（一九一七年），都是很不高明的。他的才性是不能受这种旧诗体的束缚的，故他在一九一九年一月作的《除夕》诗，（页三〇一——四）便有“去，去，出门去！围炉直干么？乘兴访朴园，踏雪沿北河”的古怪组合。“干么”底下紧接两句极牵强的骈句，便是歧路的情境了。笨的人在这个歧路上仍旧努力去做他的骈句，但是白情跳上了自由的路，以后便是《草儿》（一九一九年二月一日）的时代了。

自《草儿》（页一）到《雪夜过泰安》（页四八），是一九一九年的诗。这一组里固然也有好诗，如《窗外》，《送客黄浦》，《日观峰》，《疑问》；但我们总觉得这还是一个尝试的时代，工具还不能运用自如，不免带点矜持的意味。如《暮登泰山西望》：

谁遮这落日？

莫是昆仑山底云么？

破哟！破哟！

莫斯科的晓破了，

莫要遮了我要看的莫斯科哟！

又如：

你（黄河）从昆仑山的沟里来么？
昆仑山里底红叶，
想已饱带着一身秋了。

这都不很自然。至于《桑园道》中的，

山哪，岚哪，
云哪，霞哪，
半山上的烟哪，
装成了美丽簇新的锦绣一片。

现在竟成了新诗的滥调了！

白《朝气》（页四九）至《别少年中国》（页二八六），共二百四十页诗，都是一九二〇年的作品。这一年的成绩确是很可惊的。当时我在《学灯》上见着白情的《江南》，就觉得白情的诗大进步了。《江南》的长处在于颜色的表现，在于自由的实写外界的景色。我们引他的第三段：

柳桩上拴着两条大水牛，
茅屋都铺得不现草色了。
一个很轻巧的老姑娘，
端着一个撮箕，
蒙着一张花帕子。
背后十来只小鹅，

都张着些红嘴，

跟着她，叫着。

颜色还染得鲜艳，

只是雪不大了。

这种诗近来也成为风气了。但这种诗假定两个条件：第一须有敏捷而真确的观察力，第二须有聪明的选择力。没有观察力，便要闹笑话；没有选择力，只是堆砌而不美。白情最长于这一类的诗；《草儿》里此类很多，我们不多举例了。

平心而论，这一类的写景诗，我们虽承认他的价值，也不能不指出他的流弊。这一类的诗最容易陷入“记账式的列举”。“云哪，山哪，岚哪”，固然可厌；“东边一个什么，西边一个什么，前面一个什么”，也很可厌。南宋人的写景绝句，所以不讨人厌，全靠他们的选择力高，能挑出那最精彩的印象。画家的风景画，所以比风景照片更有意味，也是因为画家曾有过一番精彩的剪裁。近日许多写景诗，所以好的甚少，也是因为不懂得文学的经济，不能去取选择。

白情的《草儿》在中国文学史的最大贡献，在于他的纪游诗。中国旧诗最不适宜做纪游诗，故纪游诗好的极少。白情这部诗集里，纪游诗占去差不多十分之七八的篇幅。这是用新诗体来纪游的第一次大试验，这个试验可算是大成功了。我们选他的《日光纪游》第六首：

马返以上没有电车了，

我们只得走去。

好雨！好雨！

草鞋套在靴子上；

油纸背在背上；

颗颗的雨直淋在草帽上。
哈……哈……哈……哈……
好雨！好雨！
哈……哈……哈……哈……
哈……哈……哈……哈……
一路赤脚的女子笑着过来了。
油纸背在背上；
“下驮”提在左手上；
洋伞撑在右手上；
颗颗的雨直淋在绣花的红裙上。
他们看了我们越是忍不住笑了。
我们看了他们也更得了笑的材料了。
哈……哈……哈……哈……
哈……哈……哈……哈……
好雨！好雨！

过幸桥，
过深泽桥，
我们直溯大谷川底源头沿上去。
我们不溜在河里也就是本事了！
哈……哈……哈……哈……
好雨！好雨！

这种诗真是好诗。“看来毫不用心，而自具一种有以异乎人的美”：这是白情评我的诗的话，他说这是美国风。我不敢当这句评语，只好拿来还敬他这首诗，并且要他知道这不是美国风，只是诗人的理想境界。

占《草儿》八十四页的《庐山纪游》三十七首，自然是中国诗史上一件很伟大的作物了。这三十七首诗须是一气读下去，读完了再分开来看，方才可以看出他们的层次条理。这里面有行程的记述，有景色的描写，有长篇的谈话：但全篇只是一大篇《庐山纪游》。自十六至二十三，纪五老峰的探险，写的最有精彩，使我们不曾到过庐山的人心里怦怦的想去做那种有趣味的事。白情在第二首里说：

> 山阿里流泉打得钦里孔隆地响，
> 引得我要洗澡底心好动，
> 我就去洗澡。
> 石塘上三四家荷兰式的茅店，
> 风吹得凉悠悠地，
> 引得我要歇憩底心好动，
> 我就去歇憩。

这就是“我要做就是对的”。这是白情等一班少年人游庐山时的精神。我们祝福他们在诗国里永远保持这种精神。

白情的诗，在技术上，确能做到“漂亮”的境界。他自己说：

> 总之，新诗里音节底整理，总以读来爽口听来爽耳为标准。（页三五四）

这一层，初看来似是很浅近，很容易，所以竟有许多诗人“鄙漂亮而不为”！但是我们很诚恳的盼望这些诗人们肯降格来试试这个“读来爽口，听来爽耳”的最低限度的标准。

十一，八，三十

二　俞平伯的《冬夜》

——上海亚东图书馆发行，一九二二年三月出版，价六角。——

平伯这部诗集，分成四辑。他自己说，“第一辑里的大都是些幼稚的作品；第二辑里的，作风似太烦琐而枯燥了，且不免有些晦涩之处；第三辑底前半尚存二辑的作风，后半似乎稍变化一点，四辑……有几首诗，如《打铁》，《挽歌》，《一勺水啊》，《最后的洪炉》，有平民的风格。”

平伯主张“努力创造民众化的诗”。假如我们拿这个标准来读他的诗，那就不能不说他大失败了。因为他的诗是最不能“民众化”的。我们试看他自己认为有平民风格的几首诗，差不多没有一首容易懂得的。如《打铁》篇中的：

刀口碰在锄耙上，
刀口短了锄耙长。

这已经不好懂了。《挽歌》第四首是，

山坳里有坟堆，
坟堆里有骨头，
骏骨可招千里驹；
枯骨头，华衣巍巍没字碑。
招甚么？招个呸！

这决不是“民众化”的诗。《一勺水啊》是一首好诗，但也不是“民众化”的诗：

好花开在污泥里，
我酌了一勺水来洗他。
半路上我渴极了。
竟把这一勺水喝了。
…………
请原谅罢，宽恕着罢！
可怜我只有一勺水啊！

这首诗虽不晦涩，但究竟不是民众能了解的。

所以我们读平伯的诗，不能用他自己的标准去批评他。“民众化”三个字谈何容易！十八世纪之末，英国诗人华茨活斯（Wordsworth）主张作民众化的诗；然而他的诗始终只是“学者诗人”的诗，而不是民众的诗。同时北方民间出了一个大诗人彭思（Burns），他并不提倡民众文学，然而他的诗句风行民间，念在口里，沁在心里，至今还是不朽的民众文学。民众化的文学不是“理智化”的诗人勉强做得出的。即如平伯的《可笑》一篇（页二一七），取俗歌“高山有好水，平地有好花；家家有好女，无钱莫想他”四句，译为五十行的新诗：然而他自己也不能不承认“词句虽多至数（十）倍，而温厚蕴藉之处恐不及原作十分之一”。这不是一个明白的例证吗？

然而平伯自有他的好诗。第四辑里，如《所见》一首：

骡子偶然的长嘶，
鞭儿抽着，没声气了。

至于嘶叫这件事情，
鞭丝拂他不去的。（页二四〇）

又如《引诱》一首：

颠簸的车中，孩子先入睡了。
他小手抓着，细发拂着，
于是我底头频频回了！（页二三〇）

这种小诗，很有意味。可惜平伯偏不爱做小诗，偏要做那很长而又晦涩的诗！

有许多人嫌平伯的诗大晦涩了。朱佩弦先生作《冬夜》的序，颇替平伯辩护，他说，

> 平伯底诗果然艰深难解么？……作者底艰深，或竟由于读者底疏忽哩？

然而新出版的《雪朝》诗集里，平伯自己也说“《春底一回头时》稿成后，给佩弦看，他对于末节以为颇不易了解”（《雪朝》页六十一）。这可见平伯诗的艰深难解，自是事实，并不全由于读者的疏忽了。平伯自己的解释是“表现力薄弱”。这虽是作者的谦词，然而我们却也不能不承认这话有一部分的真实。平伯最长于描写，但他偏喜欢说理；他本可以作诗，但他偏要想兼做哲学家；本是极平常的道理，他偏要进一层去说，于是越说越糊涂了。平伯说：

说不尽的，看的好；
看太仔细了，想可好？

花正开着，

不如没开去想他开的意思。（页七三）

这正是我说的“进一层去说”。这并不是缺点；但我们知道诗的一个大原则是要能深入而浅出；感想（impression）不嫌深，而表现（expression）不嫌浅。平伯的毛病在于深入而深出，所以有时变成烦冗，有时变成艰深了。

我们可举《游皋亭山杂诗》的第四第五两首来做例。第四首题为“初次”：

孩子们，娘儿们，

田庄上的汉儿们，

红的，黑的布衫儿，

蓝的，紫的棉绸袄儿，

瞪着眼，张着嘴，

嚷着的有，默然的也有。

…………

好冷啊，远啊，

不唱戏，不赛会，

没甚新鲜玩意儿；

猜不出城里客人们底来意。

他们笑着围拢来，

我们也笑着走拢来；

不相识的人们终于见面了。（页七七）

…………

说到这里，很够了，很明白了，然而平伯还不满足，他偏要加上八九句哲学调子的话；他想拿抽象的话来说明，来“咏叹”前面的具体景物，却不知道这早已犯了诗国的第一大禁了。（看页七七）第五首为《一笑底起源》，这题目便是哲学调子了！这首诗，若剥去了哲学调子的部分，便是一首绝妙的诗：

我们拿捎来的饭吃着，
我们拿痴痴的笑觑着。
吃饭有甚么招笑呢？
但自己由不得也笑了。
……
他们中间的一个——她，
忍不住了，说了话了。
“饭少罢！给你们添上一点子？”
回转头来声音低低的，
“那里像我们田庄上呢！……”
…………（页七八——七九）

这种具体的写法，尽够了，然而平伯还不满足。他在前四句的下面，加上了九句：

一笑底起源，
在我们是说不出，
在他们是没有说。
既笑着，总有可笑的在，
总有使我们他们不得不笑的在。
笑便是笑罢了，
可笑便是可笑罢了，

怎样不可思议的一笑啊！

这不是画蛇添足吗？他又在“那里像我们田庄上呢”的后面，加上了十三句咏叹的哲理诗：

是简单吗？
是不可思议吗？
是不可思议的简单吗？
…………
他们底虽不全是我们底，
也不是非我们底，……

他这样一解释，一咏叹，我们反更糊涂了。一首很好的白描的诗，夹在二十二句哲理的咏叹里，就不容易出头了！

所以我说：

平伯最长于描写，但他偏喜欢说理；他本可以作好诗，只因为他想兼做哲学家，所以越说越不明白，反叫他的好诗被他的哲理埋没了。

这不是讥评平伯，这是我细心读平伯的诗得来的教训。我愿国中的诗人自己要知足安分：做一个好诗人已是尽够享的幸福了，不要得陇望蜀，妄想兼差做哲学家。

十一，九，十九

大师经典

书信

胡适精品选

致韦莲司（三则）

（一）

一九一五年三月二十三日

亲爱的韦莲司小姐：

近况如何?我希望你已完全康复了。

我刚看完康奈尔戏剧俱乐部所演出的Giuseppe Giacosa的话剧《有如落叶》（Like Falling Leaves）。演出很成功，没有业余演员的缺点。这个话剧讲的是家庭关系和他们之间的悲剧，这也是我第一次看由义大利作家所写的社会剧。

附上上星期日应Mc.Intosh先生邀请在他教堂所作“证词”的新闻报导。这篇报导还颇可读，同时报导了我对传教士宣传不作偏袒的态度和我的和平主义——后者是我去年雪城（Syracuse）之旅以后讲过多次的。

我几乎没有时间预备这篇讲稿。星期五晚上我开始写，但我连一段都写不出来。我干脆不写了，写了一首诗寄给你。我11点上床，但却睡不着。我的思绪受到三月号《中国留美学生月刊》的干扰。到了1点，我起来写那封公开信，信也已经寄给你了。写完以后，我上床，睡得很安稳！第二天，我写了那个三十页的"证词"。

这次讲演是我最后几次讲演中的一次。我已决定不再接受演讲的邀请了。我还得在四月的第二个星期三，为本市的妇女联合会讲一次《中国的家庭生活》。这个演讲，我在一年前就答应了他们，现在已不能回绝了。这次演讲之后，我将闭嘴！在过去三年之中，我想我做了七十次演讲，这是足够了！

然而要自己保持沉默也是不容易啊！

我从公开演讲中所受到的训练，是我永远感激不尽的。而今我决定不再演说，也并非一无遗憾！

一如既往，寄上最佳祝愿。

适

（二）

一九一五年三月二十四日

多谢你今早寄给我许多有趣的东西。这个由"每日教堂"所安排的节目是非常及时的。在这个节目单上有这许多好东西，我简直不知道该选什么了。

在我看来，"选择主义"（Electicism）已是今日宗教界的一个实际情形，而"每日教堂"，我以为是要对"选择主义"作一个具体的阐释。你以为如何？

你看了Wald小姐发表在三月号《大西洋》杂志上的文章《亨利街

上的房子》（The House on Henry Street）吗?我正在为哲学俱乐部（这是由哲学系研究生所组成的一个俱乐部）写一篇报告，题目是《现代社会运动的道德意义》。因为这个原因，我正在研究不同的社会运动，诸如安置移民的工作，监狱的改革等等。我之所以选择这个题目，是因为我对它一无所知，而我应该对这些事情有些了解。要是我再去波士顿或纽约，我不去参观博物馆或图书馆了，我想去看看贫民区和移民安置的情形。在写这篇报告的时候，我迫切的感到需要有第一手的资料。也许因为缺乏实际的知识，会迫使我放弃这篇报告。我正在读我能找到的有关这个题目的书——Jane Addamms，Jacob A.Riis等人的书。

你一定很忙，到有空的时候再写信。春天已经到了；春假从四月一日开始。我会待在绮色佳工作。

适

（三）

一九一五年三月二十八日

亲爱的韦莲司小姐：

你说的对极了，要保持冷静是非常困难的，而冷静只能从行动中获致。在我写那封《致留学界公函》的时候，甚至我自己也是不冷静的。

在我呼吁大家冷静的同时，完全没能理解到群情激愤背后的一种精神，而在你的信里，对这种精神却大表赞扬和理解。

我会在你的建议下写第二封公开信，在信中，我将针对我们如何尽到自己责任这一点，提出一个“积极的方案”。我也将提到中国之不可毁灭，并敦促大家采取一个乐观而又积极的人生观。

1. 对将来有信心。

2. 正确的思想来自好而且广泛的阅读。

3. 认真学习；敏于观察。

4. 对一生的工作，做出正确的选择。

5. 根据个人的性情和训练，提供不为私利的服务。

我拟在五月号的《留美学生月报》上发表这封公开信，并乐闻你极右价值的建议，

目前中日之间的谈判集中在南满的问题上，下一个重要的议题是青岛和胶州。如果我是个日本政治家，我能得到南满的特权，就满足了，并将以归还德国在中国之租地为交换；这一行动，日本可以向其他强权保证他的动机和政策；这一行动也说明两个黄色种族逐步走向合作。总之，这一行动预示着在不久的将来，远东问题最后的解决！这是我的乐观主义。但愿日本能看到为下次世界大战播下种子的危险！这个乐观主义和我几个月前发表在《留美学生月报》上《日本与胶州》一文所表示的乐观主义几乎是完全一致的。我并不寄望日本把胶州无条件的归还给我们，代价——一个合乎逻辑的代价——是南满，如你所知，南满在一八九五年的战后赔偿中已经给了日本，但后来为了增加赔款，德、俄、法三国强制日本将南满归还中国。几天前所签订的四项条款，中国几乎是无条件的放弃南满。日本应该为这个巨大的让步感到满意了！

这个放弃南满的主张，目前对我的同胞来说是过于激进了。在此刻群情激愤的时候，我不拟发表。但，至今据我所知，也还没有其他可行的办法。

这是个伤害最小的选择！

……

我会把我写的有关康德（Kallt）的报告寄给你。要是我有时间，我会做些修订，发表。有许多篇报告我都想修订后发表，但至今一直没做。

康德有关伦理的文章写得明白易懂。但他其他的文章——尤其是他的三《批判》（Cmtiques）——是非常难读的，一般人来做这项研究，实在没有什么好处。你是否也有同样的感觉?……

致任叔永

叔永足下：

本不欲即复足下长函，以不得暇也。然不答此书，即不能做他事，故收回前言而作此书。

足下来书忠厚质直，谆谆恳恳，所以厚我者深矣。适正以感足下厚我之深，故不得不更自尽其所欲言于足下之前。又以天下真理都由质直的辩论出来，足下又非视我为“诡立名目，号召徒众，以眩骇世人之耳目，而己则从中得名士头衔以去”者（老梅来函中语），若不为足下尽言，更当向谁说耶?

足下谓吾白话长诗，为“完全失败”，此亦未必然。足下谓此“不可谓之诗。盖诗之为物，除有韵之外，必须有和谐之音调，审美之词句，非如宝玉所云‘押韵就好’也。”然则足下谓吾此诗仅能“押韵”而已。适意颇不谓然。吾乡有俗语曰“戏台里喝彩”，今欲不避此嫌，一为足下略陈此诗之长处：（中略）

今且用足下之文字以述吾梦想中文学革命之目的，曰：

（一）文学革命的手段，要令国中的陶谢李杜皆敢用白话高腔京调做诗；又须令彼等皆能用白话高腔京调做诗。

（二）文学革命的目的，要令中国有许多白话高腔京调的陶谢李杜。换言之，则要令陶谢李杜出于白话高腔京调之中。

（三）今日决用不着“陶谢李杜”的陶谢李杜。若陶谢李杜生于今日而为陶谢李杜当日之诗，必不能成今日之陶谢李杜。何也？时世不同也。

（四）我辈生于今日，与其作不能行远不能普及的《五经》、两汉、六朝、八家文字，不如作家喻户晓的《水浒》、《西游》文字。与其作似陶似谢似李似杜的诗，不如作不似陶不似谢不似李杜的白话高腔京调。与其作一个作“真诗”，走“大道”，学这个，学那个的陈伯严、郑苏盦，不如作一个“实地试验”、“旁逸斜出”，“舍大道而不由”的胡适。

此四条乃适梦想中文学革命之宣言书也。

嗟夫，叔永！吾岂好立异以为高哉？徒以“心所谓是，不敢不为”。吾志决矣。吾自此以后，不更作文言诗词。吾之《去国集》，乃是吾绝笔的文言的文也。足下以此意为吾序之，或更以足以所谓“心所谓危，不敢不告”者为吾序之，何如？

吾诚以叔永能容吾尽言，故哓哓如是。愿叔永勿以论战之文字视之，而以言志之文字视之，则幸甚矣。

适之　七月廿六日

致夏蕴兰

蕴兰女士：

谢谢你的信。

你问的问题都是很大的，我无法回答。如“人格的修养”岂是一封短信所能解答的?如“学术的选择”也不是别人所能代答，大要需以“性之所近而力之所能勉者”（章实斋语）为选择的标准。但“性之所近”也不易发现，当先充分发展各种兴趣。如向不习科学者，当多学科学，然后可知究竟性情是否近于科学。“力之所能勉”，也不是指眼前的能力，当充分培养自己的能力；今日所不能，明年也许能够做了。故人在青年时代，当尽力做“增加求学的能力”和“发展向来不曾发现的兴趣”两项工作。能力增加了，兴趣博大浓厚了，再加上良好习惯的养成，这便是人格的养成，不仅仅是知识上的进境而已。你信上似乎轻视英文的功课，这是错的。我劝你借这机会努力学一种外国文，要学到看书作文全有乐无苦的境界。这便是打开一条求知识学问的生路。故纸堆里翻筋斗，乃是死路，不是少年人应该走的。

胡适

一九三〇年九月二十六日

致郑中田

君禾先生：

谢谢你寄来的信。

我劝你不要把你的职业看作“市里俗气坑”。一个人应该有一个职业，同时也应该有一个业余的嗜好。一切职业是平等的；粪夫与教授，同是为社会服务，同样的是一个堂堂的人。但业余的嗜好的高下却可以决定一个人的前途的发展。如果他的业余嗜好是赌博，他就是一个无益的人。如果他的业余嗜好是读书，或是学画，或是做慈善事业，或是研究无线电，或是学算学，……他也许可以发展他的天才，把他自己造成一个更有用的人。等到他的业余有了成绩，他的业余就可以变成他的主要职业了。

如果你能把你的职业不仅仅当做吃饭的苦工，如果你把他看作一个值得研究的东西，你就不会嫌他俗气可厌了。你若有文学天才，你一定可以从那个“俗气坑”里发现许多小说材料。你若肯多读书，你一定可以设法改良他，发展他。

我从来没有福气用一个“随从”，所以我不能请你来。因为你的好意可感，所以我写这封很诚恳的信劝告你。

如果你在你的职业里没有长进，你跟着我也不会有长进。

胡适

一九三四年五月二日